Upgrade yourself

Anouk Ellen Susan

Upgrade yourself

Souverän und selbstbewusst als Frau im Job

1. Auflage

Haufe Group
Freiburg · München · Stuttgart

Bibliografische Information der Deutschen Nationalbibliothek

Die Deutsche Nationalbibliothek verzeichnet diese Publikation in der Deutschen Nationalbibliografie; detaillierte bibliografische Daten sind im Internet über http://dnb.dnb.de abrufbar.

Print: ISBN 978-3-648-13813-7 Bestell-Nr. 18018-0001
ePub: ISBN 978-3-648-13814-4 Bestell-Nr. 18018-0100
ePDF: ISBN 978-3-648-13815-1 Bestell-Nr. 18018-0150

Anouk Ellen Susan
Upgrade yourself
1. Auflage, Februar 2020

www.haufe.de
info@haufe.de

Bildnachweis (Cover): Sebastian Straßburger

Produktmanagement: Jasmin Jallad
Lektorat: Text und Design Jutta Cram, Augsburg

Inhaltsverzeichnis

Vorwort

»Glauben Sie an sich. Das ist das Geheimnis!«
(Charly Chaplin)

Ein herzliches Willkommen zu meinem Buch »Upgrade yourself«! So schreibt eine stolze Autorin, Unternehmerin, Marketingexpertin, Angestellte, Frau, Tochter, Tante, Freundin, mein 44-jähriges Ich, das früher mal den Glaubenssatz hatte: »Ich kann kein Buch schreiben. Nein, das können andere, ich aber nicht.« Da Sie dieses Buch nun in der Hand haben und lesen, scheint es ja doch geklappt zu haben. Sehen Sie, alles geht! Solange Sie es wollen, solange Sie daran glauben, solange Sie das Ziel vor Augen haben, solange Sie selbst etwas dafür tun.

Wenn es um Erfolg im Job geht, gibt es drei Ansichten: Es gibt diejenigen, die sagen: »Du musst immer weiter und höher kommen, immer größer werden. Es geht ums Selbstmarketing, Netzwerken, den Auftritt, das Verhalten ...«, also um die Außenwirkung (Selbstmarketing). Dann gibt es diejenigen, die sagen: »Alles Unsinn, solange du dich weiterbildest, neue Fähigkeiten lernst und dich auf deine Stärken konzentrierst, solange du Qualität ablieferst, ist alles gut, denn Qualität siegt immer.« Sie zielen ab auf die Kompetenzen und Fähigkeiten (Selbstentfaltung). Und dann gibt es die Vertreter der Meinung: »Ist doch Unsinn mit höher, weiter, schneller, besser. Weg mit dem Selbstoptimierungswahn. Du musst sein, wie du bist, zu dir stehen, es geht um Selbstsicherheit und Authentizität«. Sie setzen auf Werte, Persönlichkeit und den inneren Kern (Selbstbewusstsein).

Diese Denkweisen stimmen alle, aber nur im Ganzen wird es meines Erachtens stimmig. Wenn ich von »Upgrade yourself« spreche, dann glaube ich da an einen ganzheitlichen Ansatz. An Selbstmarketing, Selbstentfaltung und Selbstbewusstsein – an die Innen- und Außenwirkung. Und davon handelt dieses Buch. Dabei geht es nicht ums Müssen und Sollen, sondern ums Dürfen und Wollen.

Es gibt nicht den einen richtigen Weg. Nicht die eine Formel und die Blaupause, die den richtigen und einzigen Weg zum Erfolg, zu mehr Selbstbewusstsein und mehr Souveränität zeigt. Alles ist ganz eng verbunden mit uns als Person und mit unserer Persönlichkeit. Dieses Buch geht auch darauf ein – Sie können sich Ihren eigenen Weg suchen, ihn finden und begehen.

Wie ist dieses Buch zu verstehen und zu lesen? Es gibt vier Kapitel mit zwei Säulen: 1. Input und Interaktionen (Kapitel 1 bis 3) und 2. Interviews (Kapitel 4). Der Input dreht sich um die drei Erfolgselemente Selbstbewusstsein, Selbstentfaltung und

Selbstmarketing. Da es um »Upgrade yourself« geht, gibt es innerhalb dieser Kapitel immer wieder Interaktionen (Selbstreflexion), mit deren Hilfe Sie überlegen und erarbeiten können, wie Sie meine Inhalte für sich anwenden möchten. Barbara Beispiel zeigt Ihnen hier, wie sie die Interaktionen für sich umgesetzt hat. Und da wir meines Erachtens weibliche Vorbilder brauchen, Vorbilder, die uns zeigen, dass wir alles können, wenn wir es nur wollen, gibt es abschließend zur Inspiration Interviews mit tollen Frauen, die beruflich großen Erfolg haben und hatten (Kapitel 4). Das Buch lässt sich also von vorne nach hinten lesen, aber Sie können auch einzelne Kapitel aufschlagen, je nachdem, welche Themen Sie am meisten ansprechen oder wo Sie gerade Ihr größtes Potenzial zum Upgrade sehen.

Das Buch stellt ein Erfolgskonzept für Frauen im Berufsleben vor. Für Frauen, die gerade in der Berufswelt starten, für Frauen, die bereits erste Erfahrungen gemacht haben, und diejenigen, die erste Schritte auf der Karriereleiter hochgeklettert sind. Es richtet sich auch an Frauen, die bereits Verantwortung für ein Team, eine Abteilung, ein Unternehmen tragen. Das Erfolgskonzept ist für Frauen, die noch unsicher sind, für Frauen, die gerade beruflich feststecken, für Frauen, die sich gerne verändern bzw. weiterentwickeln wollen, für Frauen, die zufrieden sind, aber gerne neue Impulse hätten.

Es gibt keine feste Route und es gibt ganz unterschiedliche Wege zum Ziel. So unterschiedlich wie auch wir sind – und unsere berufliche und persönliche Situation. Viel Spaß bei Ihrer »Upgrade yourself«-Reise!

Es ist eine Reise mit dem Ziel: selbstbewusst und souverän als Frau im Job. Aber glauben Sie mir, die Reise führt auch noch an ganz anderen spannenden Orten vorbei.

Upgrade yourself – glaub an dich!

Ihre/Eure Anouk Ellen Susan

PS: Ich werde ab jetzt duzen, sollten wir uns im wahren Leben treffen und du möchtest gesiezt werden, dann werde ich das gerne beachten. Für jetzt ist es einfacher, effizienter und ehrlicher, wenn wir uns duzen, denn es soll ja ein persönliches Buch werden. Auch bin ich Niederländerin, da ist es üblich, dass man sich duzt und gleichzeitig viel Respekt voreinander hat.

PPS: Wenn dir mein Buch gefallen hat und es dir bei deinem persönlichen Upgrade geholfen hat, freue ich mich sehr über eine positive Rezension auf Amazon. Gerne können wir uns auch vernetzen über meine Social-Media-Kanäle unter Anouk Ellen Susan und freue ich mich auch auf ein Feedback von dir bzw. Austausch mit dir dort.

Schau doch auch mal bei meinem Podcast vorbei. Hier gibt es jede Woche mehr zum Thema Erfolg und Erfüllung – im Job und im Leben. Eben: Upgrade yourself – glaub an dich! Du findest meinen Podcast hier:

Mein Podcast

Jetzt aber erst einmal: Viel Spaß beim Lesen, viel Vergnügen bei der Reise zum beruflichen Erfolg!

1 Die Innenwirkung (Selbstbewusstsein)

»Schönheit beginnt in dem Moment, in dem du beschließt, du selbst zu sein.«
(Coco Chanel)

1.1 Upgrade yourself!

Die »Upgrade yourself«-Reise hat die Ziele: Selbstbewusstsein, Selbstentfaltung und Selbstmarketing. Es ist für mich eine Erfolgsreise, die Impulse und Ideen für die Innen- und die Außenwirkung bieten kann.

Stelle dir die drei Upgrade-Reiseziele vor wie ineinanderliegende Siebenecke. Das kleinste, aber elementarste Siebeneck ist der Kern und trifft das Innere in uns als Person – das Selbstbewusstsein. Das zweite Siebeneck steht für unsere Fähigkeiten und Kompetenzen, die Selbstentfaltung. Das äußere Siebeneck symbolisiert die Außenwirkung, unser Selbstmarketing.

Die drei Upgrade-Reiseziele

Für mich geht das eine nicht ohne das andere. Es lohnt sich meiner Ansicht nach immer, seine Persönlichkeit zu bilden und weiterzuentwickeln. Der Erfolg wird sich dann nicht nur beruflich zeigen, sondern auch auf privater Ebene werden positive Effekte sichtbar. Wer seine Persönlichkeit bildet, der erreicht größeren Selbstwert, mehr Selbstsicherheit, mehr Authentizität, und eine bessere Ausstrahlung. Wenn wir glaubwürdig, selbstbewusst und souverän sein wollen, sollten wir die großartige Variante unseres Selbst leben. Und das fängt mit dem Selbstbewusstsein an – und darum starten wir damit im ersten Kapitel.

Noch eines vorweg: Interaktion – Selbstreflexion

»Upgrade yourself« bedeutet auch, dass du selbst für deinen beruflichen und privaten Erfolg und dessen Erfüllung die Verantwortung hast. Im Buch gebe ich dir immer wieder Methoden und Übungen an die Hand, die dir dabei helfen, die einzelnen Themen für dich umzusetzen.

Du musst jetzt aber nicht in Stress verfallen und auch nicht denken, dass du sofort alles angehen musst. Es geht nicht ums Müssen und Sollen, sondern ums Dürfen und Wollen. Such dir also die Interaktionen aus, die dir Spaß machen, die dich interessieren oder von denen du denkst, dass sie dir die beste Möglichkeit bieten, daran zu wachsen, bzw. die dich fordern und fördern. Nimm dir immer mal wieder eine andere Interaktion vor. Such dir dafür Momente, in denen du Muße dafür hast.

! **Achtung: Download der Übungen/Aufgaben**

Lade dir die App »smARt Haufe« herunter. Wenn du die Grafiken mit dem smARt-Haufe-Logo am Seitenrand scannst, gelangst du direkt zu den Arbeitshilfen.

Und noch ein Tipp:

! **Tipp: Upgrade-Journal**

Kauf dir ein schönes »Upgrade-Journal«, in das du deine Gedanken, Reflexionen und Übungen eintragen kannst. Ein Journal, das dir hilft, Klarheit zu bekommen und das dich bei deiner Entwicklung begleitet.

Um eine Idee zu bekommen, wie du die unterschiedlichen Aufgaben am besten angehen kannst, habe ich für einige ein Lösungsbeispiel ausgearbeitet – mit der Geschäftsfrau Barbara Beispiel. Unsere Barbara Beispiel ist 33 Jahre alt, wohnt in Berlin, hat einen Freund, noch keine Kinder, sie arbeitet in einem mittelständischen Unternehmen in der HR-Abteilung und hat gerade ihre erste Führungsposition als Teamleiterin übernommen.

Viel Spaß mit allen Übungen und Interaktionen!

1.1.1 Glaub an dich

»Schönheit beginnt in dem Moment, in dem du beschließt, du selbst zu sein.« Das sind Coco Chanels Worte, Schöpferin eines gigantischen Modeimperiums. Sie hat 15 Jahre investiert für ihren Lebenstraum, jede Menge Arbeit, Herzblut – aber auch Selbstzweifel. Vor allem am Anfang fehlte ihr der Glaube an sich selbst. Wie ist das mit deinem Glauben an dich? Wo stehst du gerade?

- Wann bist du das letzte Mal die Leiter in deinem Unternehmen/in deinem Job eine Stufe höher geklettert, privat ein paar Zentimeter gewachsen?
- Wann gab es zuletzt eine Gehaltserhöhung?
- Wann hattest du das letzte Mal ein Erfolgserlebnis – beruflich oder privat?
- Erinnerst du dich an einen Moment, der dir ein Strahlen ins Gesicht gezaubert hat?

Viele wollen mal einen Marathon laufen, eine spannende Ausbildung starten oder träumen von einem Sabbatical. Wir nehmen uns immer wieder so viel vor, aber tun wir es letztlich auch? Wann hast du das letzte Mal etwas zum ersten Mal getan? Etwas, das du schon immer tun wolltest? Wann hast du das letzte Mal etwas für dich getan?

Und nur in den seltensten Fällen bekommen wir all das in den Schoß geworfen. Mein Leitsatz ist darum: »Upgrade yourself«.

SELBSTREFLEXION: UPGRADE-CHECKLISTE UND -BOARDINGTICKET

Lade die Upgrade-Checkliste und dein Boardingticket über folgenden Link herunter. Wenn du die Fragen der Checkliste für dich beantwortest hast, kannst du das Boardingticket ausfüllen. Wie steht es um dein Upgrade? Wie schätzt du dich im Moment ein? First Class, Business Class oder eher noch Economy Class?

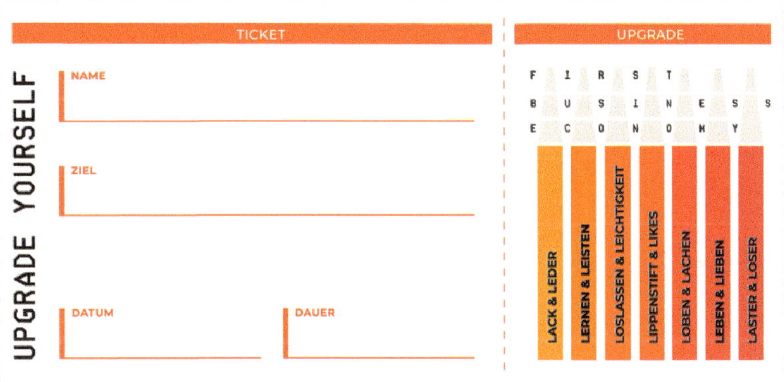

Dein Boardingticket und deine Upgrade-Checkliste

Barbara Beispiel sieht sich selbst so:

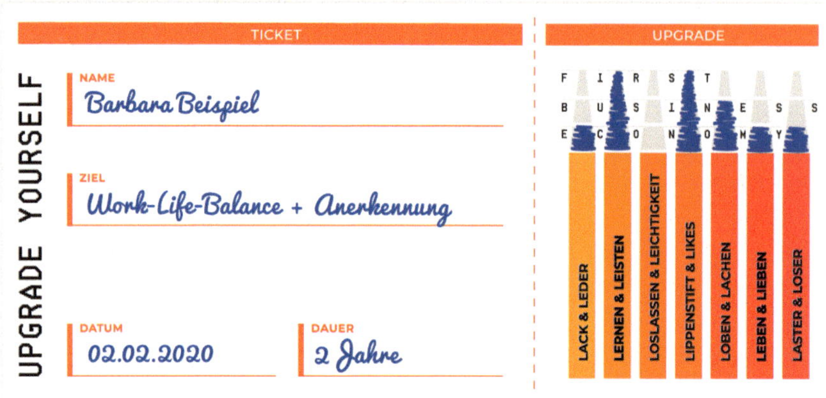

Barbara Beispiels Boardingticket

1.1.2 Klarheit, Leidenschaft und Mut

Auf der Upgrade-Reise gibt es drei wichtige Begleiter, die die Reise unterstützen. Sie heißen Klarheit, Leidenschaft und Mut. Sie zeigen die Richtung – und mit ihnen kann meines Erachtens jede von uns an ihr gewünschtes Ziel kommen.

! **Achtung: Klarheit, Leidenschaft und Mut**

Klarheit bedeutet für mich zu wissen, wo du stehst und wohin du willst. Leidenschaft ist der Kern unserer Identität. Mit Leidenschaft können wir Großes erreichen. Mut meint, die Courage zu haben, neue Dinge zu tun. Mut zum Perspektivenwechsel.

Diese drei Reisebegleiter sind hilfreich beim Weg zum Erfolg und zur Erfüllung – für ein besseres Leben, eine größere Ausstrahlung und mehr Selbstbewusstsein.

1.1.3 Der Entschluss …

Auf die Upgrade-Reise zu gehen ist ein Entschluss. Ein Entschluss, den jede von uns fassen kann, zu jeder Zeit. Und manchmal gibt es Initialzündungen, die einem helfen, so einen Entschluss zu fassen und loszuziehen.

Bei einem Netzwerktreffen unter Frauen erzählte mir eine sehr erfolgreiche Geschäftsfrau, dass sie die jüngste von drei Töchtern ist. Ihre großen Schwestern waren als Kinder immer ein Vorbild für sie, und sie ist immer dem Idealbild der beiden nachgejagt. Hat immer versucht, so zu sein wie sie, ist ihnen gefolgt in ihren Wünschen, ihren persönlichen Vorlieben, ihrem Tun und Lassen – und dabei hat sie gar nicht darauf geachtet, wer sie eigentlich ist und was sie als Person ausmacht. Sie hat ihre eigene Identität nicht entwickelt und nicht ausgelebt. Es hat einige Jahre gebraucht, bis sie das erkannt hat. Als es dann so weit war, hat sie sich auf den Weg gemacht. Auf den Weg zu ihrem Ich, zum Erfolg und zur Erfüllung in ihrem Leben. Und sie erzählte mir, dass das nicht immer einfach für sie war.

Die Zeitungen sind voll davon, von Freundinnen hörst du es vielleicht auch, und die Werbung tut ihr Übriges dazu – all die guten Ratschläge, wie du reich, glücklich, erfolgreich, schön und schlank wirst. Kennst du das? Da kann man schon mal neidisch auf andere schauen und denken: Das muss ich auch haben, das muss ich auch machen, so muss ich auch sein. Aber weißt du, wer immer nur anderen folgt und auf andere hört, der macht nicht unbedingt das, was er bzw. sie am besten kann und auch will.

1.1.4 Vater, Sohn und Esel

Es gibt eine schöne Fabel. Ein Vater macht sich auf den Weg mit seinem Sohn und dem Esel in das nächste Dorf. Es ist warm, also sagt er zu seinem Sohn: »Steig auf den Esel!« Als sie bei einem Mann vorbeikommen, der am Straßenrand sitzt, da schüttelt dieser ganz ungläubig den Kopf und ruft dem Jungen zu: »Was bist du denn für ein Sohn? Lässt deinen alten Vater bei dem Wetter laufen? Du solltest dich schämen!« Daraufhin schämt sich der Sohn, steigt vom Esel ab und lässt seinen Vater auf den Esel steigen und sie setzen den Weg fort. An der nächsten Kreuzung kommt ihnen eine Frau entgegen. Die mustert den Vater auf dem Esel, wird böse und ruft: »Was bist du denn für ein Vater? Lässt deinen armen Sohn bei dem warmen Wetter laufen, während du dich auf dem Esel schön ausruhst?« Daraufhin lässt der Vater den Sohn auch auf den Esel steigen und nun muss keiner der beiden mehr gehen. An der nächsten Kreuzung steht ein alter Mann. Als er die beiden auf dem Esel sieht, schüttelt er missmutig den Kopf und ruft: »Was seid ihr denn für Leute? Lasst den armen Esel die Last von zweien auf dem Rücken tragen bei diesem warmen Wetter? Ihr solltet euch schämen!« Daraufhin erschrecken sich die beiden, steigen sofort vom Esel ab und laufen nun beide neben ihm. Das sieht eine junge Frau kurze Zeit später und sie lacht und lacht und ruft ihnen zu: »Was seid ihr denn für Idioten? Bei dem warmen Wetter lauft ihr neben dem Esel und keiner setzt sich auf seinen Rücken?« (Dies ist eine aus der Türkei überlieferte Geschichte, frei nach Nasreddin Hodscha.)

Eine simple Geschichte, die veranschaulicht, warum wir keine Angst davor zu haben brauchen, wir selbst zu sein, unsere eigene Reise zu machen, wann, wo und wie wir es wollen. Selbstbewusst unsere Entscheidungen zu treffen. Denn die Moral von der Geschichte ist: Du kannst es nicht allen recht machen. Oder anders gesagt: Es wird immer Leute geben, denen etwas an dir oder dem, was du tust, nicht gefallen wird. Sich nach jemand anderem zu richten, zu sein, wie jemand anderes es gerne hätte, ist keine Option. Denn letztlich wirst du dich dann selbst nicht glücklich machen. Es geht um Selbstbewusstsein und Authentizität. Dazu zu stehen, wie und wer du bist.

1.1.5 Authentizität – sei mehr so, wie du wirklich bist

Was bedeutet Authentizität? Wikipedia sagt: »Authentizität auf Personen bezogen bedeutet, dass Handeln und Tun nicht durch äußere Einflüsse bestimmt werden, sondern in der Person selbst zu Grunde liegen. Es bedeutet, sich gemäß seinem wahren Selbst, das heißt seinen Werten, Gedanken, Emotionen, Überzeugungen und Bedürfnissen auszudrücken und dementsprechend zu handeln.«

Glaubwürdigkeit, Wahrhaftigkeit und Unverfälschtheit sind bekannte Synonyme. Eine authentische Person hat ein »Standing«, ist mit sich im Reinen und kein Fähnchen im Wind.

Ich bin der festen Überzeugung: Um als Mitarbeiterin, Führungskraft, Freiberufliche, Unternehmerin oder Selbstständige stark auftreten zu können, erfolgreich und glaubwürdig zu sein, müssen wir unser wahres Ich erkennen und einsetzen. Ich bin strategische Marketingexpertin und erzähle Unternehmen und berufstätigen Frauen und Männern seit 20 Jahren nichts anderes, als Erfolg zu erzielen durch den Aufbau einer starken Marke, einer konsistenten Positionierung im Markt, unterstützt durch emotionales Storytelling. Doch Vorsicht, es muss klar sein: Mit Marketing allein kommst du nicht weit! Das wird nicht der einzige Zauberstab sein, der dir den Erfolg bringt. Wenn wir nicht wahr machen können, was wir sagen, anpreisen oder repräsentieren, dann steigt heiße Luft auf und verpufft ... Marke ade. Mein Statement ist in diesem Fall also: Maske ab! Und hin zum wahren Ich! Wenn du die großzügige Version von dir selbst zeigst, dann erreichst du Menschen und wirst glaubwürdig für dich und deine Umgebung.

Der Mehrwert des wahren Ichs ist Erfolg. Warum? Du wirst mental stärker, du wirst wissen, was du willst, und an deinem Tun und Lassen noch mehr Spaß haben. Du wirst leichter Entscheidungen treffen, weniger an dir selbst zweifeln, weniger perfektionistisch sein wollen, im Gegenteil, du wirst sogar mehr Stolz empfinden und mehr Respekt vor dir selbst haben – und das wird auf andere ausstrahlen.

Wir sind alle einmalig, so wie wir sind. Es gibt kein zweites Ich, weder das Aussehen betreffend (es sei denn, du hat eine Zwillingsschwester) noch was deine Erfahrungen, deinen Charakter, deine Gefühle, dein Tun und Lassen, deine Lebensgeschichte angeht. Ich bin ich und du bist du. Versteck dich nicht! Genieße dein Ich und sei stolz darauf! Denn wenn du es nicht tust, wer soll es dann tun?

Natürlich ist meine Überzeugung, dass wir alle ein Upgrade verdienen und auch anstreben sollten. Aber die Basis, die hierfür notwendig ist, heißt: Glaub an dich! Sei selbstbewusst. Umarme dein Ich und steh zu dir. Also sei mehr, wie du bist! Dann ist das Upgrade auch einfach zu erreichen.

1.2 Klarheit

1.2.1 Was willst du (nicht)?

Fürs Selbstbewusstsein hilft es enorm, wenn du weißt, was du willst und was du nicht willst. Und dann wirst du auch sehen und merken, dass du alles kannst. Wenn du es nur willst. Also bleibt die Frage: Was willst du? Was ist dir wichtig?

- Eine berufliche Karriere anstreben bzw. durchstarten?
- Steht ein Jobwechsel an?
- Willst du ein Unternehmen gründen? Dich selbstständig machen?
- Willst du deine Stärken noch weiter ausbauen? Ein Hobby zum Beruf machen?
- Einen Beitrag leisten für das Gute in der Welt? Dich sozial engagieren?
- Willst du Freiheiten leben und dich nicht in ein Korsett zwingen lassen? Willst du die Welt bereisen? Das Leben vor allem genießen?
- Willst du im Kontakt mit Menschen stehen?
- Willst du dich politisch engagieren und etwas in Bewegung setzen?
- Willst du dich weiterentwickeln, lebenslang dazulernen?
- Was willst du? Was ist dein (beruflicher) Wunsch? Dein Ziel?

Es fängt an bei den Werten, für die du stehst. Denn Werte sind für uns Menschen, aber auch für Unternehmen von höchster Bedeutung. Was genau sind Werte? Werte und Wertvorstellungen sind grundlegende, als positiv betrachtete Eigenschaften und Ideale, nach denen wir handeln. Wenn dein Verhalten im Einklang steht mit deinen Werten, wird sich das positiv auf dein Glücksempfinden und deine persönliche Zufriedenheit auswirken. Sie funktionieren wie Wegweiser, sie zeigen uns, worauf wir uns konzentrieren sollten, was wir für erstrebenswert halten. Dafür musst du aber natürlich erst wissen, was deine Werte sind. Sie zu kennen wird dir in schwierigen Situationen helfen, wenn du zum Beispiel eine Entscheidung treffen musst. Die Werte werden dir deine Prioritäten zeigen, dir helfen, deine Ziele zu formulieren. Ich gehe sogar noch weiter und sage, die Werte helfen dir, den Sinn deines Lebens zu entdecken.

Tipp !

Am Ende des folgenden Kapitels findest du eine Übung, mit der du deine Werte analysieren kannst.

Werte, von denen wir immer wieder hören, sind zum Beispiel: Freiheit, Ehrlichkeit oder Herzlichkeit.

- Welche Werte vertrittst du?
- Welche Werte sind dir sehr wichtig?
- Welche begleiten dich in deinem (Arbeits-)Leben?

Wenn du das weißt, hast du die Möglichkeit, deine Ziele, angestrebten Ergebnisse und Erlebnisse, ja sogar deine Umgebung darauf abzustimmen.

- Welche Freunde sind dir wichtig?
- Was bedeutet dir im Alltäglichen viel?
- Wie erledigst du deine Arbeit?

Das alles wird von deinen dir wichtigen Werten bestimmt, auch deine Kleidung, deine Urlaube, dein Essverhalten. Du kannst dir hierzu Fragen stellen wie:

- Was hat dafür gesorgt, dass du deinen jetzigen Job angenommen hast?
- Was ist dir besonders wichtig in deinem Leben? Wonach strebst du?
- Worauf achtest du ganz besonders, und was ist wertvoll für dich, auch im Umgang mit deinen Freunden und deiner Familie?

Im Laufe des Lebens können sich unsere Werte ändern. Was am Anfang wichtig für uns war, kann ersetzt werden durch einen anderen Wert, der dann auf einmal viel wichtiger erscheint.

1.2.2 Der goldene Kreis

Was du im Leben willst, unbewusst geformt von deinen Werten, das sollte Sinn ergeben. Wer sein höheres Ziel kennt, sein Warum, der kann den Weg dorthin auch bestimmen. »Purpose« ist hier das neue Modewort.

Als Marketingexpertin möchte ich an dieser Stelle Simon Sinek zitieren. Ihm geht es um das Warum. Sein Modell besteht aus drei ineinanderliegenden Kreisen. Der äußerste Ring gibt das Was an, der zweite Ring das Wie und im Kern steht zentral die Frage nach dem Warum.

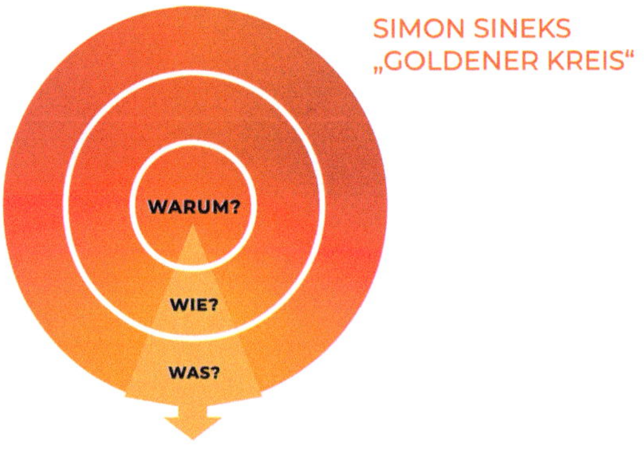

Simon Sineks »Goldener Kreis«

Das Warum ist das, was wir in unserem tiefsten Inneren erreichen wollen, in unserem Umfeld ausleben und in die Welt tragen wollen. Es sind die grundlegenden Überzeugungen, die wir haben, und die höheren Ziele, die wir anstreben. Simon Sinek fordert jeden dazu auf, sein Warum zu finden, aber eben auch zu benennen und zu leben. Eine Richtschnur, um uns immer wieder die Frage zu stellen: Warum tun wir, was wir tun? Was will ich in die Welt bringen? Warum bin ich hier und nicht woanders? Das Warum meint hier den Sinn des Lebens oder den persönlichen Lebensplan.

> SIMON SINEKS WARUM
>
> Sineks persönliches Warum ist: »Menschen inspirieren, das zu tun, was sie inspiriert, damit wir gemeinsam die Welt verändern.« (www.simonsinek.com)

Wenn du dein Warum kennst, dann kannst du auch deine Arbeit, deine Aktivitäten, dein Tun darauf abstimmen (Simon Sineks Was) und dir überlegen, wie du handelst, wie du arbeitest, wie du dich zeigst (Simon Sineks Wie).

Wenn du von einem Freund oder einer Freundin angesprochen wirst und er oder sie dich fragt »Was treibt dich an? Was ist dein Warum?«, könntest du diese Frage nach deinem Warum so kurz und knackig beantworten wie oben bei Sinek beschrieben?

1.2.3 Standortanalyse – wer, wie, was, wieso, weshalb, warum?

Wenn du es nicht kannst, wie kommst du dann zu einer Beschreibung von dir? Im Marketing nennt man das auch die »Positionierung«. Am besten machst du erst mal eine Standortanalyse, in der du dir Fragen beantworten darfst, zum Beispiel:

- Wo stehst du und wo willst du hin?
- Wie positionierst du dich, auch im Hinblick auf andere?

Das können Unternehmen, aber eben auch wir als Personen. Und ganz essenzielle Fragen dabei sind eben:

- Wer bist du?
- Welche Werte vertrittst du?
- Wie setzt sich deine Persönlichkeit zusammen?
- Was kannst du? Was sind deine Stärken?
- Wie differenzierst du dich von anderen?
- Wie möchtest du gerne in Erinnerung behalten werden?
- Was sollen andere über dich sagen? Wie möchtest du wahrgenommen werden?

Wie würdest du all diese Fragen für dich beantworten? Eine Standortanalyse wie diese macht man nicht eben mal so nebenbei. Sie ist ein dynamischer Prozess, der sich durch unser gesamtes Leben zieht. Denn wir und unsere Wünsche und Ziele verändern sich. Unser ganzes Sein ist immer in Bewegung.

SELBSTREFLEXION: STANDORTANALYSE – DEINE STÄRKEN UND WERTE

Was sind deine Stärken? Nimm dein Upgrade-Journal und notiere alles, was dir in den Sinn kommt. Vielleicht auch Dinge, die du als völlig normal erachtest. Folgende Fragen können helfen:

- Was kannst du gut? Was fällt dir leicht?
- Was macht dir Spaß?
- Wofür loben dich andere?
- Womit kennst du dich super aus?
- Was sind deine Hobbys?
- Worin gehst du auf?
- Was finden andere an dir toll?

Wofür stehst du? Notiere dir die Werte, die dir wichtig sind. Meine Richtschnur sind dabei immer zehn Werte (aber es dürfen natürlich auch mehr sein). Nutze dafür die Werteliste, die auf der nächsten Seite verlinkt ist. Was dabei helfen kann, sind folgende Fragen:

- Wonach richtest du mein Handeln aus?
- Was ist dir für dein Leben, ja für dich, wichtig?
- Was treibt dich an?
- Was gibt dir (innere) Zufriedenheit?
- Womit fühlst du dich gut?

Dann sortierst du die für dich wichtigen Werte. Beginne mit dem Wert, der dir momentan am wichtigsten ist – ich mache mir dann immer eine Liste von eins bis zehn. Stell dir dazu folgende Fragen:

- Was sind deine drei wichtigsten Lebensprinzipien?
- Ohne was könntest du nicht?
- Was ist die Basis deines Lebens?
- Was ist dir am allerwichtigsten?

Diese Werte können dein Leitfaden sein für deine nächsten Schritte. Du kannst dein Tun und Handeln an ihnen orientieren und messen.

Standortanalyse – deine Stärken und Werte

1.2.4 Der Kaffee-Mann

Wer bist du? Was macht dich aus? Was sind deine Stärken? Wenn ich das in meinem Upgrade-yourself-Workshop frage, dann ist oft die erste, spontane Reaktion der Teilnehmerinnen: »Also im Bereich Zahlen bin ich nicht so gut ...«, »Strategisches musst du mich nicht machen lassen ...«, »Nee, kochen kann ich nicht wirklich ...«, »Sportlich bin ich wirklich eine Niete ...«, »Letztens habe ich noch gedacht, so Detailarbeiten sollte ich lieber nicht übernehmen« oder »Ich muss dringend fünf Kilo abnehmen.«

Frauen neigen dazu, 20-mal häufiger ihre Schwächen und Misserfolge aufzuzählen – anstelle ihrer Erfolge oder Stärken. Das ist natürlich kontraproduktiv. Im Marketing würde das niemand tun.

Denk mal an den Kaffeekapselhersteller, der den smarten George Clooney hinstellt und ihn einfach nur Kaffee trinken lässt – und niemand denkt an den Müll, der da unnötigerweise produziert wird, niemand denkt an die hohen Kosten im Vergleich zum normalen Kaffee. Die haben es drauf, was Positionierung und Marketing betrifft.

1.2.5 Erkennt dich keiner, will dich keiner

Am Tegernsee, da gibt es nur ein Restaurant für mich. Alles andere ist kalter Kaffee. Warum? Nun, im Sommer vergangenen Jahres war ich dort nach einem Vortrag. Das Ambiente des

Restaurants gefiel mir sehr, ich kam rein und sah einen wirklich köstlich aussehenden Kuchen. »Ich liebe Himbeerkuchen, dafür könnte ich Vorspeise und Hauptgang glatt überspringen«, sagte ich dem Kunden, mit dem ich dort zum Essen war. Der Kunde meinte: »Es gibt nur noch ein Stück, bis wir zum Dessert kommen, ist es bestimmt weg.« Ich ließ es darauf ankommen. Bei der Bestellung des Nachtischs sagte die Bedienung: »Und, wollen Sie den Himbeerkuchen noch?« Ich fragte: »Wie meinen Sie das?« »Naja« sagte sie, »ich habe gehört, wie Sie beim Hereinkommen davon geschwärmt haben und habe Ihnen das letzte Stück reserviert.«

Diese Frau machte Eindruck auf mich. Was für ein toller Service!

Natürlich musste der Himbeerkuchen dann aber auch gut sein. Hätte er geschmeckt wie Pappe vom Discounter, wäre dieses Erlebnis natürlich nicht viel wert gewesen. Aber die Bedienung wusste, der Kuchen würde ein wahres Geschmacksfeuerwerk im Mund sein. Deswegen hat sie sich so verhalten und selbstbewusst agiert. Das hat alles mit Positionierung zu tun.

Wie kommst du rüber, welchen Service bietest du, wie setzt du dich von anderen ab?

- Wie ist die Qualität deiner Arbeit?
- Wie willst du wahrgenommen werden?
- Worin bist du gut?
- Und zeigst du das auch?
- Und sehen es andere auch?

Ganz getreu dem Leitsatz von mir: Erkennt dich keiner, will dich keiner.

Wenn du dir nicht sicher bist, worin du gut bist, dann wird dir Folgendes zu mehr Klarheit und Selbstbewusstsein verhelfen: Vor fünf Jahren habe ich eine 360-Grad-Befragung gemacht, die ich nur empfehlen kann. Ich habe dazu Geschäftspartner, Kollegen, Mitarbeiter und Vorgesetzte, aber auch Freunde und Familienmitglieder darum gebeten, mich zu beschreiben.

Es gab eine Liste mit möglichen Charaktereigenschaften, Stärken, Schwächen und Kompetenzen, die sie mir zuordnen sollten. Was allerdings noch spannender und aufschlussreicher war: Sie sollten mich auch als Auto beschreiben. Es ist ein Unterschied, ob man dich als Oldtimer sieht oder als Hybrid, als Sportauto oder als Ente.

POWERFRAU MIT HERZ

Bei mir war es dann der rote Sportwagen mit der Beschreibung: Powerfrau mit Herz. Mich hat das sehr gefreut. Es gab natürlich auch Nebensätze wie: Gibt manchmal etwas zu schnell Gas. Hängt dadurch andere ab bzw. sollte mal einen Gang runterschalten. Es ist gut, wenn einem ehrlich der Spiegel vorgehalten wird. Und übrigens, wenn das mit dem Auto nicht zu dir passt, dann kann es auch eine Netflix-Serie, eine Modemarke, ein Gegenstand im Haus oder etwas anderes sein.

Sei sicher, nach der Befragung hast du auf jeden Fall Klarheit darüber, was andere von dir denken und wie du ankommst. Jetzt ist die Frage:

- Erkennst du dich darin wieder?
- Wie siehst du dich selbst?

Apropos George Clooney: Nimm dir ein Beispiel an den Männern, denn die wissen meist, wie sie sich ins rechte Licht rücken. Und sie unterstützen sich auch noch kräftig gegenseitig dabei, wie Studien zeigen. Schau mal auf deine Stärken:

- Kannst du super verhandeln?
- Gehst du gut mit anderen Menschen um, bist sozial und empathisch?
- Sind deine Stärken eher das Analytische und kannst du gut mit Zahlen umgehen?
- Bist du die Lustige, die auf Partys immer für gute Stimmung sorgt?

> SELBSTREFLEXION: DEINE 360-GRAD-BEFRAGUNG
>
> Bitte Kollegen, Vorgesetzte, Geschäftspartner, Mitarbeiter, Kunden, Freunde und deine Familie, dich anhand einer Liste mit Fähigkeiten und Kompetenzen zu beschreiben (siehe Link unten) und lass sie dich umschreiben als Auto, Netflix-Serie, Modemarke … Eher Ford Focus oder mehr Lamborghini?

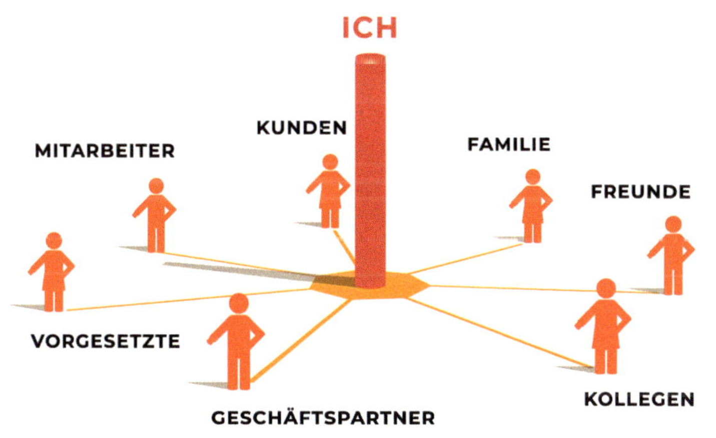

Deine 360-Grad-Befragung

1.2.6 Der Upgrade-Kompass

Jetzt hast du die unterschiedlichen Einzelteile klarer im Blick. Dein Warum, dein Was, dein Wie, deine Stärken. Und jetzt? Ich nutze einen Upgrade-Kompass. Der ist für

Unternehmen relevant, aber eben auch für einzelne Personen. Auf einer ganzen Seite, sehr übersichtlich, kannst du Schritt für Schritt, oder wie ich gerne sage: Schrittchen für Schrittchen, deine Positionierung sichtbar machen.

Der Upgrade-Kompass besteht aus vier Schritten:

1. Zum Thema Markt, Zielgruppe und Wünsche komme ich im 3. Kapitel.
2. Werte: Die Werte, an die du glaubst, die du lebst und die Persönlichkeit – deine persönlichen Merkmale
3. Versprechen: Was bietest du an? Wahr machen: Wie bietest du es an? Unterschied: Wie unterscheidest du dich von anderen (Alleinstellungsmerkmal/USP)?
4. Der Kern: dein genetischer Code (Simon Sineks Warum)

SELBSTREFLEXION: DEIN UPGRADE-KOMPASS

Nun kannst du deinen Upgrade-Kompass ausfüllen. Lade dir dazu deinen Kompass über folgenden Link herunter.

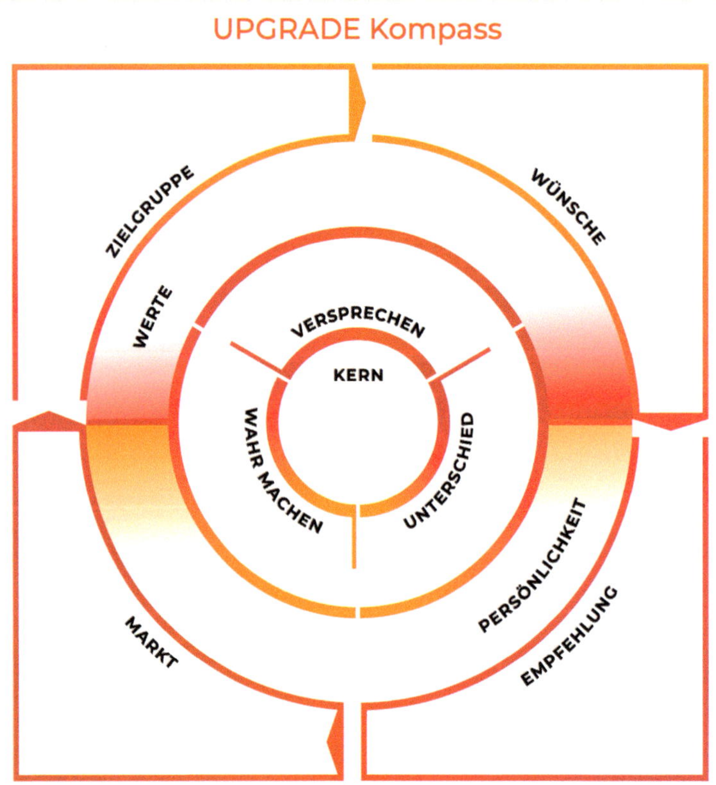

Dein Upgrade-Kompass

Schau dir zur Inspiration Barbara Beispiels Kompass an:

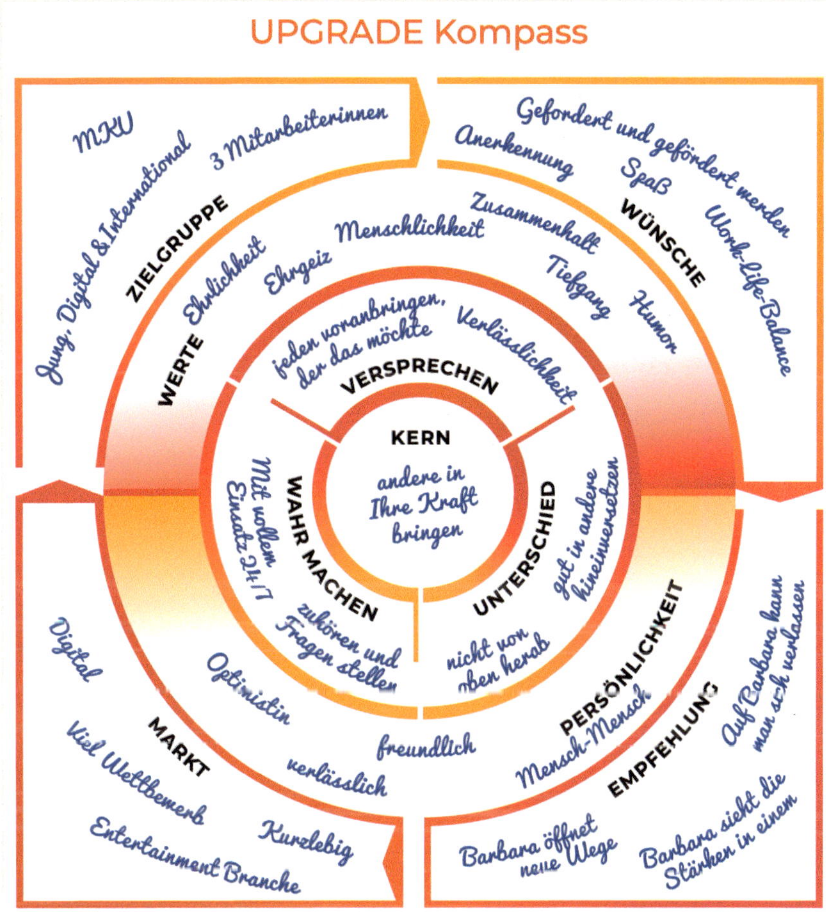

Barbara Beispiels Upgrade-Kompass

Der Upgrade-Kompass bringt dir Klarheit. Er ist ein Kompass für dich als Person, für deine Karriereplanung, für deinen Erfolg. Den Kompass benötigen wir für unsere Upgrade-Reise.

1.2.7 Dein Visionboard

Bist du eher visuell eingestellt und willst du deinem Upgrade-Kompass ein »Gesicht« geben? Da funktionieren Bilder, schön geschriebene Texte etc. hervorragend – wie eine Collage, um ein deutliches Bild zu bekommen. Studien belegen: Wer sich seine Ziele, seine Wünsche aufschreibt bzw. visualisiert und immer wieder vor Augen hält, hat 33 % mehr Chancen, sie auch wirklich zu erreichen. Eine Möglichkeit, dir visuelle Klarheit und Motivation zu verschaffen und zu benennen, ist in Form eines Visionboards. Das kannst du auf deine Karriere abstimmen, auf ein neues Projekt, auf deine Freizeit oder aber insgesamt auf dein Leben (beruflich wie privat).

! **Tipp**

Du könntest deine Vision auch gemeinsam mit Kollegen, deinem Team, Freunden oder der ganzen Familie entwickeln. Schöner Nebeneffekt: Du wirst staunen, lernen, Neues an ihnen entdecken und sehen, wie und wo ihr euch gegenseitig unterstützen könnt.

SELBSTREFLEXION: DEIN UPGRADE-VISIONBOARD

Du hast ein großes Blatt Papier (zum Beispiel A3) vor dir liegen und gestaltest nun eine Collage zu »Dein Upgrade-Visionboard«. Dieses Blatt beklebst du mit Bildern aus Zeitschriften, Zeitungen etc. und notierst deine Gedanken/Ideen zu den Fragen:

- Was sind deine Träume?
- Was sind deine Wünsche?
- Welche Ziele hast du?
- Was sind die fünf Punkte auf deiner Bucket List, die du unbedingt noch in die Tat umsetzen willst?

Hierfür benötigst du nur das große Blatt, viele Farbstifte und Zeitungen aller Art. Häng dir dein Visionboard da auf, wo es immer gut für dich sichtbar ist, sodass du deine Ziele und deine Vision immer vor Augen hast!

Wie schon gesagt, die Entwicklung einer Vision ist ein fortlaufender Prozess und daher mache ich jedes Jahr ein Update meines Visionboards, immer zum Jahresende. Das lasse ich auf mich wirken, mit all meinen Wünschen und Zielen, die ich habe, und dann frage ich mich: Welche weiteren Wünsche und Ziele würde ich klar definieren, wenn ich sicher wüsste, ich erreiche sie? Die packe ich dann noch oben drauf. Das Upgrade-Visionboard hängt übrigens in meinem Büro, wo ich es jeden Tag sehen kann. Das motiviert mich enorm. Das trägt auch bei zu meinem Selbstbewusstsein. Und dann kommt der entscheidende Schritt: Ich fange an zu planen. Welche meiner Wünsche und Ziele werde ich nächstes Jahr angehen, umsetzen, erleben – und wie schaffe ich das?

1.2.8 Innere Kraft

Das Großartige ist: Wenn du eine klare Vision und einen Plan hast, dann kannst du auch danach handeln und dein Leben selbst in die Hand nehmen. Andere werden dich ganz deutlich erkennen als Person, die du bist – weil du authentisch lebst, authentisch handelst. Du kannst dein Upgrade selbst herbeiführen. Dein Selbstbewusstsein wird steigen.

Und es ist so unfassbar schön, wenn du deine innere Kraft bzw. deine Selbstsicherheit dazu nutzen kannst. Wenn du selbst es in der Hand hast, wie dein Leben aussieht. Wenn du die Gestalterin deines Lebens bist. Das gibt einem unglaublich viel Selbstbewusstsein.

1.2.9 Der Weg zum Erfolg

Der Weg zum Erfolg beginnt auch mit der Klarheit zu wissen, wo du stehst und wohin du willst. Mir ging es so, als ich vor zehn Jahren meinen Job gekündigt habe, obwohl er super bezahlt war und Spaß machte. Ich habe meinen Dienstwagen zurückgegeben, habe mich von Geschäftsreisen nach New York, Tokio, Stockholm und Moskau verabschiedet. Stattdessen bin ich umgezogen und habe einen Vier-Tages-Job in einem Büro angenommen. Nicht wirklich sexy, aber ich wollte was Neues, neue Inspiration. Weg von meinem Workaholic-Dasein. Kennst du das? Das Gefühl, wenn du eine Entscheidung getroffen hast, von der du genau weißt, dass sie richtig ist? Das ist toll, das gibt Energie und Kraft. Die benötigst du auch.

Denn zu spüren, was du brauchst und welchen Weg du einschlagen willst, ist das eine – es auch in die Tat umzusetzen das andere. Die Komfortzone zu verlassen ist nicht einfach. Gerade wenn unser Umfeld nicht versteht, warum wir eine bestimmte Entscheidung treffen. Wir müssen uns manchmal extra lang und breit erklären oder auch mal kämpfen, um unsere (beruflichen) Ziele zu erreichen. Beim Kämpfen wird es immer wieder Momente geben, da kannst du nicht mehr, denkst, es geht nicht weiter, stehst kurz vor dem Aufgeben.

So war das bei mir auf dem Jakobsweg. Tag 10, bereits 250 Kilometer gelaufen. Ich wollte an dem Tag 34 Kilometer gehen. Was ich unterschätzt hatte – nicht nur an diesem Tag übrigens –, dass ich nicht im flachen Holland war, sondern in den spanischen Bergen. Bei Kilometer 28 blieb ich einfach stehen, alles tat weh, mit Tränen in den Augen. Ich wollte nicht mehr, dachte, es geht keinen Meter mehr weiter. Da habe ich verschiedene Optionen überlegt. Per Anhalter weiter. Den nächsten Pilger anbetteln, ob er mich trägt. Kriechend auf allen Vieren weiterrobben. Oder mich einfach hinsetzen und auf ein Wunder warten. Ich hatte eine viel, viel bessere Idee – man hat die tollsten Ideen auf dem Jakobsweg. Entschieden habe ich mich letztlich zu Folgendem:

Ich habe mir immer wieder gesagt: Anouk, gehe Schritt für Schritt und du kommst an. Schrittchen für Schrittchen. Und als ich ankam und sich nach zwei Stunden meine Füße etwas erholt hatten, da wurde ich belohnt mit einer der besten Paellas, die ich je in meinem Leben gegessen hatte, vom Rotwein gar nicht zu reden. Klar, lieber wollen wir schnell ans Ziel, ohne Schweiß und große Einschränkungen. Aber manche Upgrades erreichen wir nur in kleinen Schritten. Du willst die Beförderung? Die Zusammenarbeit mit deinem Geschäftspartner verläuft schwieriger als gedacht? Das Projekt entwickelt sich nicht so, wie du es willst? Nicht aufgeben ist hier die Devise!

! **Tipp: Deine Erfolgsgeschichte**

Halte dir deutlich vor Augen, was du erreichen willst! Was dabei wirklich absolut hilft: Mal dir deine Erfolgsgeschichte aus und schau sie dir immer wieder an. Denn es ist erwiesen: Wer seine Ziele visualisiert und sie sich immer wieder ansieht, der kommt leichter und schneller an. Ich gehe sogar so weit, dass ich mir schon vorstelle und es schon regelrecht fühle, wie ich angekommen bin. Und wie ich dann dankbar bin für das, was ich erreicht habe.

1.3 Leidenschaft

1.3.1 Im Kern berührt

Bei mir beginnt alles mit dem Herzen. Und so steht auf meiner Liste weit oben: die Leidenschaft. Und kennst du das, ich kenne es nur allzu gut: Manchmal vergisst du vor lauter Arbeit, vor lauter »Alltag«, was dich glücklich macht, wofür du brennst, beruflich wie privat.

- Wann bist du ganz bei dir?
- In welchen Momenten bist du glücklich? Strotzt du vor Selbstbewusstsein?
- Und was genau stimmt dann?
- Gibt es eine Möglichkeit, dieses Gefühl dauerhaft in den Beruf (und die Freizeit) zu integrieren?

Wenn uns das gelingt, wenn wir eine Tätigkeit finden, in die wir all unsere Leidenschaft fließen lassen können, eine Leidenschaft, die uns im Kern berührt, dann ist das ein Riesengewinn für unsere Arbeit, für unser Leben. Weil die Dinge leicht werden und vor allem: Spaß machen.

1.3.2 Die Magie des Lebens

BEISPIEL: AUS DEM BUCH »BIG MAGIC«

Im Buch »Big Magic« von Elizabeth Gilbert, die auch »Eat, Pray, Love« geschrieben hat, geht es um eine Frau, die sich immer schon für Archäologie interessiert, aber sich nie die Zeit dafür genommen hat. Mit 60 Jahren, als sie in Rente geht, fängt sie an, mehr darüber zu lesen, und entschließt sich, Kurse zu belegen. Sie geht mit 62 Jahren an die Uni und studiert Archäologie, weil sie ihre Leidenschaft darin gefunden hat. Mit 70 Jahren ist sie eine Koryphäe auf ihrem Gebiet, sie wird weltweit auf Kongresse eingeladen und referiert über ihre Lieblingsthemen.

Leidenschaft und Begeisterung sind also keine Frage des Alters. Mit Begeisterung und Leidenschaft bewegst du Ideen, überzeugst du Menschen, gewinnst du potenzielle Kunden, motivierst Mitarbeiter, fütterst du dein eigenes Selbstbewusstsein. Ich bin fest davon überzeugt, dass jede von uns mindestens eine Passion entwickeln sollte, die uns im Kern berührt und die – das ist der positive Nebeneffekt – auf andere ausstrahlt.

Es ist nicht immer einfach, wenn man nicht den geraden Weg geht. Aber das zu tun, was man wirklich möchte, auf der Suche nach dem idealen Zustand, davor habe ich großen Respekt. Den Weg der Leidenschaft zu gehen und immer wieder an sich zu glauben – das zahlt sich aus.

Und wenn du nicht weißt, was deine Leidenschaft ist, oder wenn der Glaube nicht ganz da ist, dann frage dich doch mal: Was würdest du machen, wenn du sicher wüsstest, dass dein Vorhaben ein Riesenerfolg wird?

1.3.3 New York, New York

Meine Mutter und ich waren zu ihrem 70. Geburtstag in New York, eine Stadt, die sie unbedingt einmal sehen wollte. Diese Reise hatten meine Schwester und ich ihr geschenkt, diesen Traum wollten wir ihr erfüllen. Es war eine meiner schönsten Reisen. Wir waren auf einem Konzert von Oleta Adams im berühmten B. B. King Blues Club, sind mit dem Bus durch die ganze Stadt gefahren, natürlich auch mit dem Schiff auf dem Hudson River, die Statue of Liberty bewundern, waren lecker essen und shoppen und dann wollten wir sonntagfrüh unbedingt mal in eine Baptist Church.

Das war unfassbar. Wir fielen natürlich sofort auf. Wir setzten uns in eine der letzten Reihen. Meine Mutter schwört heute übrigens immer noch, dass Whitney Houston neben ihr gesessen hat. Der Pastor begrüßte die Gemeinde und sagte: »Lasst uns auch unsere Freunde hier willkommen heißen!« und alle drehten sich zu uns um – und wir bekamen Süßigkeiten in die Hand gedrückt. Seine Predigt werde ich nie vergessen, obwohl die Reise mittlerweile zehn Jahre her ist. Für mich war es, als wenn er seine Predigt nur für mich geschrieben hätte. Er hat mich damit mitten ins Herz getroffen.

1.3.4 Wofür schlägt dein Herz?

Der Pastor erzählte davon, dass wir alle etwas im Leben gerne wollen. Für den einen ist es beruflicher Erfolg bzw. seine Leidenschaft beruflich ausleben zu dürfen, der andere strebt eine besondere Karriere an, wieder ein anderer möchte einen liebenswerten Partner und/ oder Kinder, und der Nächste wünscht sich »einfach nur« Gesundheit. Und jeder von uns hat diesen Wunsch, ein Herzensprojekt, eine Leidenschaft. Er sagte, wir sollen uns vorstellen, die wären in einer Box. Wie bei einem Geschenkchen. Doch diese Box sei verschlossen. Und wir Menschen wollen am liebsten diese kleine Box nehmen und sofort aufmachen. Aber der Pastor sagte, manche Boxen könnten wir nicht einfach aufmachen, das liege nicht immer in unserer Hand. Und manchmal müssten wir Geduld haben. Der Geist der heutigen Zeit ist doch oft: Ich will etwas, und zwar sofort. Ich nehme es mir einfach, es steht mir zu. Aber manchmal ist es eben nicht so. Manchmal bekommen wir nicht direkt, was wir uns wünschen, dann geht es nicht von heute auf morgen. Da müssen wir schon Geduld haben, warten, daran arbeiten, daran glauben ... Aber die Box wird sich öffnen, wenn die Zeit reif ist. Und die Freude und Dankbarkeit wird groß sein, wenn es so weit ist. Wichtig ist aber: Glaube daran und gib nicht den Gedanken, die Leidenschaft, den Wunsch auf.

Überleg mal:

- Was ist in deiner Box?
- Was ist deine Leidenschaft? Dein Wunsch?
- Was ist dein Herzensprojekt?

Folge deiner Leidenschaft, folge dem, was du willst, und warte damit nicht, egal, in welchem Alter du bist. »Fange niemals an aufzuhören und höre niemals auf anzufangen!«, wie Cicero schon wusste. Neugier ist der Schlüssel. Es geht nicht um das Müssen und Sollen, sondern um das Dürfen und Wollen. Um (selbstbewusst) sein statt werden.

1.3.5 Die Kraft liegt in der Wiederholung

Ich durfte meine Leidenschaft zum Beruf machen, was ein großes Glück ist. Ich war früher Legasthenikerin, bin zur Realschule gegangen und mit 16 Jahren habe ich im Freizeitpark »Phantasialand« am Infocounter gejobbt. Ich musste Fragen beantworten wie: Sind Siegfried und Roy mit ihren Tigern da und wann kommt Michael Jackson mal wieder? Ich habe heute Geburtstag, darf ich umsonst rein? Ich war stolz und voll begeistert am Infocounter. Ich habe gelebt für diesen Job. Zwei Monate später wurde ich in die Marketingabteilung versetzt und durfte der Marketingleiterin zuarbeiten. Damals mit 17 Jahren war mein Plan klar: Ich will Marketingexpertin werden, eine Führungsposition im Tourismus haben und wie meine Vorgesetzte eine super Chefin werden.

Ich habe dann in den Niederlanden einen Bachelor in Marketing & Tourismus gemacht. Danach einen Master of Arts in vier Ländern. Bin vom Tour-Operator zur Eventagentur, von der Marketingabteilung eines 5-Sterne-Hotels in München zu Holland Marketing gekommen. Mit 27 Jahren hatte ich mein erstes großes Ziel erreicht und war Marketing Managerin. Danach wurden es größere Teams, zusätzlich habe ich dann ein Abendstudium begonnen, mit 100 Kommilitonen. Am Ende waren wir fünf Studenten, die in der vorgegebenen Zeit als strategische Marketingexperten erfolgreich abgeschlossen haben. Sieben Jahre war ich Direktorin im Tourismus. Vor fünf Jahren habe ich ein weiteres Studium beendet und bin seitdem auch Unternehmerin. Seit drei Jahren bin ich Vorstandsvorsitzende eines deutsch-niederländischen Vereins und seit sieben Jahren darf ich im Ausschusskomitee der Breda University Studenten bei ihren

Master- und Bachelorarbeiten begleiten – an der Uni, an der ich vor 25 Jahren selbst meinen Abschluss gemacht habe. Jetzt habe ich noch ein Studium als systemischer Coach angefangen. Warum erzähle ich das?

Die Kraft liegt in der Wiederholung! Meiner Leidenschaft folgen, lernen, arbeiten und Spaß daran haben! Ich bin beruflich dort, wo ich bin, weil ich meinen Job liebe und viel dafür getan habe, immer und immer wieder. Und das hat mir auch zu meinem Selbstbewusstsein verholfen, mich darauf zu fokussieren, was ich will und worin ich gut bin, und immer noch dazuzulernen.

Wichtig: Dein Sprungbrett !

Weißt du, es ist Unsinn, dass ein Infocounter kein Sprungbrett sein kann. Es kommt nicht drauf an, wo du anfängst. Entscheidend ist, wo du aufhörst.

1.3.6 Das Leben ist keine Endlosschleife

Mein Mann und ich haben letztens eine Liste geschrieben. Eine Liste mit Urlaubszielen. Denn die Zeit ist nicht (mehr) unendlich. Vielleicht haben wir nur noch 20 Jahre, um besondere Urlaube zusammen zu erleben. Was wollen wir gemeinsam sehen? Was steht auf deiner Liste? Machst du die Urlaube, die du machen willst?

Das kannst du auch auf andere Bereiche übertragen:

- Machst du in deinem Unternehmen das, was du liebst? Bist du happy mit deinem Job, glücklich mit dem, was du tust?
- Wie viele Unternehmen willst du eventuell noch gründen?
- Wie viele Weiterbildungen möchtest du noch machen?
- Bist du zufrieden mit deiner Beziehung? Wirst du jeden Morgen wach neben dem Mann, der dich glücklich macht?
- Lebst du in dem Haus, in der Wohnung, in dem/der du dich wohlfühlst? Wie viele Umzüge hast du noch vor dir?
- Was steht auf deiner Wunschliste? Willst du in den nächsten Wochen den ganz großen Auftrag an Land ziehen? Den Halbmarathon im Oktober laufen oder aber einen Thermomix zu Ostern?
- Tust du das, was du willst? Und zwar immer und immer wieder?

SELBSTREFLEXION: DEINE LEIDENSCHAFT

Nimm dir dein Upgrade-Journal und schreibe ganz spontan Antworten auf die folgenden drei Fragen auf:

1. Wofür schlägt dein Herz?
2. Was ist in deiner Geschenke-Box?
3. Wenn du sicher wüsstest, dass es ein riesiger Erfolg wird – was würdest du tun?

1.4 Mut

1.4.1 Es ist nicht, was dir widerfährt …

Kleiner Rückblick in meine Kindheit: Mit zehn Jahren radele ich mit meiner Freundin Tanja in Köln-Weiden. Wir wollen in den Park und Kastanien sammeln. An der Kreuzung fahre ich nach links und übersehe leider das Auto, das auf mich zu schießt. Eine Woche liege ich im Koma, meine Liebsten sind sehr besorgt um mich. Ich wache auf und muss vieles neu lernen. Mein Gedächtnis ist etwas angeschlagen und auch das Laufen fällt mir anfangs schwer. Meine Mutter ist an meiner Seite und sagt eines Tages, als ich etwas missmutig im Krankenhaus sitze: »Anouk, es ist nicht, was dir widerfährt im Leben, sondern wie du damit umgehst. Das Nein hast du, das Ja kannst du bekommen!« Dieser Satz meiner Mutter ist mein Lebensmotto geworden.

SELBSTREFLEXION: DEIN LEBENSMOTTO

Was ist dein Lebensspruch, dein Lebensmotto, dein Mantra? Du kannst es unter folgendem Link eintragen:

Dein Lebensmotto

Barbara Beispiels Lebensmotto sieht so aus:

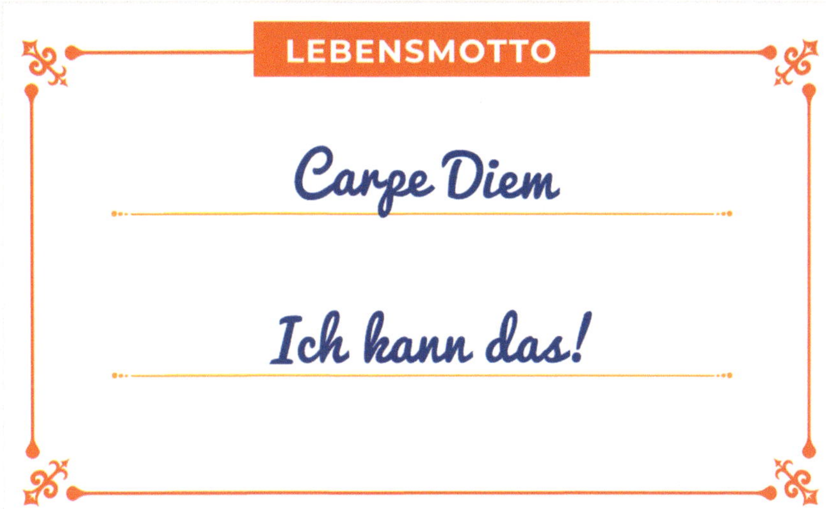

Barbara Beispiels Lebensmotto

Heute weiß ich natürlich, dass mir damals ein zweites Leben geschenkt wurde, doch wie schade, dass es diese schlimmen Momente oft braucht, um zu erkennen, wie dankbar wir sein dürfen für all das, was wir haben und erleben – für das, was wir sind, wer wir sind – und natürlich insbesondere für unsere Gesundheit.

Mich hat mein Kindheitserlebnis sehr geprägt. Es hat mir gezeigt, dass wir immer wieder spannende Herausforderungen angehen und neue und interessante Sachen entdecken und leben sollten. Es hat mir deutlich gemacht, wie wichtig es ist, auf sein Herz zu hören, das zu machen, was einem guttut, Spaß macht, wofür das Herz brennt. Mut zu leben, Mut zum Erfolg, Mut zur Erfüllung. Nicht den Alltag das Leben beherrschen lassen. Denn das Leben kann sich schnell ändern, für jede von uns.

Ratschlag an mein jüngeres Ich !

Manchmal spreche ich meinem jüngeren Ich zu. Ich überlege mir, welchen Ratschlag ich meinem jüngeren Ich geben würde, mit dem Wissen, das ich heute habe. Die Ratschläge an unser jüngeres Ich sollen vor allem Selbstvertrauen schaffen und den Mut fördern, Neues zu wagen. Immer wieder. Und in allen Bereichen des Lebens. Was würdest du deinem jüngeren Ich sagen? Und wofür würdest du deinem jüngeren Ich Mut zusprechen?
Wenn du nun wieder im Hier und Jetzt bist: Hilft dir der Ratschlag auch im Hier und Jetzt? Bzw. welcher Ratschlag wäre für dich im heutigen Kontext nützlich?

1.4.2 Nein oder ja?

Vor zwei Jahren habe ich in der holländischen Stadt Den Bosch eine Kunstausstellung anlässlich des 500. Todestages von Hieronymus Bosch besucht. Auf dem Weg zum Museum kam ich bei *dem* Haute-Couture-Designer der Niederlande, Addy van den Krommenakker, vorbei und sah in seinem Geschäft ein Hammer-Kleid, inspiriert von Boschs Werk »Der Garten der Lüste«. Jetzt musst du wissen: Ich hatte drei Tage später eine Pressekonferenz mit 60 Journalisten und 100 geladenen Gästen in der niederländischen Botschaft in Berlin und zweifelte, so wie Frauen das gut können, noch immer an meinem Outfit. Da bin ich einfach in den Laden rein, Addy selbst war im Geschäft. Stell ihn dir vor wie eine Mischung aus Wolfgang Joop und Andy Warhol. Ein toller Mann, ein echter Typ. Ich probierte das Kleid an und war begeistert. Ich erzählte ihm von der Pressekonferenz und fragte frech und freundlich: »Würden Sie mir dieses wunderschöne Kleid für den Abend ausleihen?« Er ging wortlos zur Kasse und flüsterte seiner Assistentin etwas zu. Ich hatte kurz Angst, dass sie mich rausschmeißen würden. Aber weißt du was? Er kam auf mich zu und sagte einfach Ja. Letztendlich war das Kleid auf der Pressekonferenz eine tolle Werbung für ihn – ich denke, dessen war er sich bewusst. Denn drei Tage später stand ich vor den 100 Gästen und 60 Journalisten und erwähnte ihn natürlich in meiner Rede. Ich setzte das Kleid in Szene und berichtete von der Stadt Den Bosch, dem Künstler Bosch und eben: Addy, meinen persönlichen Lieblingsdesigner und Helden in dem Moment.

Und das ist nur eines von ganz vielen Beispielen. Das Motto meiner Mutter: »Das Nein hast du, das Ja kannst du bekommen« begleitet mich also durch mein ganzes Leben. Darum ist meine Überzeugung hinsichtlich Selbstbewusstsein und Souveränität: Gehe immer wieder mutig neue Dinge an und probiere alles aus. Einfach machen und wagen, auf Leute zugehen und fragen. Und du wirst erstaunt sein, wie oft du ein Ja kriegst. Ich praktiziere es fast täglich und dieser Leitspruch ist mir eine große Hilfe bei meiner Arbeit und in meinem Privatleben.

Probiere es doch auch mal aus! Auf welche Frage wünschst du dir ein Ja?

1.4.3 Mut zur Improvisation

Übrigens, Improvisation hat mit dem Thema Mut auch ganz viel zu tun. Es gibt nämlich drei Regeln beim Improvisieren. Erstens: Scheitern ist erlaubt. Scheitern ist lernen. Und lieber scheitern, als nichts versucht zu haben. Zweitens: Es ist nicht »Ja, aber«, sondern »Ja und«! Sich nicht entschuldigen müssen und nicht anderen folgen, sondern vor allem man selbst sein. Und drittens: Immer vom Positiven ausgehen und den anderen gut aussehen lassen. Denn wer anderen hilft, erfolgreich zu sein, ist selbst erfolgreich.

1.4.4 Von der Ich-AG zur Wir-AG

Eine Freundin von mir hatte eine spannende Geschäftsidee: Einen E-Shop für Bikinis zum Selbst-Zusammenstellen: Wunschfarbe, Wunschdesign und Wunsch-Accessoires, dann unterschiedliche Größen für Höschen und Oberteil. Geniale Idee, oft passt es ja nicht. Kennst du das? Super Businessidee, erste Umsetzung realisiert und dann hakt es, weil einem das nötige Geld fehlt. Sie ging also zur Bank. Aber was sagte der Berater? »Kann ich die Bikinis mal sehen?« Geld gab es nicht. Doch meine Freundin hatte eine Lösung. Crowdfunding! Gemeinsam das Projekt erfolgreich zustandebringen.

Kennst Du Laura Dekker? Sie ist eine sehr mutige Deutsch-Niederländerin, die mit 13 Jahren allein in einem Jahr um die Welt segeln wollte. 13 Jahre, stell dir mal vor, dein Kind oder deine Nichte würde das wollen? Was haben die Eltern gemacht? Dafür gesorgt, dass sie alles mitbekam, was sie brauchte, um ihr Ziel umzusetzen. Einfach war das nicht. Ihre Eltern, die ihr das Segeln beigebracht haben, ein Team, das ein Jahr lang vor einem niederländischen Gericht darum gekämpft hat, dass sie lossegeln darf. Und sie hat es gepackt. Ein Riesenerfolg! Sie ist gesund und glücklich angekommen. Ganz allein hätte sie das nie geschafft.

Das Schöne ist: Wir müssen nicht alles allein schaffen. Wir haben Freunde, Familie, Geschäftspartner, Mitarbeiter, Kollegen – und wirklich alle können uns helfen, (beruflich) weiterzukommen. Habe den Mut und frage um Hilfe, lass dir helfen, wenn es dienlich ist! Es kann nämlich helfen, wenn du Verbündete hast, nicht ganz allein dastehst. Und wir können anderen helfen. Es ist ein Geben und Nehmen. Wann hast du zuletzt jemandem zu einem (beruflichen) Upgrade verholfen?

Mit gegenseitiger Unterstützung ans Ziel !

Sich gegenseitig unterstützen und motivieren – ich glaube fest an den afrikanischen Spruch: »Alleine bist du schneller, gemeinsam kommst du weiter!«

An diesen Grundsatz glaube ich ganz fest. Ich sehe, dass Männer das sehr gut können, sich gegenseitig unterstützen. Bei Frauen sehe ich leider noch viel zu häufig, dass sie sich letztlich doch als Konkurrentinnen sehen, neidisch auf den Erfolg oder die Aufmerksamkeit der anderen sind, sich nicht mögen und dann auch nicht unterstützen. Oder oft nach außen hin laut sagen: »Wir Frauen müssen uns unterstützen!« Wenn es dann aber darauf ankommt, haben sie nicht den Mut oder die Loyalität oder das Standing, es auch zu tun. Sie haben nicht den Mut, für sich und für andere einzustehen.

Wir Frauen dürfen hier noch sehr viel lernen und zeigen, dass auch wir dazu im Stande sind, uns gegenseitig zu fordern und zu fördern. Nochmals: Es ist ein Geben und ein Nehmen.

1.4.5 Mut zum Perspektivenwechsel

Aber klar, es wird immer Tage geben, an denen wir uns wie der allergrößte Loser fühlen. Oder an denen das Ziel sehr weit weg erscheint. Kennst du das auch? Wie im falschen Leben. Hab an diesen Tagen vor allem Mut zum Perspektivenwechsel. Ich mache einmal im Jahr eine 100-Tage-Happy-me-Challenge. Die kann ich sehr empfehlen. Es geht ganz einfach und hat einen verblüffenden Effekt: Lade jeden Tag ein Foto in deinem Social-Media-Account hoch oder lege es in einer Happy-me-Datei auf dem PC ab, 100 Tage lang. Dazu schreibe auf, was dich glücklich macht. Und glaube mir, wir hüpfen nicht 100 Tage lang nur happy durch die Gegend, aber es gibt immer etwas, wofür wir dankbar sein können. Und wenn es nur etwas Kleines ist wie die Sonne, die mal rauskommt, das Lächeln eines Kollegen oder ein unerwartet nettes Gespräch bei einem Geschäftspartner. Die kleinen Dinge sind es, auf die es oft ankommt. Gerade an Tagen, an denen dein Upgrade-Gefühl einfach weg ist, schau dir die Liste an. Das gibt einen super Energieschub und – noch viel wichtiger: Es lässt dich, auch in schwierigen Situationen, lächeln. Erfolg und Wohlbefinden sind also auch eine Frage der Perspektive. Es ist also nicht, was dir widerfährt im Leben, sondern wie du damit umgehst. Du kannst immer am Steuer sitzen. Klage nicht, sondern konzentriere dich auf das Positive, denn das, worauf wir unsere Aufmerksamkeit lenken, wird größer!

Das gilt übrigens auch für das Selbstbewusstsein.

SELBSTREFLEXION: DEINE HAPPY-ME-CHALLENGE

Starte deine 100-Tage-Happy-me-Challenge! Es gibt tatsächlich immer etwas, wofür wir dankbar sein können: ein Kompliment am Arbeitsplatz, oder aber dass wir gesund und munter den Tag erlebt haben, dass der Partner, die Schwester, der Sohn … in unserem Leben ist.

2 Fähigkeiten und Kompetenzen (Selbstentfaltung)

»Wir können den Wind nicht ändern, aber die Segel anders setzen.«
(Aristoteles)

2.1 Upgrade yourself – der Anouk-Index

2.1.1 Die sieben Anouk-Index-Members

Der Anouk-Index ist ein Leitfaden für dein Upgrade, mein persönliches Konzept aus sieben Anouk-Index-Members (Fähigkeiten und Kompetenzen). Diese sieben Members sorgen für mehr Selbstentfaltung und stimulieren somit mehr Souveränität und Selbstbewusstsein im Job (und im Leben). Der Anouk-Index trägt bei zu deinem (beruflichen) Erfolg und deiner Erfüllung. Er setzt sich folgendermaßen zusammen:

1. Loben & Lachen
2. Leben & Lieben
3. Lernen & Leisten
4. Lippenstift & Likes
5. Laster & Loser
6. Lack & Leder
7. Loslassen & Leichtigkeit

Zusammen bilden diese Index-Members das Portfolio für das Upgrade.

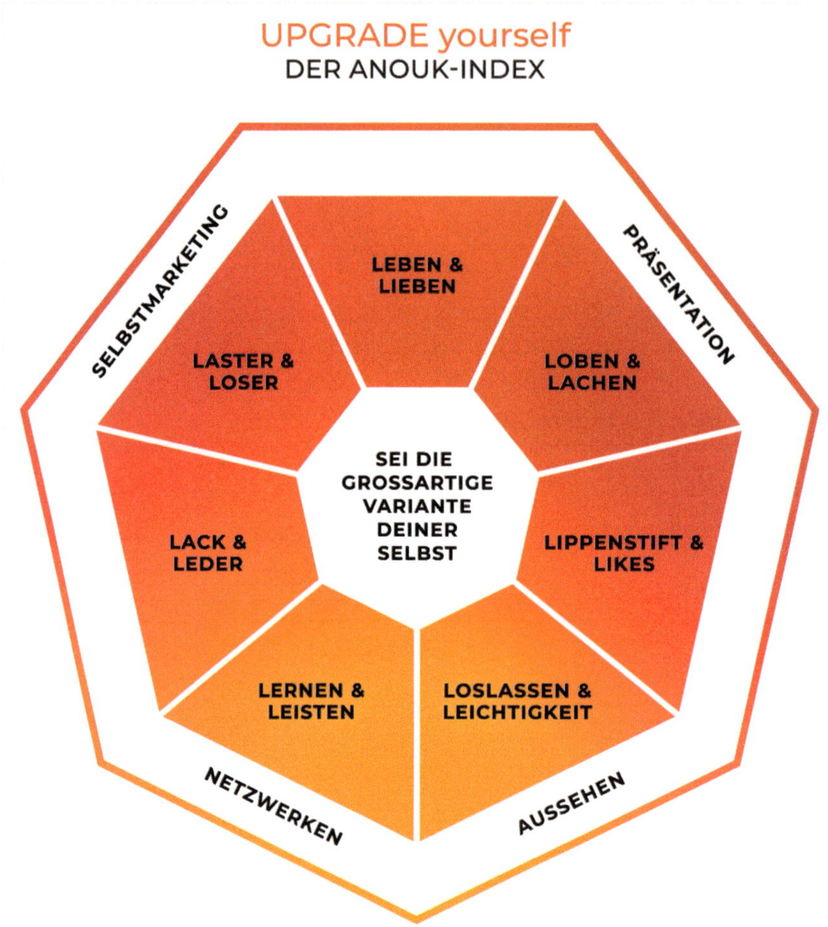

Der Anouk-Index

2.1.2 Dein eigener Stil

Und wie das beim Index so ist, die Zusammensetzung und die Gewichtung jedes Bereichs sind (bei jedem Menschen) unterschiedlich. Vielleicht erkennst du schon recht schnell, wie die Zusammensetzung und die Gewichtung bei dir aussieht? Bei welchen Indexpunkten fühlst du dich spontan bereits wohl bzw. siehst du deine Stärken? Und vielleicht siehst du bereits bei einigen Punkten dein Potenzial zum Wachsen?

Wenn dir noch nicht so ganz klar ist, in welchen Bereichen du wachsen kannst, dann nutze bitte das Boardingticket und die Checkliste aus dem ersten Kapitel. Wenn du willst, kannst du erst das Boardingticket ausfüllen und sehen, wie dein Anouk-Index-

Ergebnis steht. Denn aus der Checkliste ergibt sich ein personenbezogenes Bild der Zusammensetzung und der Gewichtung.

Es geht darum, deinen eigenen Stil zu finden, deine besondere Persönlichkeit zu entwickeln und zu zeigen. Da gibt es keine Blaupause. Aber der Anouk-Index kann dir die einzelnen Elemente hierzu liefern. Je nachdem, wo du Potenzial für dein Wachstum siehst. Oder wenn du gerne deine Stärken ausbauen möchtest, kannst du daran arbeiten und dein Upgrade einen Schritt weiter realisieren. Auf welchen nächsten Schritt hättest du Lust? Worin würdest du dich gerne mal behaupten oder wo würdest du gern was Neues ausprobieren? Stell dir deine Fähigkeiten und Kompetenzen ein wenig vor wie ein Dashboard, an dessen Knöpfen du drehen kannst. Bei welchem Knopf hättest du Lust anzufangen oder siehst du die Notwendigkeit, etwas zu drehen?

Am Ende steht das Ziel, dass du mithilfe der neuen Fähigkeiten und Kompetenzen (Selbstentfaltung) souverän und selbstbewusst deinen beruflichen Erfolg erreichst.

Der Modedesigner Giorgio Armani hat einmal gesagt: »Eleganz heißt nicht, ins Auge zu fallen, sondern im Gedächtnis zu bleiben.« Das gilt für mich hinsichtlich unserer ganzen Persönlichkeit. Warum also nicht daran arbeiten und in den Köpfen unserer Vorgesetzten, Kollegen, Mitarbeiter, Geschäftspartner, Freunde und Familie und eben all denen, denen wir begegnen, bleiben?

2.2 Anouk-Index-Member: Loben & Lachen

Meine Devise ist: Sorge dafür, dass andere erfolgreich sind, dann wirst du auch erfolgreich sein. Die Grundvoraussetzung dafür ist: Loben & Lachen.

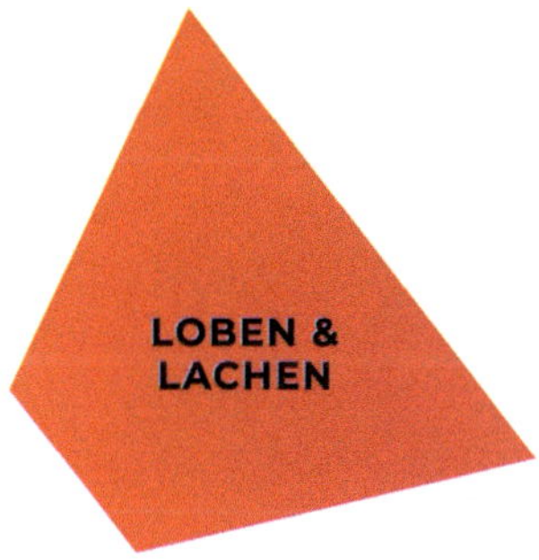

Loben & Lachen

Ein ehrliches Lächeln steckt an, öffnet Herzen und sorgt schlicht für gute Stimmung. Und gute Stimmung führt zu besserem Zusammenhalt und Produktivität im Team. Nicht getadelt ist genug gelobt? Falsch. Lobe! Spiegle deinen Mitarbeitern und Kollegen, was sie gut gemacht haben. Du sorgst damit dafür, dass sie sich wertgeschätzt fühlen, und motivierst sie.

2.2.1 Loben – Komplimente machen

Lob ist für mich die Würdigung von außergewöhnlichen Leistungen. Da, wo Anerkennung zum Beispiel die Vorstufe zum Lob ist, herrscht hingegen Normalbetrieb. So sagen es auch der Duden oder Google. Lob bezieht sich immer auf etwas, was jemand tut oder getan hat, das sehr gut oder außergewöhnlich ist, sodass man es auch wirklich erwähnen möchte.

- Wie lange ist es her, dass du jemanden gelobt hast? Also ihm oder ihr gegenüber ganz ehrlich gemeinte Anerkennung oder aber auch ein ganz ehrlich gemeintes Lob ausgesprochen hast?
- Und wann hast du zuletzt ein Kompliment bekommen? Also eines, das dich wirklich gefreut hat, weil du dich so anerkannt gefühlt hast?

Ich bin der Meinung, dass du Lob verschenken solltest, dass du darin auch großzügig sein darfst. Du kannst Kollegen oder Mitarbeitern spiegeln, was sie gut gemacht haben. Du darfst auch Freunden oder der Familie mitteilen, was du toll an ihnen findest. Ich bin davon überzeugt, dass es letztendlich auf dich selbst abstrahlt, wenn du anderen hilfst, erfolgreich zu sein – auch, indem du ihre Stärken eben hervorhebst. Und wenn das Ganze noch mit einem Lachen geschieht, dann machst du jemanden mit Sicherheit ziemlich glücklich und sorgst dafür, dass sein oder ihr Selbstwertgefühl steigt. In einem Team wird sich das auch immer auf alle anderen positiv auswirken.

2.2.2 Loben – positive Effekte

Der Mensch sucht mehr oder weniger nach Anerkennung, Wertschätzung, einer Art der Bestätigung, natürlich am liebsten von denjenigen, die uns wichtig sind, die wir gerne haben und deren Meinung uns wichtig ist. Und dabei ist Deutschland nicht wirklich ein Hort von Anerkennung oder Lobkultur. Nicht kritisiert ist genug gelobt, ist oft die Devise. Die Financial Times Deutschland hat festgestellt, dass deutsche Chefs, männlich wie weiblich, sehr wenig loben, eher meckern. Mehr als die Hälfte der Beschäftigten haben den Eindruck, dass ihre Leistungen vom Chef nicht geschätzt werden.

Ich bin der Meinung, dass wir auf jeden Fall lernen sollten, andere zu loben. Warum? Weil das Loben viele positive Effekte hat. Zum einen natürlich die Motivation. Das Verstärken von Verhalten, das derjenige, der das Lob ausspricht, gerne sehen möchte. Zum anderen die Wertschätzung des Verhaltens von dem- oder derjenigen, das so außergewöhnlich gut ist, dass es eben gelobt werden darf. Es sorgt für Lerneffekte. Es trägt zur Zufriedenheit des anderen bei, denn wenn du jemanden lobst, hat er oder sie einen schönen Moment und erhält eine Form der Selbstbestätigung. Lob baut Selbstbewusstsein und Selbstvertrauen auf. Wenn du gelobt wirst, merkst du ja auch, dass du auf dich stolz sein darfst.

In meinen Workshops zum Thema »Erfolgreich präsentieren« üben wir die Präsentation und dann gibt es ein Feedback der Gruppe. Wir fangen immer mit dem Loben an. Es ist interessant zu sehen, wie jeder ein Stückchen wächst, wenn er oder sie ein Lob erhalten hat – das Strahlen im Gesicht ist unverkennbar. Dass dann die Laune steigt, ist gar keine Frage. Du selbst bekommst auch mehr Energie durchs Loben. Wenn Kollegen mithören, dass jemand gelobt wird, spornt es sie auch an.

BEISPIEL: THE POWER OF (NO) RECOGNITION

Zum Thema Lob gab es ein Experiment von Hoogveld und Zubanov von der Uni Konstanz gemeinsam mit dem niederländischen Wirtschaftsministerium im Jahr 2012. Da wurden 300 niederländische Studierende befragt, beobachtet und in zwei Gruppen eingeteilt. In der ersten Gruppe wurden 30 Prozent der Studierenden gelobt, und zwar die mit den besten Leistungen – unerwartet und vor ihren Kommilitonen. In der zweiten Gruppe wurde keiner gelobt. Als dann kurz darauf die nächste Klausur geschrieben wurde, stellte sich heraus, dass diejenigen ihre Leistungen deutlich gesteigert hatten, die zur ersten Gruppe gehört hatten, aber nicht selbst gelobt worden waren. »Nick Zubanov sieht diese Erkenntnisse durch die Konformitätstheorie gestützt: ›Menschliches Verhalten wird durch das jeweilige Verständnis der Norm beeinflusst. Das trifft auch auf die Arbeits- und Universitätswelt zu. Die Leistung der Studierenden wird nicht nur durch den persönlichen Nutzen beeinflusst, wie dem Bestehen einer Prüfung, sondern auch durch die für diese Leistung vermutete Norm gesteuert.‹ Die verbale Anerkennung von Leistung dient dabei als ein Instrument, durch welches eine Norm kommuniziert wird. Wenn einzelne Teilnehmer unerwartet gelobt werden, führt das zu Änderungen im Verständnis der Norm und einer Anpassung des eigenen Verhaltens. Diejenigen, deren Leistung hervorgehoben wird, erfahren, dass sie die Norm erfüllen. Andererseits werden die Teilnehmer, die nicht durch die Anerkennung hervorgehoben werden, motiviert, ihre Leistung anzupassen und sich mehr anzustrengen. Wenngleich es auch andere, noch stärkere Gründe für eine Leistungssteigerung gibt, macht die reine Tatsache, dass der Zusammenhang von Lob und Leistung nachgewiesen werden kann, die Studie von Nick Zubanov und Nicky Hoogveld bemerkenswert. Ein einfaches ›gut gemacht‹ führt also nicht nur dazu, dass sich einzelne besser fühlen, sondern auch dazu, dass andere sich mehr anstrengen.«[1]

Die Testpersonen aus der ersten Gruppe hatten ein Gefühl dafür bekommen, wie gut sich ein Lob anfühlt, und nun selbst danach gestrebt. Sie wollten gern zu dem Teil der Gruppe gehören, die Lob bekommen hatte. Nicht nur der Einzelne fühlt sich also besser durch Lob – auch das direkte Umfeld reagiert positiv darauf und versucht, ebenfalls besser zu werden.

2.2.3 Loben – innere Kündigung

Bei Umfragen rund um das Thema Karriere glauben 50 Prozent der Mitarbeiter, dass Fluktuation deutlich abnehmen würde, wenn die Führungskräfte ihre Leistung mehr anerkennen würden. Mit anderen Worten: Mitarbeiter wollen gelobt werden.

! **Achtung**

Die Gallup-Studie besagt, dass jeder Vierte (23 %) bereits innerlich gekündigt hat. Die Studie führt auch aus, dass schlechte Chefs die deutsche Volkswirtschaft etwa 100 Milliarden Euro kosten.[2]

Sicherlich gibt es noch andere Gründe als fehlendes Lob. Die Beziehung und die emotionale Bindung zum Unternehmen und eben auch zur Abteilung, hat viel damit zu tun, wie gerne man bleiben möchte oder wie gerne man arbeitet. 63 Prozent, also die Mehrheit, machen laut der Studie nur Dienst nach Vorschrift. Ein höheres Zufriedenheitsbewusstsein gäbe es und die Produktivität würde steigen, wenn Mitarbeiter für ihre individuellen Leistungen regelmäßig gelobt werden würden.[3]

! **Wichtig: Loben stärkt**

Wer gelobt wird, so sagt Albert Bandura von der Stanford University in Kalifornien, der steckt sich selbst höhere Ziele, ist motivierter, fühlt sich stärker und ist glücklicher.[4]

2.2.4 Loben – die Lob-Etikette

Welche Regeln gibt es beim Loben? Gibt es überhaupt Regeln? Meine Lob- Etikette sagt dazu Folgendes: Zum einen ist es natürlich ganz wichtig, dass du in der Ich-Form lobst.

1 https://www.uni-konstanz.de/universitaet/aktuelles-und-medien/aktuelle-meldungen/aktuelles/aktuelles/Wem-nutzt-Lob-9194
2 https://www.focus.de/finanzen/news/arbeit-studie-deutsche-chefs-loben-zu-wenig_aid_726054.html
3 https://www.focus.de/finanzen/news/arbeit-studie-deutsche-chefs-loben-zu-wenig_aid_726054.html
4 https://www.wiwo.de/erfolg/karriere-weshalb-lob-fuer-die-motivation-so-wichtig-ist/5368262.html

Zum Beispiel: »Mir hat es sehr gut gefallen, wie freundlich und zugleich kompetent du unserem Kunden das Angebot nochmals erläutert hast.« Das kommt authentisch und ehrlich rüber. Und wenn es dann auch noch von Herzen kommt und ernst gemeint ist, dann kann es im Prinzip nichts Schöneres für denjenigen geben, der das Lob bekommt.

Ein chinesisches Sprichwort sagt: »Wer mich ständig lobt, ist entweder ein Narr, der mich verachtet, oder ein Schurke, der mich betrügen will.« Und ein schwäbisches Sprichwort besagt: »Wer mich lobt, der will was von mir oder hat schon etwas bekommen.« Achte also darauf, dass du nicht übertreibst und dein Lob angemessen ist. Versuche, keine Hintergedanken zu haben – das Lob sollte nicht berechnend sein im Sinne von: Ich spreche dir jetzt ein Lob aus und danach frage ich dich, ob du mir einen Gefallen tun kannst.

Es hilft, wenn du beim Loben sehr konkret bist – präzise, detailreich, nachvollziehbar. Wenn du zum Beispiel sagst: »Das hast du richtig gut gemacht«, dann kann der Gelobte damit noch nichts anfangen. Sei konkret: Was hat derjenige richtig gut gemacht? Was findest du lobenswert? Was war ausgezeichnet? Und wenn dir ein Verhalten gefallen hat, wenn du etwas gut findest an jemandem, warte nicht allzu lange, sondern sage es am besten sofort. Je zeitiger dein Lob ausgesprochen wird, desto mehr kann derjenige oder diejenige damit auch etwas anfangen. Viele geben zum Jahresendgespräch Feedback. Wenn du dann auf einmal anfängst, Positives aus dem Januar aufzuzählen, kann sich dein Gegenüber wahrscheinlich gar nicht mehr erinnern und dein Lob verpufft. Also versuche, zeitnah dein Feedback zu geben und dein Lob auszusprechen.

Tipp: Persönlich und individuell !

Wir wissen nun: Lob motiviert auch diejenigen, die es mitbekommen, grundsätzlich wäre mein Tipp allerdings: Gib dein Feedback unter vier Augen. Ganz individuell, sodass das Lob auch wirklich ankommt.

Kombiniere dein Lob nicht mit Kritik oder mit einer Einschränkung. Also zum Beispiel: »Du hast einen super Text geschrieben, aber es wäre schön, wenn du beim nächsten Mal etwas schneller damit wärst.« So kommen weder Lob noch Kritik wirklich beim Gegenüber an. Die beiden Aussagen entwerten sich gegenseitig. Solltest du also loben, dann lobe auch wirklich. Möchtest du Kritik aussprechen, dann sprich die Kritik wertschätzend aus, wie zum Beispiel: »Ich habe den Eindruck, dass du zurzeit sehr gestresst bist. Ich bin es gar nicht von dir gewöhnt, dass du – wie in letzter Zeit mehrmals –, zu spät und unvorbereitet in die Meetings kommst. Gibt es etwas, das dir eine gründlichere Vorbereitung erleichtern würde?«

Ich empfehle dir also, mehr zu loben. Versuch doch mal, einen Monat lang einmal am Tag jemanden aufrichtig zu loben oder jemandem ein Kompliment auszusprechen. Beruflich oder privat. Auch für dich wird sich das positiv auswirken. Denn wie man in den Wald hineinruft, so schallt es heraus. Ich glaube fest daran: Wer großzügig (aber nicht übertrieben) Lob ausspricht, der ist beliebt und gerne gesehen – Loben verleiht eine positive Aura. Man sagt ja auch so schön, ein wenig Duft bleibt immer an der Hand desjenigen, der oder die die Rosen reicht. Also mit anderen Worten: Übe dich im Loben. Wir sollten uns viel öfter auf das konzentrieren, was gut geht, und nicht auf das, was nicht gut geht. Bei uns selbst und auch bei anderen.

Es gibt ein schönes Zitat des spanischen Dichters und Erfinders von Don Quijote Miguel de Cervantes: »Ein Lob ist so viel wert, wie der Mensch, der es ausspricht.« Was macht es mit dir und was sagt es über dich aus, wenn du dein Lob aussprichst?

2.2.5 Lachen – Hand aufs Herz, hast du heute schon gelacht?

Das Lachen kommt in der heutigen sehr schnelllebigen und oft auch leistungsorientierten Zeit manchmal wirklich ein wenig zu kurz.

! **Achtung**

Untersuchungen aus der Glücksforschung haben ergeben, dass Menschen vor 50 Jahren dreimal mehr gelacht haben als wir heute. Und Kinder, so heißt es, lächeln 400-mal pro Tag. Während wir Erwachsenen nur 15-mal am Tag lächeln. Ist das nicht ein wenig traurig?

2.2.6 Lachen – Gelotologie

Der Pariser Neurologe Henri Rubinstein beschäftigt sich seit Jahren mit Lachforschung. »Gelotologie« heißt diese Wissenschaft. Er definiert das Lachen als »eine unwillkürliche Körperreaktion auf eine als angenehm empfundene Emotion«[5]. Und diese Reaktion scheint auch keinen anderen biologischen Nutzen zu haben, als den Menschen eben vorübergehend vom Stress zielgerichteter Tätigkeiten zu erlösen. Das Lachen ist also eine Art Luxusreflex.[6]

Was passiert genau, wenn wir lachen? Beim Lachen werden vom Kopf bis zum Bauch rund 80 Muskeln angespannt, 17 davon allein im Gesicht.[7] Also richtiges Lachen stellt – scherzhaft gesagt – ähnlich hohe Anforderungen an uns wie Leistungssport. Kennst du den Muskelkater in der Bauchregion nach einem Lachkrampf?

---

5 Henri Rubinstein: Lachen macht gesund. Über die Heilkraft von Lachen und Fröhlichkeit. München: MVG, 1987.

6 Arthur Koestler: Der Mensch – Irrläufer der Evolution. Bern und München: Scherz, 1978.

7 https://de.wikipedia.org/wiki/Lachen

Ich hoffe, dass du oft genug in deinem Leben lachst und am Tag genügend Gründe hast zu lachen. Hier folgen sieben Lach-Flashs, die nochmals belegen, warum Lachen sehr wichtig ist – auch im beruflichen Kontext.

2.2.7 Lachen – Flash 1: Lachen ist gesund

Lachen ist wie eine kostenlose Medizin und dazu auch noch frei von Nebenwirkungen. Und das beweisen auch immer mehr Studien. Lachen ist gesund und daher eben auch ganz wichtig.

Durch die schnellere Atmung erhöht sich der Gasaustausch um ein Dreifaches. Das Zwerchfell spannt sich, dadurch dehnen sich die Lungenflügel und wenn wir lauthals loslachen, dann pressen wir den Atem stoßartig mit 100 Stundenkilometern aus der Lunge. Lachen stärkt also die Funktion der Lungen. Denn durch die schnelle Atmung transportiert die Lunge drei- bis viermal so viel Sauerstoff wie normal. Der Puls rast, die Durchblutung wird angeregt und das Cholesterin wird gesenkt. Danach nimmt die zuvor gestiegene Herzfrequenz auch noch einmal ab und der Blutdruck sinkt anhaltend. Herzhaftes Lachen, so wird gesagt, kräftigt auch das Herz-Kreislauf-System.[8]

20 Sekunden Lachen entspricht etwa der körperlichen Leistung von drei Minuten schnellem Rudern, das hat William Frey (Gründer des Instituts Humorforschung) bereits vor 30 Jahren erkannt.[9]

Die Herzinfarktgefahr sinkt durch häufiges Lachen um die Hälfte. Auch für den Stoffwechsel ist es gut, und die Stresshormone im Blut, Adrenalin und Cortisol, nehmen ab. Glückshormone, sogenannte Endorphine, werden freigesetzt – und Entspannung setzt ein. Auch das Immunsystem wird durch das Lachen angeregt. Sogenannte Antikörper, die der Organismus zum Schutz vor Bakterien und vor Viren braucht, werden neu gebildet. Lachen hat also so einige positive Auswirkungen auf den menschlichen Körper.[10]

2.2.8 Lachen – Flash 2: Kommunikationstreffer

Lachen hilft natürlich auch in der Kommunikation. Das wirst du wahrscheinlich selbst auch kennen. Wenn du dich mit einem Geschäftspartner unterhältst, wenn du auf einem Kongress oder einem Netzwerkabend bist, sprichst du natürlich auch eher die Leute an,

8 https://www.planet-wissen.de/gesellschaft/psychologie/lachen/pwieistlachenwirklichgesund100.html
9 https://www.zeit.de/2011/17/Lachforschung
10 Henri Rubinstein: Lachen macht gesund. Über die Heilkraft von Lachen und Fröhlichkeit. München: MVG, 1987.

die ein Lächeln im Gesicht haben oder die witzig sind. Humor und Lächeln können entwaffnend wirken. Das macht natürlich wesentlich mehr Spaß, als wenn du einer Spaßbremse gegenübersitzt oder jemandem, der seine Mundwinkel hängen lässt und Desinteresse zeigt. Lächeln schafft eine (kommunikative) Verbindung zwischen Menschen.

2.2.9 Lachen – Flash 3: Angst-Grinsen

!

Vom Angst-Grinsen zum echten Lächeln

Ein interessantes Forschungsprojekt des Primatenforschers Jan von Hooff (Universität Utrecht) hat sich mit dem Angst-Grinsen auseinandergesetzt. Es gibt schon länger die These, dass Lächeln im Laufe der Evolution aus einer Unterwerfungsgeste heraus entstanden ist. Unterlegene Affen entblößen gegenüber ranghöheren Tieren die Zähne, ohne die Kiefer voneinander zu lösen – das wird »Angst-Grinsen« genannt.[11] Später könnten dominante Individuen diese Geste übernommen haben, um ihrerseits vertrauenswürdig zu wirken – auch in menschlichen Gesellschaften. Forscher vom Max-Planck-Institut für Evolutionsbiologie in Köln und der Toulouse School of Economics haben in einem Experiment bestätigt, dass ein als authentisch empfundenes Lächeln entscheidend dazu beiträgt, als vertrauenswürdiger Geschäftspartner eingeschätzt zu werden.[12]

Lächeln kann also Türen öffnen und dafür sorgen, dass du deinen Deal einfacher abschließen kannst, weil du vertrauenswürdig wirkst. Wenn du etwas von jemanden möchtest und du hast ein Lächeln im Gesicht, dann ist es gut möglich, dass du eher ein Ja als ein Nein bekommst. So sorgt Lächeln dafür, dass du vielleicht auch zielgerichteter an eine bestimmte Sache gehen kannst.

2.2.10 Lachen – Flash 4: Energiekick

Lächeln hat eine ganz positive Ausstrahlung auf andere und sorgt dafür, dass du positiver, beliebter und attraktiver erscheinst. Schau dich mal im Spiegel an und guck, was es für einen Unterschied macht, wenn du jemanden, also in dem Fall dir selbst, zulächelst oder aber eben eine ernste Miene aufsetzt. Lachen gibt dir einen Energiekick – vor allem das herzhafte Lachen, bei dem du Tränen in den Augen hast oder Muskelkater im Bauch bekommst. Es ist wie eine Frischekur für Körper und Seele. Und es kann im Prinzip fast nichts Besseres geben, als Humor in ein Gespräch zu bringen – zum Beispiel bei einem Vortrag oder wenn man in einem Pitch als Agentur sein Pro-

11 https://www.tagesspiegel.de/wissen/psychologie-das-echte-und-das-aufgesetzte-laecheln/12432058-2.html

12 https://www.tagesspiegel.de/wissen/psychologie-das-echte-und-das-aufgesetzte-laecheln/12432058-2.html

dukt oder seine Dienstleistungen an den Mann bringen möchte. Humor wirkt absolut befreiend und sorgt dafür, dass andere einen Energiekick bekommen. Manchmal kann es nämlich nicht schaden, wenn es ein wenig lockerer und luftiger wird. Lachen als absolute Glücksgarant.

2.2.11 Lachen – Flash 5: Konzentration bitte!

Was übrigens auch bewiesen ist: Menschen, die viel lachen, empfinden sich selbst als stärker und kompetenter, sie schrecken außerdem nicht vor sozialen Konflikten zurück. Lachen fördert zudem die Konzentration. Man hat herausgefunden, dass du dir Gelerntes noch besser merken kannst, wenn du 30 Minuten nach einer Lerneinheit extra lächelst. Also für diejenigen, die manchmal Konzentrationsschwierigkeiten haben: Wenn du etwas gelernt hast, stell dir für 30 Minuten danach die Uhr und lächle dann über einen Witz oder lass dich kitzeln. Damit sorgst du dafür, dass du das Gelernte besser behalten kannst.[13]

2.2.12 Lachen – Flash 6: der Elefant im Porzellanladen

Lachen hilft beim Relativieren. Menschen, die über sich selbst lachen können, können schwierige Momente wesentlich einfacher für sich relativieren und lösen. Über sich selbst zu lachen kann entwaffnend sein. Auch in Situationen, in denen man sinnbildlich wie ein Elefant im Porzellanladen herumtrampelt, einem ein Fauxpas passiert, kann Lachen die Situation entschärfen.

2.2.13 Lachen – Flash 7: Ohmmmm

Vera Birkenbihl war eine renommierte Managementtrainerin und Bestsellerautorin, eine beeindruckende Frau, die 2011 leider viel zu früh verstorben ist. Sie hat erklärt, warum es hilft, wenn man 60 Sekunden permanent, also »gekünstelt«, lächelt. Denn es sorgt dafür, dass du weniger Stress oder Ärger fühlst. In meinem Workshop »Erfolgreich präsentieren« nutzen wir diese Methode, um vom Lampenfieber abzulenken. Indem man 60 Sekunden wirklich ganz stark die Mundwinkel hochzieht, so, wie wenn man richtig extrem lächeln würde, entspannt man sich. Du kannst dabei auch einen Stift in den Mund nehmen. So oder so, es macht gelassener. Man sagt: sogar so stark, wie wenn man gerade eine 45-minütige Entspannungsübung gemacht hätte. Die Methode produziert jede Menge Glückshormone.

---

13 https://karrierebibel.de/lacheln/

2.2.14 Lachen – die universelle Sprache

Ich bin heute früh beim Spazierengehen ein paar Leuten begegnet und habe sie angelächelt und sie haben zurückgelächelt. Das war ein sehr schönes Gefühl. Meine Empfehlung: Lächle die Welt an! Und schau mal, was es mit dir macht, wenn andere Leute dich dann auch anlächeln. Wer lacht, kann nicht gleichzeitig traurig sein, so einfach ist das. Also fang bei dir selbst an und lächle dich im Spiegel an. Wenn es ein echtes Lächeln ist, klettert die Laune automatisch nach oben. Früher hatte ich die Idee, das Lachen von Kindern überall auf der Welt aufzunehmen und herauszufinden, ob es von Land zu Land Unterschiede gibt. Mittlerweile bin ich davon überzeugt: Lachen ist eine universelle Sprache. Und es steckt am Strand von Rimini genauso an wie an einem grauen Bahnsteig in Bochum oder in einem Großraumbüro in Köln.

Denk an das chinesische Sprichwort: »Es kann nur dann ein Lächeln aus dem Spiegel schauen, wenn ein Lächelnder hineinschaut.«

SELBSTREFLEXION: LOBEN & LACHEN

Notiere dir in den kommenden drei Wochen in deinem Upgrade-Journal, wann du wen wie gelobt hast und wann du worüber mit wem gelacht hast!

2.3 Anouk-Index-Member: Leben & Lieben

Meine Überzeugung ist, wenn du Dinge mit Leidenschaft angehst, dann gelingen sie. Mit Begeisterung und Passion bewegen wir Ideen, überzeugen Menschen, leben wir unser Leben leichter. Und die Welt liegt uns zu Füßen. Heutzutage gibt es so viele unterschiedliche Lebenskonzepte, können so viele unterschiedliche Leidenschaften beruflich wie privat ausgelebt werden.

Leben & Lieben

Die Frage ist dabei: Was ist dein Lebenskonzept? Was willst du? Wofür brennst du? Und was macht das gute Leben für dich aus? Mehr Erfolg, mehr Geld, mehr alles? Immer das nächste Ziel im Blick, sobald eines erreicht und abgehakt ist? Ist es das, was am Ende bleiben wird, wenn wir auf unser Leben zurückblicken und im Keller unserer Erinnerungen die Weckgläser öffnen, in denen wir die besten und intensivsten Momente unseres Lebens eingemacht haben und bewahren?

2.3.1 Leben – Sex and the City

Kennst du Carrie, Samantha, Charlotte und Miranda aus »Sex and the City«? Ich habe die Serie früher immer verschlungen. Du auch?

Ich war lange Single und habe mich in den unterschiedlichsten Geschichten und in einigen Lebenskonzepten sehr wiedererkannt. Und geschmunzelt. Auch mir sind meine Freundinnen sehr wichtig. Immer schon. Seit 20 Jahren habe ich zwei Mädelsabende: die Prinzessinnengruppe und die Sex-and-the-City-Gruppe. Bei Letzterer haben wir ein besonderes Ritual: Jedes Jahr gibt es einen besonderen Weihnachtsabend mit Wichteln und danach einer anderen schönen Tradition. Wir sagen uns gegenseitig, was wir uns für das nächste Jahr wünschen und schreiben das auf.

Wir alle sechs sind ganz unterschiedlich, genau wie die vier aus der Serie. Eine Freundin arbeitet beim Fernsehen, ist alleinerziehende Mama einer sechsjährigen Tochter, meine Schwester, die beim Mädelsabend auch dabei ist, ist Psychologin und Mutter von drei Kindern. Eine weitere Freundin ist geschieden und hat einen Second-Hand-Modeladen, noch eine andere Freundin ist Physiotherapeutin und Mutter in einer Patchwork-Familie und die letzte Freundin im Bunde ist Lehrerin und auf der Suche nach ihrem Traummann und diejenige von uns, die am Wochenende noch am meisten feiert. Und ich selbst bin mehr so die kinderlose Karrierefrau.

Wir alle haben Träume, Ziele und Wünsche für unser Leben. Das verbindet uns. Wir alle, egal was es letztendlich ist, ob beruflicher Erfolg, privates Glück oder einen wie Mister Big zu finden, wollen weiterkommen, etwas erreichen, glücklich sein. Beruflich und privat. Und dabei geht es nicht nur um höher, weiter, schneller. Jede von uns hat ein anderes Leben und auch ein anderes Lebensglück vor Augen. Das Schöne ist, heutzutage können wir alle so sein, wie wir wollen. Mal mehr, mal weniger, mal einfacher, mal mit mehr Hürden, aber grundsätzlich ist erst einmal (fast) alles möglich. Denn in der heutigen Welt steht das Ich, das Individuum mit all seinen unterschiedlichen Facetten sehr im Zentrum. Daher sind meine fünf Life Hacks für mehr Selbstbewusstsein und Souveränität im Beruf und im Leben die Folgenden:

2.3.2 Leben – Life Hack 1: Selbstverantwortung

Neulich hatte ich ein Gespräch mit einer Kundin. Sie erzählte mir, dass bei ihr das Mehr-Wollen, Mehr-Müssen und Mehr-Sollen schon früh angefangen habe, und sie fing an mit der Aufzählung: »Erst wollte ich natürlich laufen lernen, dann hatte ich den Kindergarten im Blick, mit all meinen Freundinnen wollte ich da spielen. Da angekommen, stellte ich mir vor, wie schön es ist, in die Schule zu gehen. Ich träumte vom ersten Freund, dem ersten Mofa, dem Abschluss, raus aus der Schule und endlich studieren. Mit 20 musste ich mein erstes eigenes Auto haben, mich beweisen im ersten Job, die erste kleine, aber tolle Wohnung haben. Ich träumte davon, mal Chefin zu sein, die Karriereleiter höher zu steigen, eine Familie zu gründen … immer weiter, größer und mehr. Immer besser werden wollen bzw. müssen.« Sie erzählte, sie hätte immer das Gefühl gehabt, irgendetwas hinterherzurennen und nicht sie selbst zu sein. Letztlich auch nicht das zu leben und zu genießen, was sie so gerne wollte.

Dabei bedeutet Leben und Genießen, im Hier und Jetzt sein, in der Selbstverantwortung sein. Wir können unser Leben, den Erfolg und die Erfüllung nicht aus unseren Händen geben. Das gilt für alle sieben Lebensbereiche: Beruf und Karriere, Entspannung und Wohlergehen, persönliche Entwicklung, Familie, Finanzen und Organisation, Freunde und Beziehungen, Gesundheit und Fitness. Der Life-Hack-Test ist angelehnt an das Coaching-Modell vom Lebensrad.

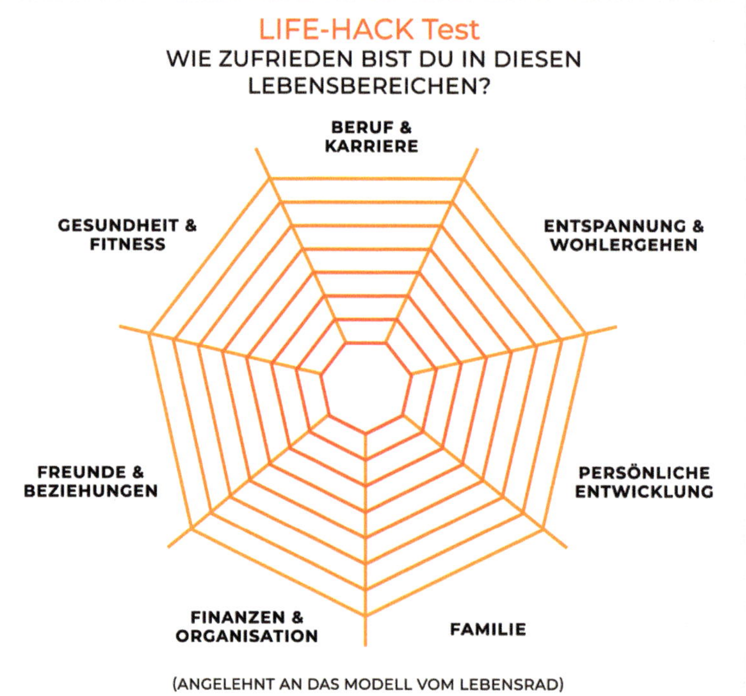

Dein Life-Hack-Test

SELBSTREFLEXION: DEIN LIFE-HACK-TEST

Wie zufrieden bist du in den sieben Lebensbereichen auf einer Skala von 1 bis 7? Fülle die jeweilige Skala pro Element (bunt) aus. Dein Life-Hack-Test wartet auf dich hinter dem Link auf Seite 56.

Sieh hier, wie Barbara Beispiel den Life-Hack-Test ausgefüllt hat:

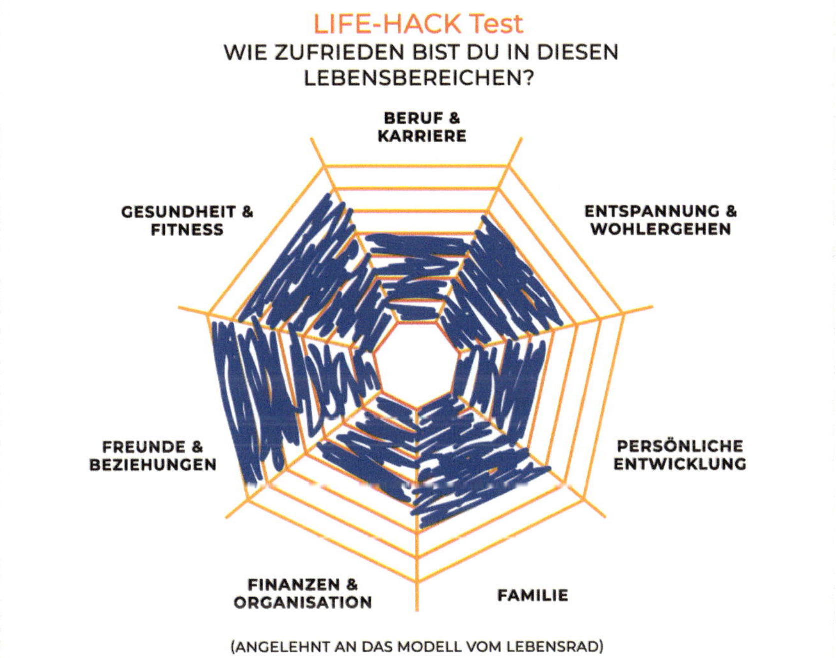

Barbara Beispiels Life-Hack-Test

Hier ist dann auch Eigeninitiative gefragt, wenn einer der Lebensbereiche nicht so zufriedenstellend ist, wie du es dir wünschst. Dann komm in Bewegung und verändere etwas!

Tipp: Komm ins Tun !

Wenn du unzufrieden bist mit dir, mit deinem Job, mit gewissen Umständen im Beruf, dann überleg dir, was du gerne ändern willst, und mach dir einen Plan. Lies die richtigen Bücher, such dir die richtigen Leute, die dir helfen können bei deinem Plan – oder ergreife die Eigeninitiative und ändere das, was du ändern willst, aus eigener Kraft.

Hin zum Erfolg und zur Erfüllung im Job und im Leben. Wie sagt man so schön: »Love it, change it or leave it.«

2.3.3 Leben – Life Hack 2: Ich bereue nichts

Edith Piaf hat gesungen: »Non, rien de rien, non, je ne regrette rien.« Ich bereue rein gar nichts. Drei Jahre später ist sie an Krebs verstorben. Meine Schwester ist Psychologin und sie begleitet auch einige krebskranke Patienten in den Tod. In der Zeit, in der ich sehr viel gearbeitet habe, sagte sie zu mir: »Anouk, keiner sagt in den Tagen kurz vor seinem Tod: Ach, hätte ich doch mal mehr gearbeitet oder wäre ich doch noch reicher gewesen ...«

Hierzu hat die australische Krankenschwester Bronnie Ware ein Buch geschrieben (»5 Dinge, die Sterbende am meisten bereuen«). Sie kennt, wie meine Schwester auch, die Gedanken, Ängste und Zweifel von Sterbenden. In dem Buch beschreibt sie die fünf Dinge, die die meisten kurz vor ihrem Tod bereuten, und formuliert daraus fünf Lebensweisheiten. Wir können davon viel lernen:

1. Den Mut haben, das eigene Leben zu leben
2. Nicht so viel arbeiten
3. Mehr Gefühle zeigen
4. Mit Freundinnen und Freunden in Kontakt bleiben
5. Glücklich sein

Denn, was letztendlich am meisten zählt, sind die Liebsten um uns herum. Und Bronnie Ware fügt hinzu: »Glücklich zu sein ist eine bewusste Entscheidung. Wir haben unser Leben selbst in der Hand.«

2.3.4 Leben – Life Hack 3: Gönnen können

Meine Devise ist: »Gönn dir was, denn wenn du es nicht tust, wer tut es dann?« Ich verwöhne mich immer wieder. Mit einem inspirierenden Buch, leckerem Essen, einem informativen Workshop, einer interessanten Zeitschrift, ein Paar Schuhen. Es sind meistens die kleinen Dinge, die das Leben, den Genussfaktor ausmachen, die mich mal raus aus dem Alltag holen und mich einfach mal sein lassen. Die Dankbarkeit ist dann sehr groß und ich genieße es auch in vollen Zügen.

> SELBSTREFLEXION: DEINE ENERGIEQUELLEN
>
> Nimm dein Upgrade-Journal und zähle deine 50 Energiequellen – Dinge, Aktivitäten, Erlebnisse auf, die dir Kraft geben und Freude machen. Und versuche, mindestens eine Energiequelle pro Tag zu nutzen!

2.3.5 Leben – Life Hack 4: Glaubenssätze und Überzeugungen

Es ist mittlerweile zehn Jahre her, da lebte ich in Den Haag und war Marketingmanagerin für Holland Marketing. Alle Ratschläge und Gedanken zum Thema Fähigkeiten und Kompetenzen (Selbstentfaltung), die ich in diesem Kapitel preisgebe, habe ich damals missachtet. Der (Berufs-)Alltag kann einen schnell einholen. Und manchmal ist es einfacher, etwas zu sagen, als es selbst zu leben. Heute kann ich sagen: Ich war ein Workaholic. Arbeitete, arbeitete, arbeitete. Das konnte ich gut. Keine wirklichen Hobbys, wenig Zeit für mich selbst, das Bankkonto gut gefüllt, denn außer Sushi, das ich nach Hause bestellt habe, und vielen tollen Schuhen, kaufte ich wenig – und unternahm auch wenig.

Meine Mutter liebte es, bei mir zu sein. Sie genoss die Stadt und das Meer und ich saß währenddessen im Büro oder arbeitete von zu Hause aus. Und an einem Abend stritten wir uns fürchterlich. Ich schrie sie an. Da habe ich mich so erschrocken, dass ich vor lauter Schreck und Scham aus dem Haus gerannt bin. Eine Stunde war ich an der frischen Luft – meinen Kopf lüften. Ich fing an nachzudenken: Was ist das für ein Leben? Mein Leben? Was tue ich da gerade? Genieße ich? Bin ich im Hier und Jetzt? Nutze ich die Zeit richtig? Das Leben ist ja keine Endlosschleife …

Mal reflektieren, innehalten, sich Gedanken machen zu seinen Glaubenssätzen und Überzeugungen. Die Antwort war schnell gefunden. Doch wie sollte es weitergehen? Was habe ich gemacht? Ich bin innerhalb einer Woche in eine schönere Wohnung gezogen, die mir ein wesentlich besseres Gefühl gab. Ich habe ein Coaching begonnen, viele meiner Glaubenssätze hinterfragt und letztendlich meinen Lebensstil angepasst. Beim Neuro-Linguistischen Programmieren (NLP) sagt man sinngemäß: Jemandem sagen, er solle weniger arbeiten und dann hoffen, dass derjenige weniger arbeitet, ist Unsinn!

Du darfst eine Ebene höher einsteigen und an deinen Glaubenssätzen arbeiten: Warum arbeitest du so viel? Was ist deine Überzeugung zum Thema Arbeit? Welche Werte vertrittst du? Mithilfe solcher Fragen kann dir einiges klar werden. Das gilt für andere Themen übrigens auch, nicht nur für die Arbeit. Und ich hatte mir während meines Spaziergangs an der frischen Luft etwas vorgenommen …

> SELBSTREFLEXION: DEINE GLAUBENSSÄTZE
>
> Nimm dein Upgrade-Journal und notiere deine Glaubenssätze. Was steht auf deiner »Ich muss«-Liste?

2.3.6 Leben – Life Hack 5: Challenges

Ich habe mich bei diesem Spaziergang in Den Haag ganz bewusst fürs Glücklichsein und für meine Selbstentfaltung entschieden. Eines meiner Konzepte, das mir hilft, diesen Plan auch in die Tat umzusetzen, sind meine »Challenges«. Herausforderungen, die mich aus meiner Komfortzone holen, die mein Leben interessanter und spannender machen, von denen ich im Leben und über mich selbst viel lernen kann. In den vergangenen zehn Jahren habe ich viel erlebt, gelernt, habe neue Horizonte entdeckt, mich selbst kennengelernt und neue, interessante Gespräche mit anderen geführt: Vom Casting bei »Schlag den Raab« über drei Tage Schweigen, dem Bauen einer eigene Website, einem honeymoonähnlichen Urlaub allein in einem 5-Sterne-Deluxe-Hotel auf Aruba, einem Studium zum Professional Speaker und einem weiteren Studium zum systemischen Coach, dem Start meines Podcasts »Upgrade yourself – glaub an dich!« bis zur Gründung meines eigenen Unternehmens, meiner Hochzeit oder der Triathlonvorbereitung. Dieses Buch gehört auch zu meinen Challenges und da gab es noch einiges mehr ... Mein Leben ist durch all diese Erfahrungen so viel reicher geworden.

Aber welche Challenge hat mich an den Rand der Verzweiflung gebracht? Es war nicht der Jakobsweg, nicht der Halbmarathon, sondern der Kochkurs, den ich besucht habe. Ich stand heulend in der Küche. Aber ich habe auch das überlebt und kann nun immerhin zwei Gerichte mehr. Und von all dem profitiere ich. Beruflich wie privat. Das ist Leben und Erleben.

Was ist deine Challenge? Was steht auf deiner Bucket List? Mit anderen Worten: Warte nicht, bis der scheinbar richtige Moment kommt, bleib nicht in der Routine des Lebens, nicht im Alltag stecken. Du kannst dein Leben planen. So bleibt ein Traum nicht mehr nur ein Traum, sondern wie ein unbekannter Autor gesagt hat: »Erfolg hat drei Buchstaben: tun«[14] – und so ist es auch.

Ein weiterer inspirierender Spruch, den ich in Südafrika von zwei Jungunternehmern gehört habe und der mich sowohl im beruflichen als auch im privaten Denken sehr angesprochen hat, ist: »Live the Life you'll always remember!«

> SELBSTREFLEXION: DEINE TOP-3-CHALLENGES
>
> Welche neuen Herausforderungen willst du angehen? Wann und wie? Also was sind deine Top-3-Challenges? Ich habe hierfür eine Übersicht zum Ausfüllen für dich gemacht. Du findest sie auf der nächsten Seite.

14 Dieses Zitat wird fälschlicherweise Goethe zugesprochen (http://falschzitate.blogspot.com/2018/08/erfolg-hat-3-buchstaben-tun-johann.html).

Deine Top-3-Challenges

Hier sind die Herausforderungen von Barbara Beispiel:

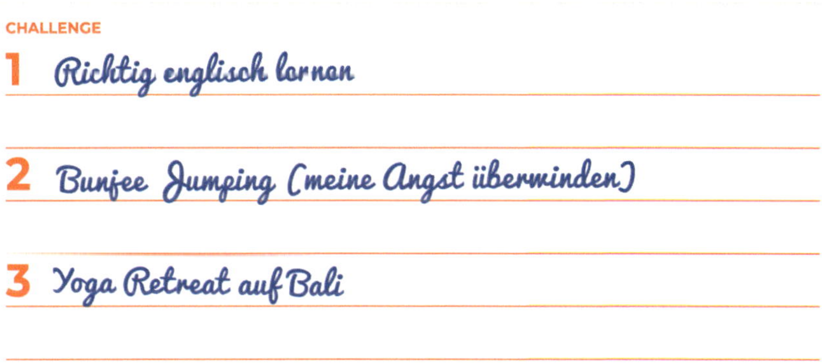

Barbara Beispiels Top-3-Challenges

2.3.7 Lieben – Lieben, was du tust, und tun, was du liebst

Steve Jobs hat einmal gesagt: »Deine Arbeit wird die meiste Zeit deines Lebens beanspruchen und die einzige Art und Weise, wirklich zufrieden zu sein, ist zu tun, was deiner Meinung nach eine großartige Arbeit ist. Und die einzige Art und Weise, großartige Arbeit zu leisten, ist zu lieben, was du tust.«

Mein beruflicher Weg war nicht immer einfach. Aber es ist für mich faszinierend zu erleben, wie leicht es ist, Disziplin für eine Sache aufzubringen, wenn das Herz dafür schlägt. Dann kommt die Karriere plötzlich in Bewegung – wie bei einer Fahrt mit der Wildwasserbahn. Da kriegst du auch mal kurz Angst und wirst ordentlich nass – aber wenn du aussteigst, hast du ein breites Grinsen auf dem Gesicht.

Sollte sich bei dir kein Grinsen breitmachen, dann ist es wichtig zu hinterfragen, ob du den Job tatsächlich noch ausüben willst oder ob es Zeit für etwas anderes ist. Um das zu hinterfragen, lohnt sich ein »Reality Check« mit den folgenden Fragen:

2.3.8 Lieben – Reality Check

- Ist deine Arbeit deine Leidenschaft?
- Gehst du Montagfrüh gerne ins Büro? Hast du ein Lachen auf dem Gesicht?
- Gibt dein Job dir Energie?
- Hast du das Gefühl, deine Stärken bei deiner Arbeit einsetzen zu können?
- Gibt es in deiner Arbeit mehr Tätigkeiten, die dir Spaß machen, als solche, die dir keinen Spaß machen? Überwiegen die positiven Seiten der Arbeit?
- Fühlst du dich gefordert (und gefördert)?
- Hast du nette Kollegen, ein nettes Arbeitsumfeld?
- Bist du noch immer glücklich mit deinem Arbeitgeber/Vorgesetzten?
- Bist du zufrieden mit der Bezahlung bzw. dem, was deiner Arbeit gegenübersteht – zum Beispiel Sinnstiftung, Freude, Erfüllung, Stolz ...?
- Welche Schulnote gibst du deiner Arbeit?

Solltest du auf die Mehrzahl der Fragen mit einem Ja geantwortet und deiner Arbeit eine gute Note gegeben haben, dann macht dir der Job also (noch) Spaß. Solltest du die Fragen überwiegend mit Nein beantwortet haben, solltest du in dich gehen und dich fragen, was dich noch in deinem Job hält. Wäre ein Gespräch mit deinem Vorgesetzten sinnvoll? Wenn du unzufrieden bist, überlege dir, was du gern machen möchtest, und tritt in Aktion!

Sollte der Reality Check eher ein »Jein« ergeben, aber du möchtest doch gerne bleiben, wo du zurzeit bist, dann gibt es sicherlich Möglichkeiten, deine Liebe zu deinem Beruf wieder neu aufflammen zu lassen oder noch mehr zu spüren, so wie unter anderem:

! **Tipp: Reality Act zum Aufflammen**

Reality Act 1: Am Ende jedes Arbeitstags reflektieren, was dir Spaß gemacht hat am heutigen Tag, was du gut gemacht hast, worauf du stolz bist.

Reality Act 2: Dich positiver über deinen Job/deinen Arbeitgeber/deinen Vorgesetzten äußern und mehr den Fokus auf das richten, was gut läuft.
Reality Act 3: Mit Kollegen einen gemeinsamen Pizza- oder Weinabend organisieren oder, wenn es erlaubt wird, ein gemeinsames Seminar/einen Workshop zu einem relevanten Thema besuchen, um somit nebenbei auch an einer guten Arbeitsatmosphäre zu arbeiten.
Reality Act 4: Eine Nebenbeschäftigung finden, die dich so ausfüllt, dass sich das auch positiv auf deinen Job auswirkt.

Denn wie Steve Jobs schon gesagt hat: »Du solltest lieben, was du tust, und tun, was du liebst.« Dann springt auch der Funke auf andere über. Beruflich wie privat. Das ist ein schönes Gefühl. Ich denke da an meine ehemalige Mitarbeiterin, die abends gerne Mützen häkelt, oder an eine Freundin, die gerade mit einem kommerziellen Gourmetblog startet, oder an meine ehemalige Kollegin aus Holland, die wahnsinnig leckere Küchlein (auch für ihre Kollegen) backt.

Wer seine Liebe ausübt, bekommt Leidenschaft und Begeisterung zurück. Und ich bin davon überzeugt: Wer eine Leidenschaft hat und lebt, der ist interessant – für sich und andere.

2.3.9 Lieben – Verzahnung der Leidenschaften

Ich habe jahrelang für die Destination Holland gearbeitet, zugleich trete ich als Speaker zum Thema »Upgrade yourself« auf, gebe Workshops und habe dieses Buch geschrieben, außerdem moderiere ich Veranstaltungen, lasse mich gerade zum Coach ausbilden und zugleich bereite ich mich intensiv auf einen Triathlon vor. Es passt irgendwie nicht zusammen – aber irgendwie auch doch. Denn es sind alles Themenbereiche, die ich liebe.

Heutzutage müssen wir uns meines Erachtens auch gar nicht mehr einschränken. Wir können ganz viele unterschiedliche Aktivitäten und Dinge, die wir lieben, gut können oder gerne machen, auch einfach ausleben. Wir wachsen daran und ich bin der festen Überzeugung, dass uns die unterschiedlichsten Bereiche, in denen wir tätig sind, auch weiterbringen und unser (berufliches) Profil schärfen. Es sorgt für Ausgleich und Abwechslung. Unterschiedliches zu tun kann bei der Entwicklung deiner Fähigkeiten helfen. Wir sind nicht nur das, was wir in dem einen Job machen.

Was sind deine (heimlichen) Leidenschaften? Welche Sachen bzw. Aktivitäten sprechen dich an, machst du sehr gerne und kannst du auch noch sehr gut? Und lebst du all diese Leidenschaften auch aus? Oder schränkst du dich ein, hältst dich zurück, traust dich nicht?

Solltest du eine Begrenzung für dich selbst sehen, dann lass diese los. Sollte dein Arbeitgeber noch nicht ganz offen sein für deine Wünsche, dann sprich ihn an! Grenzen gibt es nur in unserem Kopf. Gerade agiles Arbeiten, Flexibilität, verschwimmende Grenzen zwischen Privatem und Beruflichem spielen den heutigen (Arbeits-)Trends zu.

2.3.10 Lieben – Liebe zu Familie und Freunden

Unser privates Umfeld verdient unsere Liebe aber natürlich auch. Und diese Liebe hat ihr Gutes und positive Auswirkungen auf den Job. Denn Familie und Freunde geben uns Impulse, sie fiebern mit, unterstützen, begleiten, sorgen für Ausgleich und Abwechslung. Sie sind oft unsere Sparringspartner, Erste-Hilfe-Sanitäter, Impulsgeber, Coaches, Ratgeber, Motivatoren, Kritiker – und davon profitiert unsere Arbeit, unser Arbeitgeber, aber auch unsere Kollegen, Mitarbeiter, Kunden und Geschäftspartner.

! **Achtung: Wer sind deine fünf besten Freunde?**

Jim Rohn, ein amerikanischer, sehr erfolgreicher Unternehmer und Motivationstrainer hat einmal gesagt: »Du bist der Durchschnitt der fünf Menschen, mit denen du die meiste Zeit verbringst.« Wer sind die fünf Personen, mit denen du deine meiste Zeit verbringst?

2.3.11 Lieben – Liebe zum Ich

Mein fester Glaube ist aber, dass vor allem die Liebe für dich selbst dir zum beruflichen (und privaten) Upgrade verhilft. Dein Partner, dein(e) Kind(er), deine Freunde, dein Beruf können dich nicht glücklich machen, wenn du es selbst nicht bist. Wenn du keine Liebe und keine Wertschätzung für dich selbst in dir spürst.

Die Liebe für dich selbst ist vor allem in Situationen wichtig, wenn du allein oder auf dich selbst angewiesen bist. Ich war fast 40 Jahre lang Single und kenne das Alleinsein. Allein schwierige (berufliche) Situationen meistern, allein den Mut aufbringen, etwas (beruflich) Neues zu wagen. Aber auch allein in den Urlaub fahren, allein spazieren gehen am Meer, allein in ein Restaurant gehen …

Und was mich in der ganzen Zeit (fast) immer hat stark fühlen lassen, war die Liebe für mich und der Glaube an mich selbst. Ich war allein, aber (meistens) nicht einsam. Und das lässt mich auch heute, wo ich in einer Beziehung bin, sehr glücklich sein. Von mir gesteuert, aus meinem Innersten heraus. Diese Selbstliebe, Selbstsicherheit, Selbstbestimmtheit in jeglicher Situation ist so wichtig – sie wirkt sich nämlich im Berufsleben sehr positiv aus. Und Souveränität und Selbstbewusstsein kommen auch bzw. vor allem von innen heraus.

Was ich darum in Hinblick auf Leben & Lieben immer gerne mache, ist mich zu konzentrieren auf das, was an meinem Leben ich liebe. In Hinblick auf mein Leben, mein Umfeld, meine Arbeit, auf mich. Und dabei notiere ich mir immer die Höhepunkte meines Lebens. Seit Kurzem habe ich mir hierfür auch eine Upgrade-Wand visuell dargestellt. Darauf zeichne ich immer mal wieder meine Highlights ein und das lässt mich fokussieren auf das, was ich an mir, an meinem Leben so mag.

SELBSTREFLEXION: DEINE UPGRADE-WAND

Wie sähe deine Upgrade-Wand aus? Welche Highlights würdest du auf die Wand malen? Lade dir deine Upgrade-Wand über den Link unten herunter. Was war dein größter Erfolg, dein schönster Sieg, dein bestes Erlebnis, was sind deine schönsten Erinnerungen? Zeichne diese Momente auf der Upgrade-Wand ein, passend zum jeweiligen Lebensjahr.

Deine Upgrade-Wand

Barbara Beispiels Upgrade-Wand sieht übrigens so aus:

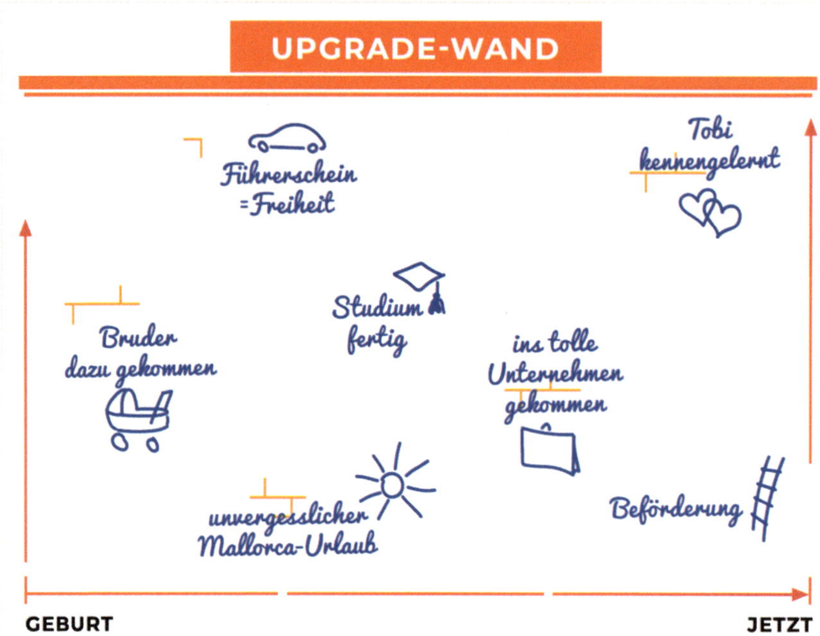

Barbara Beispiels Upgrade-Wand

2.4 Anouk-Index-Member: Lernen & Leisten

Wir alle wissen: Die Leistung muss stimmen. Aber das bedeutet noch lange nicht, dass wir zu Workaholics werden müssen. Erfolg hängt nicht nur vom Inhalt ab – auch wenn der natürlich unerlässlich ist.

Lernen & Leisten

Wenn wir Interessen haben, offen sind für Neues und uns in vielen Bereichen weiterbilden (das kann auch ein Surfkurs sein ...), werden wir reicher, entwickeln uns weiter, steigern unsere Selbstsicherheit und bekommen neue Energie und Inspiration. Aktiv bleiben und mutig sein. Agieren und nicht nur reagieren. Wichtig ist es, Vertrauen in sich selbst zu haben, Klarheit zu schaffen, Ziele zu setzen und auf dem Weg dorthin die Erfolge zu feiern. Für die großen Momente und das Gefühl, sich so richtig lebendig zu fühlen und glücklich zu sein, ist es meiner Meinung nach wichtig, die Komfortzone auch immer wieder zu verlassen. Und das nicht nur im stillen Kämmerlein, sondern von außen wahrnehmbar. Mach deine Leistung sichtbar!

2.4.1 Lernen – Open Mind

Mit Lernen meine ich auch: in allen Bereichen des Lebens dazulernen. Es geht nicht immer nur um die Beförderung. Manchmal bringt es einen auch weiter, wenn man einen Spanischkurs bucht, sich für einen NLP-Workshop einschreibt oder einen Kochkurs macht. Open-minded in allen Bereichen zu sein, das bewahrt eine Neugier, die sehr wichtig ist, und die uns bei unserer Weiterentwicklung hilft. Etwas Neues, das ganz natürlich in deine Karriereplanung passt, oder auch nur eine kleine Gabelung auf deinem (Karriere-)Weg ist. So oder so: Sei offen für Neues, denn wie Henry Ford so schön gesagt hat: »Wer immer tut, was er schon kann, bleibt immer das, was er schon ist.«

2.4.2 Lernen – Lernkonzept

Wichtig: Albert Banduras Theorie !

Niemand von uns ist eine leere Schachtel, die aufgrund von äußerem Druck und Zwang gefüllt werden müsste. Wir Menschen beobachten, ahmen nach und entwickeln uns in einem bestimmten sozialen Umfeld, begleitet von bestimmten mentalen Zuständen, die das Lernen fördern oder behindern können.

Jeder lernt anders am besten. Weißt du, welche Lernmethode dir am meisten liegt, am effizientesten und effektivsten ist?

- Lernst du übers Lesen von guten Büchern, lernst du beim Hören von Podcasts, brauchst du Vorbilder, die dir zeigen, wie es geht, damit du es nachmachen kannst?
- Willst du selbst ein Pioneer sein und direkt ins Machen übergehen?
- Ist die Theorie mehr deines oder die Praxis?

Mein Erfolgskonzept im Bereich Lernen sind wie bereits erläutert u. a. meine Challenges, meine Herausforderungen, die ich immer wieder angehe. Mein Erfolgskonzept beim Lernen ist auf ganz vielen Vorteilen aufgebaut. Zum einen kannst du unheimlich viel Neues lernen, sehen, erfahren. Alles Dinge, von denen du vielleicht gar nicht wusstest, dass es sie gibt, weil eben vieles neu ist. Du wirst dadurch auf jeden Fall deinen Horizont erweitern und zusätzlich auch noch ganz neue Leute kennenlernen. Ein absoluter Mehrwert – auch für dein Netzwerk –, das ist doch ein schöner, aber eben auch wichtiger Nebeneffekt. Du wirst mit diesen neuen Personen in deinem Umfeld wahrscheinlich andere Gespräche führen als sonst, und das Interessante ist: Auch mit deinem bestehenden Umfeld werden sich die Gespräche dadurch ändern, denn du hast Neues zu erzählen, du sorgst für interessanten Gesprächsstoff. Das kann sehr erfrischend sein, du schaffst dadurch neue Impulse und das kann eingeschlafenen Beziehungen auch ganz neuen Schwung geben und ganz neue (berufliche) Möglichkeiten anregen. Du wirst dich weiterentwickeln und dadurch auch weiterkommen. Du bekommst eben ganz neue Perspektiven aufgezeigt, neue Themen, mit denen du dich auseinandersetzen darfst und die dir dann eben auch neue Einsichten bescheren.

In meinem Fall: Ich trage immer High Heels, mein längster Weg führte lange Zeit vom Parkplatz ins Büro. Wer hätte gedacht, dass ich 430 Kilometer auf dem Jakobsweg wandern kann? Ich bin ganz allein wochenlang einfach nur gegangen, Schritt für Schritt. Du wirst merken, sehen, fühlen, dass du im Prinzip alles kannst, was du dir vornimmst, wenn du es willst. Und das stärkt dein Selbstbewusstsein ungemein, aber vor allem sorgt es für neue Fähigkeiten und Kompetenzen (Selbstentfaltung).

Zudem wird es dir bestimmt auch Spaß machen, denn du tust etwas Gutes für dich, dein Leben, deine Seele und deinen Körper. Es macht wahnsinnig viel Spaß, eine Herausforderung anzugehen, und du wirst stolz sein, wenn du merkst, dass du Schrittchen für Schrittchen weiterkommst. Je nachdem, welche Challenge du für dich aussuchst – sie kann dich auch mal von der Arbeit ablenken oder dich eben bei der Arbeit ungemein voranbringen. Es kann dir vielleicht auch extra Zeit mit deinem Partner oder Freunden bescheren, so wie ich gerade gemeinsam mit meinem Mann Andreas für einen Triathlon trainiere. Wir gehen das zusammen an.

2.4.3 Lernen – wie funktioniert's?

Oft bekomme ich von anderen zu hören: »Das kann ich nicht«, »Dafür habe ich keine Zeit«, »Wie soll ich das noch schaffen zwischen Arbeit, Familie und Freizeit?«, »Das breche ich ja eh wieder ab«, »Ich wüsste nicht, wie ich das machen sollte …« Es gibt immer sehr viele Einwände. Die Liste könnte ich noch weiterführen. Aber ich gebe an dieser Stelle lieber ein paar Tipps, wie das mit dem Lernen und den Challenges funktionieren kann:

Planen

Es fängt natürlich damit an, dir zu überlegen, was du machen, lernen, tun möchtest. Man arbeitet dann einen kleinen Plan aus, eine kleine Lernstrategie, wie man das Ganze angehen will. Was brauchst du? Wie sollte die Vorbereitung aussehen? Der nächste Schritt ist der Wichtigste, ich erinnere an den Spruch: »Erfolg hat drei Buchstaben: Tun!« Komm ins Tun, mach kleine Schritte, fang nicht mit großen Schritten an. Schrittchen für Schrittchen wirst du ans Ziel kommen. Und sicherlich helfen dir dabei auch Leidenschaft, Ausdauer, Freude, Disziplin, Stolz, Ehrgeiz und deine Fokussierung, um deine Herausforderung anzugehen und dein Ziel zu erreichen. Es ist immer ein dynamischer Prozess. Und der muss übrigens nicht unbedingt linear sein, von einer zur nächsten Phase. Das Ganze kann manchmal auch chaotisch aussehen, es wird immer Aufs und Abs geben. Das verlangt auch die nötige Flexibilität von dir. Dann heißt es: hinfallen, aufstehen, Krönchen richten und weitergehen.

Denken

Was sehr hilft, ist positives Denken. Positiv denken und an sich selbst zu glauben. Glaub einfach an dich! Das Upgrade-Visionboard kann hier gute Dienste leisten. Deine Collage mit motivierenden Bildern, Sprüchen oder Wörtern, die du dir über deinen Schreibtisch oder an den Spiegel gehängt hast. Schau dir das immer wieder an – mit dem Ziel vor Augen. Das motiviert. Es ist schließlich bewiesen: Wer positiv denkt und sich sein Ziel visualisiert, erreicht sein Ziel sicherer und schneller.

Helfen

Es wird sicherlich mal Momente geben, da wirst du stecken bleiben, nicht genau wissen, wie es weitergehen soll, und dich hilflos bei einer Sache fühlen. So wie ich zum Beispiel, die ich nicht kraulen konnte. Nicht so praktisch, denn ich wollte ja meinen Triathlon schaffen. Da habe ich mir einen Coach gesucht, der mir geholfen hat, das Kraulen zu lernen. Dir Hilfe zu holen ist nichts Verwerfliches. Das kann ein Coach sein, ein Sparringspartner, dein Vorgesetzter oder eine Freundin. Wie auch immer: Nimm auch Hilfe an! Sie kann wie eine Abkürzung zu deinem (Lern-)Ziel funktionieren.

Teilen

Was mir auch hilft und was ich empfehlen würde: Berichte von deinem Lernprojekt, deinem Vorhaben, deiner Challenge! Wenn du deinen Kollegen, deiner Familie, deinen Geschäftspartnern davon erzählst, wenn du auf deinen Social-Media-Accounts auf Instagram und Facebook davon berichtest, dann ist die Chance sehr groß, dass du aus der Nummer nicht mehr rauskommst. Dann gilt: »No way back«. Denn mittlerweile folgen dir die Leute, wollen Freunde, Familie, Kollegen wissen und auch sehen, wie du es schaffst, dein (Lern-)Ziel zu erreichen. Das könnte dich ein wenig unter Druck setzen, du solltest in diesem Fall also zu den Menschen gehören, die damit umgehen können. Wenn du nicht der Typ dafür bist, mache es nicht öffentlich, sondern berichte vielleicht ein oder zwei guten Kollegen oder nahen Familienmitgliedern davon. Fang klein an. Oder such dir Motivatoren, die dir helfen durchzuhalten.

Feiern

Und ganz wichtig zum Schluss: Feiere deine (Lern-)Erfolge! Auch wenn es nur Zwischenerfolge sind – feiere sie, so gut du kannst. Nicht nur im stillen Kämmerlein, sondern auch von außen wahrnehmbar.

! **Wichtig: Feiere deine (Zwischen-)Erfolge**

Jeder Zwischenerfolg ist es wert, wahrgenommen zu werden. Jeder Etappenerfolg auf dem Weg zum Ziel gibt dir Energie, Inspiration und motiviert dich zum Durchhalten und Weitermachen.

2.4.4 Lebenslanges Lernen

Ich glaube an das lebenslange Lernen, das zu unserem Erfolg und unserer Erfüllung beiträgt – im Job und im Leben. Es gibt passend dazu ein schönes chinesisches Sprichwort: »Lernen ist wie Rudern gegen den Strom. Sobald du damit aufhörst, treibst du zurück.« Und Konfuzius hat gesagt: »Das Leben ist ein Lernprozess.«

2.4.5 Leisten – gutes Arbeitsklima

Verbringst du auch mehr Zeit mit deinen Kollegen und deiner Arbeit als mit Familie und Freunden? Findest du nicht auch, dass ein gutes Arbeitsklima sehr wichtig ist? Und hast du das? Es ist bewiesen, dass ein freundliches Arbeitsumfeld eine bessere Leistung fördert. Außerdem ist eine gute Arbeitsstelle für viele eine wichtige Voraussetzung für Zufriedenheit und Lebensqualität.

Man könnte also sagen, es gilt die Leistungsformel: Guter Job = Lebensqualität = gute Leistung. Wann ist der Job gut? Das Statistische Bundesamt hat 2017 sieben Dimensionen hierfür definiert.[15] Wie viele davon sind in deinem Berufsumfeld gegeben?

1. Arbeitssicherheit und Gleichstellung
2. Einkommen und indirekte Arbeitgeberleistungen
3. Beschäftigungssicherheit und Sozialleistungen
4. Arbeitsbeziehungen
5. Qualifikation und Weiterbildung
6. Zusammenarbeit und Motivation
7. Arbeitszeit, Ausgleich von Beruf und Privatleben

2.4.6 Leisten – Qualität zahlt sich aus

Wir leben in einer Leistungsgesellschaft und wie das Wort schon sagt, da zählt Leistung. Ich denke, dessen sind wir uns alle im beruflichen Kontext bewusst. Meines Erachtens ist daher auch die Qualität unserer Arbeit wichtig. Das war bei mir als Prak-

15 Statistisches Bundesamt: Qualität der Arbeit, 2017

tikantin so, aber auch als Managerin und später als Direktorin. Das ist keine Altersfrage und auch keine Frage der Position bzw. der Funktion.

Letztendlich werden wir alle nach der Qualität unserer Arbeit beurteilt. Qualität ist die Wertigkeit dessen, was wir liefern – das Ergebnis der Preis dessen, was wir anbieten. Qualität ist nicht nur Preis/Leistung, sondern hängt auch mit der Zeit zusammen, die wir für die Arbeit benötigen und die wir investieren. Auch das hat seinen Wert. Wenn du dann noch deine Erfahrung und dein Können zeigen kannst, wird sich auch das auf die Qualität auswirken. Qualität ist Verantwortung und eine Haltung gegenüber dem, was du tust. Allgemein gesprochen empfehle ich schon, ab und zu die so genannte extra Meile zu gehen. Mache mehr, als von dir verlangt wird. Vielleicht ist es auch nicht mehr, sondern du arbeitest einfach schlauer, effizienter, effektiver. Auch das bedeutet für mich, seine Leistung zu zeigen. Das zu tun ist natürlich am Anfang eines Prozesses oder einer angestrebten Karrierestufe absolut notwendig, aber auch wer sein Ziel und seine Position bereits erreicht hat, sollte diesem Grundgedanken treu bleiben.

2.4.7 Leisten – Fokus

Kennst du das? Das Telefon geht, eine Kollegin kommt an deinen Tisch und will über das Wochenende plaudern, dein Mitarbeiter hat eine kurze Frage, ein Kunde mailt zu einer ganz dringenden Deadline, ein Geschäftspartner muss jetzt sofort von dir eine Antwort haben zu einer bestimmten Thematik … Ablenkungen warten im Büroalltag überall und zu jeder Zeit. Ständig erreichbar, ständig ansprechbar – solltest du in einem Großraumbüro arbeiten, dann sowieso.

Achtung !

Das Ergebnis einer Studie aus Amerika: Störungen von nur drei Sekunden, wie zum Beispiel Aufpoppen einer Mail oder vibrierendes Handy, verdoppeln die Fehlerquote.[16]
Es heißt, es dauert bis zu anderthalb Minuten, bis du nach einer Unterbrechung wieder in die begonnene Aufgabe hineinfindest. Bis zu drei Stunden, so aktuelle Studien, gehen täglich im Job für Unterbrechungen drauf.[17] Die Konzentration leidet. Man weiß, dass bereits 75 % aller Schüler Konzentrationsstörungen haben, das wird im Berufsalltag also nicht besser.[18] Und auch die Internetnutzung sorgt laut dem Hirnforscher und Neurobiologen Professor Martin Korte dafür, dass wir uns weniger konzentrieren können und dass unsere Hirnstruktur sich langfristig verändern wird.

16 https://www.lecturio.de/magazin/auch-kurze-unterbrechungen-storen-die-konzentration/
17 https://www.bueromoebel-experte.de/ratgeber/buero-alltag/konzentrationsuebungen-fuer-mehr-leistung-im-job/
18 https://karrierebibel.de/konzentrationsuebungen/

Was also tun, damit wir fokussiert bleiben und unsere Leistung besser und effizienter abrufen können? Einige Beispiele sind:

- Regelmäßig eine Pause einlegen und unsere Augen vom Nah-Modus auf Weite stellen.
- Das Smartphone einfach mal ausschalten.
- E-Mails nicht sofort beantworten, wenn sie hereinkommen, sondern lieber in Schüben abarbeiten.
- Durch Arbeiten im Stehen, mit einem höhenverstellbaren Schreibtisch, steigt die Produktivität.
- Gesundes Mittagsessen statt Schnitzel und Pommes – lieber Brainfood und Salat.
- Kaugummikauen fördert übrigens auch die Konzentration.
- Mal Homeoffice machen, wenn das Unternehmen es erlaubt, und dort in Ruhe an einem Text oder einem Konzept arbeiten. Wenn Homeoffice nicht erlaubt wird, dann sich in einen Raum zurückziehen und die Tür schließen.
- Sich genug Schlaf und frische Luft gönnen.

2.4.8 Leisten – Kompetenz, Intelligenz und Disziplin

Wie sieht es bei dir aus? Bist du effektiv? Bist du effizient? Stimmt das Endresultat? Bist du zufrieden mit deiner Leistung? Setzt du deine (Kern-)Kompetenz ein? Setzt du sie an den richtigen Stellen ein? Unterstreichst du mit dem, was du kannst und was du tust, auch das Ergebnis deiner Leistung? Was willst du mit deiner Leistung erreichen? Ich bewege mich ganz gerne im oberen Drittel, das ist meine Ambition zum Thema Leistung und Erfolg. Was ist dein Ziel? Wo willst du stehen mit dem, was du tust? Wobei Kernkompetenz das eine ist. Intelligenz einsetzen und/oder Disziplin kann auch helfen, deine Leistung voranzubringen. Und wenn du deine Leistung vollbracht hast, wenn dein Ziel erreicht ist, trommelst du dann auch? Damit deine Leistung sichtbar wird? Ein lustiges Bild zur Veranschaulichung ist hierbei die Vorstellung von Hühnern, die jedes Mal gackern, wenn sie ein Ei legen. Im 3. Kapitel zum Thema Selbstmarketing gehe ich noch mehr darauf ein.

2.4.9 Leisten – nicht immer die Beste sein

Du musst aber keine Perfektionistin sein, bitte nicht. Du musst auch nicht immer die Beste sein. Du musst nämlich sowieso schon mal gar nichts! Es geht nicht um das Müssen und Sollen, sondern um das Dürfen und Wollen. Ich spreche natürlich nicht davon, alles schleifen zu lassen. Nur: Wir sollten keine Workaholics oder Perfektionisten sein wollen – immer unter dem (Leistungs-)Druck, alles perfekt und richtig machen zu wollen, bis aufs Letzte alles durchdacht. Das kann anstrengend sein, bisweilen auch gar nicht zum Ziel führen, sondern krank machen. Der Managementautor Reinhard K.

Sprenger hat mal gesagt: »Perfektion schafft Aggression«. Aggression, die bei anderen ausgelöst wird, aber auch Aggression gegen sich selbst.

Burn-out ist eine sehr weitverbreitete Folge davon. Burn-out bedeutet der Zustand emotionaler Erschöpfung und reduzierter Leistungsfähigkeit. Ausgebranntsein wird auch als Erschöpfungsdepression bezeichnet. Folgende Zeichen, oder eine Kombination davon, sollten dich hellhörig machen:

- Du arbeitest konstant an der Grenze deiner Leistungsfähigkeit.
- Du machst einen Job, von dem du weißt, dass er nicht zu dir passt und dich nicht glücklich macht.
- Du stehst konstant unter Termindruck.
- Das Arbeitsklima macht dich krank.
- Du wirst gemobbt.
- Du willst es immer allen recht machen und sagst nie Nein, wenn dich ein Kollege, ein Kunde oder ein Geschäftspartner etwas fragt.
- Du bist immer diejenige, die im Büro als Letzte das Licht ausmacht.
- Du gehst jeden Abend müde ins Bett und stehst auch müde auf.
- Im Unternehmen habt ihr eine Art Wettbewerbsdruck – jeder versucht, den anderen zu überbieten.

Es ist erwiesen, dass weltweit die seelischen Erkrankungen bei Berufstätigen zunehmen. Oft steht das im Verhältnis zum Stress, der nicht bewältigt werden kann. Die Folge: Depressionen, Burn-out, eine längere berufliche Auszeit.

Achtung: Burn-out! !

Solltest du die oben genannten Symptome bei dir erkennen oder unter den angeführten Arbeitsumständen leiden, dann sprich frühzeitig mit Kollegen der HR-Abteilung und auf jeden Fall mit einem Arzt. Sie werden mit dir überlegen können, was zu tun ist.

Eine Behandlung beim Arzt ist bei einem Burn-out notwendig. Allgemein gesprochen kann da zudem helfen: ein Coaching, Entspannungsübungen, Sport, Ernährungsumstellung, eine Auszeit und eine (lange) Erholungsphase. Und Vorsicht! Danach nicht zu schnell wieder in den Alltag, ins Hamsterrad, sondern auch hier Schrittchen für Schrittchen wieder in die (Leistungs-)Gesellschaft zurück.

2.5 Anouk-Index-Member: Lippenstift & Likes

Gewinne andere für dich und deine Ideen! Lebe den weiblichen Erfolg! Es geht dabei nicht um Auffallen, sondern um Authentizität. Wer bist du und was kannst du? Wie bringst du Familie und Funktion(ieren) unter einen Hut? Was sind deine High Likes? Was ist dein USP?

Lippenstift & Likes

Dein Set an erfolgversprechenden Fähigkeiten und Kompetenzen? Hilf auch anderen Frauen dabei, erfolgreich zu werden. Konkurrenzdenken kann Angst schüren, eng machen. Sei großzügig – Zusammenarbeiten kann der Weg zum Upgrade sein.

2.5.1 Lippenstift – weiblicher Erfolg

Lippenstift als Metapher für weiblichen Erfolg. Dieses Buch handelt von der selbstbewussten und souveränen Frau im Job. Es gibt uns Frauen in allen Variationen, mit unterschiedlichen Verhaltensweisen, Stärken, Fähigkeiten, Kompetenzen, Ansichten, Lebenskonzepten, Bedürfnissen, Möglichkeiten, Berufs- und Karrierewegen … so unterschiedlich wie die Lippenstiftfarben es sind, ob knallrot, leicht rosa, pink oder aber beige. Ob glänzend oder matt, ob trocken oder feuchtigkeitsspendend. Was uns vereint? Wir sind berufstätige Frauen und wollen selbstbewusst und souverän unseren Job erfolgreich ausfüllen. Dabei hat jede von uns einen anderen Berufsweg hinter und vor sich, einen anderen Ausgangspunkt und andere Wünsche und Ziele.

Und doch denke ich, können wir voneinander lernen, können wir als berufstätige Frauen uns gegenseitig unterstützen und dafür sorgen, dass wir erfolgreich unseren Weg gehen können. Lasst uns uns vernetzen, uns verbünden und unterstützen und lasst uns den weiblichen Erfolg auch (aus-)leben! Ich bin ein großer Freund von weiblichem Erfolg, weiblicher Führung, Mixed Leadership und Frauen in der Berufswelt. Du auch?

Achtung: Vorbilder notwendig! !

Die (junge) weibliche Berufswelt benötigt noch viel mehr Vorbilder, die uns zeigen, wie das geht. 94 % weibliche Studenten haben bei einer Studie »Die weiblichen Führungskräften von morgen« angegeben, dass sie mehr beruflich erfolgreiche Frauen als Vorbilder in ihrer Ausbildung benötigen.[19]

2.5.2 Lippenstift – Weiblichkeit im Beruf

Die Frage ist, wie viel Weiblichkeit verträgt man(n) im Beruf? Dürfen wir unsere feminine Seite ganz zeigen und auch im Beruf ausleben, oder müssen wir Frauen männliche Züge annehmen, um erfolgreich zu sein? Müssen wir uns verstellen und wie ein Mann im Berufsleben agieren?

Ich glaube an den weiblichen Erfolg. Ich glaube daran, dass die Eigenschaften die wir als typisch weiblich bezeichnen – Empathie, Sensibilität oder die Fähigkeit zuzuhören – uns als Person ausmachen und unter anderem auch den Mehrwert im Unternehmen und im Geschäftsleben bestimmen. Daher denke ich auch nicht, dass wir im Berufsleben wie Männer agieren müssen und sollen, uns verstellen und ein typisch männliches Verhalten ausleben sollten. Auch nicht, wenn du in einer Männerdomäne arbeitest. Da fehlt es nämlich sonst an jeglicher Authentizität. Zudem denke ich auch nicht, dass es zu deinem Arbeitsglück und Erfolg beiträgt, wenn du nicht diejenige im Job bist, die du auch sonst bist. Was aber nicht heißt, dass wir nicht ab und an Eigenschaften einsetzen können, die als typisch männlich bezeichnet werden. Was nicht heißt, dass wir nicht abgucken sollten, was andere erfolgreich macht, und davon lernen. Was nicht heißt, dass wir, wenn es notwendig ist, auch mal in eine andere Rolle schlüpfen dürfen und sollten, wenn uns das in dem Moment weiterhilft.

Ich glaube an situative Arbeit und situative Führung, die ein bestimmtes Verhalten erfordern können. Das gilt natürlich genauso für Männer. Und dieses Spiel sollten wir spielen können und beherrschen. Eine Bandbreite an Verhaltensmöglichkeiten hilft uns, in den unterschiedlichsten Berufssituationen, ob einfach oder schwierig, ob harmonisch oder kompliziert, ob demokratisch oder direktiv, ob gleichgeschlechtlich oder divers, zurechtzukommen. Eine Sicherheit zu fühlen, welcher Umgang der Richtige ist, welche Situation was genau gerade von uns einfordert. So können wir erfolgreich mit schwierigen (beruflichen) Situationen umgehen.

19 Anke van Beekhuis in Zusammenarbeit mit dem Institut für Jugendkulturforschung: Die weiblichen Führungskräfte von morgen, 2018

Was die so typisch (meist männlichen) Erfolgsverhaltensweisen betrifft, kommt auch eine neue Generation auf uns zu, mit neuen Ansichten (zum Glück). Die misst, so sagt die Studie »Die weiblichen Führungskräfte von morgen« von Anke van Beekhuis, Erfolg an weiblichen und männlichen Eigenschaften. Dazu gehört, kommunikativ zu sein, kollegial, empathisch, aber auch durchsetzungsfähig und entschlossen.

2.5.3 Lippenstift – Frauen, Familie & Funktion(ieren)

Ich bin (Paten-)Tante von vier Jungs und einem Mädchen. Selbst habe ich kein Kind und kann, wenn es um Frauen, Familie und Funktion(ieren) geht, wenig mitreden. Fast alle meine Freundinnen sind Mütter und auch beruflich bin ich von sehr vielen Müttern umgeben. Da das Thema »Upgrade yourself – souverän und selbstbewusst als Mutter im Job« meines Erachtens sehr wichtig ist, habe ich 30 meiner Freundinnen und Kolleginnen zum Thema »Frauen, Familie, Funktion(ieren)« befragt. Das ist die Zusammenfassung ihrer Antworten:

Durch die Abwechslung, die ein Job mit sich mitbringt, das Aufgehen im Beruf/der Berufung erfahren sich viele als eine bessere Mutter. Nicht reduziert zu werden auf Erziehung und Haushalt, der Austausch mit anderen Menschen, die Bestätigung von außen, der Themenwechsel – das alles sorgt dafür, dass berufstätige Mütter zu Hause ein offenes Ohr haben für die Themen, die dort wichtig sind. Mütter können Kraft, Energie und neue Gedanken von der einen in die andere Welt übertragen – und davon können letztlich beide Welten profitieren. Auch ermöglicht es einem, Frust im jeweils anderen Bereich besser zu verkraften. Du schaffst es besser, mit schlechten Noten der Kinder oder der Laune eines pubertierenden Teenies umzugehen, wenn es da noch etwas anderes gibt, aus dem du Kraft schöpfen kannst. Und umgekehrt lässt sich die Kritik eines Kollegen oder ein unbefriedigendes Ergebnis im Job leichter verdauen, wenn das Leben noch etwas anderes zu bieten hat.

Beides, Mutter zu sein und berufstätige Frau, ist wichtig, um als Mensch die innere Balance zu haben. Dadurch, dass Mütter arbeiten, müssen auch der Vater und die Kinder anpacken – auch das ist gut. Als berufstätige Mutter kannst du Vorbild sein und zeigen, dass arbeitende Frauen eine Selbstverständlichkeit sind und dass es so etwas wie ein lebenslanges Lernen gibt. Aber natürlich sind auch folgende Vorzüge als berufstätige Mutter zu sehen: finanzielle Unabhängigkeit und mit dem Partner auf Augenhöhe sein. Das Gefühl, auf eigenen Beinen zu stehen, dein Ding zu machen. Wirksam zu sein – auf zwei Ebenen. Sich nicht isoliert und gelangweilt zu fühlen.

Doch es ist nicht immer einfach, als berufstätige Mutter souverän und selbstbewusst zu sein. Denn es gibt auch Schattenseiten, die es einem als berufstätige Mutter manchmal schwer machen. Der Spagat zwischen beiden Bereichen und das oft sehr präsente

Gefühl, nicht beidem gerecht zu werden. Schuldgefühle, die aufkommen, und auch schon mal die innere Stimme, die einem vorwirft: du Rabenmutter! Wir können nur 100 Prozent geben, aber jeder Bereich, sowohl die Familie als auch der Job, möchten immer mal wieder die volle Aufmerksamkeit haben. Schlecht für die, die nach Perfektion strebt.

Es ist zugleich schade, dass es wenig anspruchsvolle Jobs in Teilzeit gibt. Auch das Thema Jobsharing ist in Deutschland noch nicht wirklich angekommen – obwohl dies eine interessante Lösung sein könnte, gut ausgebildete Mütter wieder in den Job zu integrieren.

Dann gibt es noch die banalen organisatorischen Unwägbarkeiten wie eingeschränkte Betreuungszeiten in Schule und Kindergarten, endlos lange Schulferien, plötzliche Erkrankung der Kinder, Hol- und Bringzeiten zu verschiedenen nachmittäglichen Aktivitäten, Großeltern, die weit weg wohnen, ein wichtiges Projekt, das plötzlich eine Überstunde verlangt ... In der Kleinkinderphase mit den kurzen Nächten aber auch danach: Beides zu haben, Job und Familie, ist manchmal ein bisschen viel und es gibt Situationen, in denen beide Welten einfach nicht vereinbar sind. Das verlangt manchmal auch ein großes Maß an Verständnis und Flexibilität vom Kind/vom Partner, aber eben auch vom Arbeitgeber.

Dann gibt es aber auch die Arbeitgeber, Kunden, Kollegen, Geschäftspartner, Mitarbeiter, die nicht nachvollziehen können oder wollen, dass du mit Kind nicht mehr 24/7 erreichbar bist. Die Arbeitgeber, die von dir Überstunden verlangen und insgesamt wenig familienfreundlich sind. In den Köpfen ist zugleich oft noch verankert, dass die Mutter zuständig ist für das Kind. Wenn das Kind ein Problem hat, rufen Schulen, der Hort oder Kindergarten meistens bei der Mutter an. Und es gibt auch andere Frauen und Männer, die einem (un)bewusst deutlich machen, dass der Platz der Mutter ausschließlich an der Seite eines Kindes zu sein hat. Dabei wird oft leider kein Unterschied gemacht zwischen Qualität und Quantität der verbrachten Zeit mit dem Kind.

2.5.4 Lippenstift – von berufstätigen Müttern für berufstätige Mütter

Wie bringe ich Familie und Funktion(ieren) unter einen Hut? Tipps von berufstätigen Müttern für berufstätige Mütter für mehr Souveränität und Selbstbewusstsein im Job, sind:

- Trenne die beiden Bereiche so gut wie möglich. Das gibt dir den Raum, privat mit vollem Herzen bei der Familie zu sein und im Job deine Individualität und deine Fähigkeiten voll einzusetzen.
- Filtere aus beiden Bereichen die positiven Eigenschaften und Momente und übertrage sie auf den anderen Bereich.

- Mach dein Ding! Lass dir von niemandem etwas einreden. Die gleichen Menschen, die nicht gutheißen, dass du arbeitest, würden auch schlecht über dich reden, wenn du zu Hause bleiben würdest.
- Verabschiede dich von dem Gedanken, es allen recht machen zu müssen/zu können. Dein Konzept sollte für dich (und deinen Partner) passen.
- Jede Mutter sollte sich darüber bewusst sein und stolz darauf sein, dass sie an zwei »Fronten« kämpft und oft mehr leistet als das andere Geschlecht. Das ist Grund genug, um selbstbewusst und souverän auftreten zu können und zu dürfen.
- Tipp an die Familie: Lasst die Mutter eine halbe Stunde ankommen und für sich da sein, sodass sie danach mit offenen Ohren alle Fragen beantworten kann.
- Suche und akzeptiere Hilfe von deinem Partner, den Großeltern, Tanten und Freunden. Dann kannst du auch ruhigen Herzens alles loslassen und im Job und zu Hause strahlen.
- Spüre immer wieder in dich hinein, was dein Kind, was du, was ihr als Familie braucht, und setze das um. Frage dich: Was kann ich tun, damit es mir und uns jetzt einfach richtig gut geht? Was wäre wichtig, um eine richtig schöne erfüllte Zeit zu verbringen, auch wenn die noch so kurz ist?
- Es ist übrigens okay, deinem Kind auch mal zu sagen, dass du gerade müde, traurig, aufgeregt oder enttäuscht bist. Dann kann dein Kind deine Stimmung viel besser verstehen und die Situation nachvollziehen.
- Mach dir bewusst, dass du – auch wenn du vielleicht nicht mehr mit voller Stundenzahl im Einsatz bist – eine vollwertige Arbeitnehmerin bist. Wahrscheinlich arbeitest du durch deine Erfahrung als Mutter deutlich effektiver, kannst problemlos Prioritäten setzen und verschwendest weniger Zeit für belanglose Nebenschauplätze. Es gibt also keinen Grund, sich zu verstecken!

Lösungen können auch sein:
- Kinder, mit allen Problemen, gedanklich zu Hause lassen.
- Kleine Inseln für sich selbst schaffen, um Kraft zu schöpfen.
- Und weniger Streben nach Perfektion, mehr Leidenschaft!

Alles was wir gerne tun, können wir souverän und selbstbewusst meistern.

2.5.5 Lippenstift – Zahlen, Fakten, Daten

Einige (ernüchternde) aktuelle Zahlen, Daten und Fakten:
- In Deutschland sind Frauen über die Rolle als Hinzuverdienerinnen der Familie immer noch nicht hinaus.[20]

20 Studie des Instituts Arbeit und Qualifikation, IAQ, der Uni Duisburg-Essen 2015, managerSeminare Heft 223, Oktober 2016

- 50 % der Frauen arbeitet in Teilzeit (12 % der Männer). Schon eine geringfügig reduzierte Arbeitszeit verschlechtert die Karrierechancen.[21]
- Das Kernergebnis einer Gender-Pay-Gap-Untersuchung von Kienbaum, 2019, zeigt, dass Frauen immer noch durchschnittlich 20 % weniger verdienen als Männer. Als Grund dafür vermuten Kienbaum-Berater unter anderem, dass Frauen in Führungspositionen weiterhin unterrepräsentiert sind. Die Studie zeigt, dass der Frauenanteil im oberen Management nur 20 % beträgt – was unter anderem auf strukturelle Probleme wie die Vereinbarkeit von Beruf und Familie zurückzuführen ist.[22]
- Die Vorbehalte gegen Frauen in Führungspositionen sind größer als vermutet, belegt eine Studie der Wissenschaftler Adrian Hoffmann und Jochen Musch von der Heinrich-Heine-Universität Düsseldorf. Fast jeder zweite Mann (45 %) gibt Vorbehalte zu und ist sehr kritisch, wenn es um Führungsfrauen geht. Aber auch viele Frauen (30 %) sind vorurteilsbehaftet. Zudem streben auch nur 30 % aller Frauen eine Führungsposition an. Solange das so ist, sagen die beiden Wissenschaftler, wird es auch in Zukunft möglicherweise weniger Frauen in Führungspositionen geben.[23]

Ein kurzer Auszug aus »Die Arbeitsmarkt-Situation von Männern und Frauen 2018« von der Bundesagentur für Arbeit (Statistik):

- Die Erwerbsneigung und Erwerbsbeteiligung von Frauen und Männern sind in Deutschland in den letzten zehn Jahren deutlich gestiegen. Zwar haben sich die Unterschiede zwischen den Geschlechtern verringert, doch auch 2017 waren – absolut und relativ – deutlich mehr Männer als Frauen erwerbstätig.
- Nur in wenigen Ländern Europas ist die Erwerbsbeteiligung insgesamt und insbesondere von Frauen so hoch wie in Deutschland.
- Frauen und Männer sind unterschiedlich in den verschiedenen Formen der Erwerbstätigkeit vertreten: Rund zwei Drittel der Selbstständigen sind Männer. Die sozialversicherungspflichtig Beschäftigten sowie die Beamten sind ebenfalls mehrheitlich männlich. Minijobs sind hingegen eine Frauendomäne.
- Die Zahl der sozialversicherungspflichtig beschäftigten Frauen ist weiter gewachsen, zuletzt jedoch nicht mehr ganz so stark wie die der Männer.
- Frauen sind überproportional im Dienstleistungsbereich, Männer häufiger im verarbeitenden Gewerbe, im Bereich Verkehr und Logistik sowie im Baugewerbe beschäftigt.
- Männer verdienen im Mittel deutlich mehr als Frauen. Die Gründe dafür sind vielfältig. Sie reichen von der Berufswahl über die Familienpflichten bis hin zu den Rahmenbedingungen für eine Aufwärtsmobilität.
- In Führungspositionen sind Frauen auch bei gleicher Qualifikation unterrepräsentiert.

21 managerSeminare, Heft 254, Mai 2019
22 managerSeminare, Heft 256, Juli 2019
23 managerSeminare, Heft 250, Januar 2019

- Männer haben ein höheres Risiko, ihre Beschäftigung zu verlieren und arbeitslos zu werden, aber auch bessere Chancen, Arbeitslosigkeit durch Aufnahme einer Beschäftigung wieder zu überwinden. Das liegt auch daran, dass Männer öfter in konjunktur- bzw. saisonabhängigen Berufen arbeiten.
- Der Anteil Langzeitarbeitsloser ist bei Frauen etwas höher als bei Männern.
- Frauen stehen deutlich häufiger als Männer vor der Herausforderung, neben der Arbeitsuche allein für die Erziehung eines oder mehrerer Kinder verantwortlich zu sein.

Es gibt noch einiges für uns berufstätige Frauen/Mütter zu tun. Gehen wir es an!

2.5.6 Likes – Wertschätzung

Ich erhalte sehr viel Wertschätzung und Likes in meinem beruflichen Umfeld – für mein Tun, für meine (beruflichen) Tätigkeiten. Mein beruflicher Erfolg ist meines Erachtens auch begründet durch ein Set an (weiblichen) Eigenschaften, ich nenne sie meine »High Likes« – eine eigene Wortkreation. Eben ganz besondere Likes, für das, was ich tue und wie ich es tue. In jeder Branche gibt es natürlich einen unterschiedlichen Fokus, arbeiten unterschiedliche Personen mit unterschiedlichen Kompetenzen und Fähigkeiten und werden diese unterschiedlich wertgeschätzt. Im Geschäftsleben gibt es meines Erachtens aber ein Set an Fähigkeiten und Kompetenzen, die dich auf der Skala der Likability nach oben katapultieren, die dafür sorgen, dass du von deinen Kollegen, deinem Team, deinen Vorgesetzten, Kunden und Geschäftspartnern viele Likes bekommst. Die dafür sorgen, dass du als selbstbewusst und souverän angesehen wirst. Davon ausgehend, dass deine Expertise, also deine berufliche Qualifikation, gegeben ist, folgen nun meine sieben High Likes.

2.5.7 Likes – High Like 1: Zuhören

BEISPIEL: KUNST HOLLAND

In dem Unternehmen, für das ich gearbeitet habe, hatten wir einen großen Wunsch. Wir wollten das Thema niederländische Kunst – Rembrandt, van Gogh, Bosch, Mondrian, Escher – viel mehr in den Fokus deutscher Urlauber rücken.

Das war nicht ganz so einfach, denn die niederländischen Museen und das Niederländische Büro für Tourismus und Convention hatten zu dem Zeitpunkt noch nie so richtig zusammengearbeitet – die Kultur sah sich auf einer anderen Ebene als den Tourismus. Aber das Prekäre war, dass auch die Museen so städteübergreifend noch nie wirklich zusammengekommen waren. Ich lud sie alle ein, auf der Agenda stand einfach der Arbeitstitel »Kunst Holland«. Und die meisten kamen, ich vermute allein schon aus Neugier. Sie hatten erwartet, ich würde mit einem vorgefertigten Projekt, einer ausgearbeiteten Idee kommen. Aber da musste ich sie enttäuschen. Es standen zwei Stunden Meeting auf dem Programm, in denen ich nur Fragen gestellt habe, in denen wir dann schlussendlich miteinander geredet haben, jeder einbringen konnte, was seine Wünsche, seine Anmerkungen, seine Herausforderungen waren. In diesem Gespräch wurden erst einmal nur Verständnis und erste Nähe erzielt. Kultur und Tourismus waren zum ersten Mal an einem Tisch zum Gespräch und es war ein erster Schritt in die richtige Richtung. Es folgten natürlich noch einige Gespräche mehr, bevor sich daraus eine erfolgreiche Kooperation entwickelt hat, eine Win-win-Situation, die auch jetzt noch, sieben Jahre später besteht – und zwar unter dem Titel »Kunst Holland«.

Zuhören ist eine elementare Eigenschaft. Bemerkst du auch um dich herum, wie gerne jeder redet und berichtet? Habe die Größe, auch mal Fragen zu stellen, Interesse am anderen zu zeigen, offen ins Gespräch zu gehen, ohne eine eigene Agenda zu haben. Zuhören, ohne direkt zu (be)urteilen! Lerne von deinem Gegenüber, interessiere dich dafür, was er sagt und möchte. Mach dir vielleicht nach dem Gespräch ein paar Notizen, damit du das Gesagte noch einmal reflektieren kannst bzw. es dir merken kannst für das nächste Aufeinandertreffen.

Zuhören bedeutet Interesse zeigen. Zuhören bedeutet, offen zu sein für Neues oder eine andere Ansicht. Zuhören lässt dich lernen. Zuhören kann inspirieren. Zuhören kann dir die Möglichkeit geben, das Gesagte später als Argumentation für deine eigene Sache zu nutzen. Zuhören kann Nähe schaffen, Zuhören kann deinem Gegenüber helfen. Zuhören kann Verständnis schaffen. Zuhören lässt dich später ein besseres Angebot machen für deinen Kunden bzw. Geschäftspartner. Zuhören ist in meinen Augen Größe. Zuhören ist für manche nicht ganz so sexy, aber meines Erachtens liegt gerade hier der Unterschied zu der Welt da draußen, die sich so gerne reden hört.

2.5.8 Likes – High Like 2: Enthusiasmus

Enthusiasmus ist keine Frage des Alters. Ich war 25 Jahr alt, als ich bei einer tollen Eventagentur arbeiten durfte. Sie wurde gerade von einer amerikanischen Firma übernommen, deshalb war meine amerikanische Kollegin Nancy nach Europa gekommen und begleitete einige Wochen vor Eventbeginn als Senior Manager das erste gemeinsame Projekt mit uns. Ich kümmerte mich ein wenig um sie, nahm sie mit zu meiner Familie und zeigte ihr begeistert in der wenigen Freizeit, die wir hatten, Krefeld, Köln oder Düsseldorf. Sie war eine sehr nette, sehr kompetente und sehr lustige Kollegin. Wir hatten viel Spaß.

Und dann war es so weit: 5.000 Händlern aus ganz Europa wurde das erste Auto ohne Schlüssel – iDrive hieß das damals – eines großen Herstellers vorgestellt. Ich saß nicht nur in der ersten Reihe, ich hatte mitbestimmt, wo die erste Reihe platziert werden sollte. Für eine Veranstaltung dieser Größe war das Beste gerade gut genug: Wir waren in der größten frei tragenden Halle der Welt, der Cargolifter-Halle in Berlin.

Vorausgegangen war unsere monatelange Vorbereitung. Ich war u. a. für die Dekoration verantwortlich, eine Investition mit mehreren Nullen, und ich war die rechte Hand des Creative Directors Rob. Wenn du mit dem Chefeinkäufer von so einem Großkonzern verhandeln musst und durchsetzen willst, dass der Autohersteller dafür zahlt, dass die teuersten Bäume aus Holland herübergekarrt werden, damit es schön aussieht in der Halle – da braucht es schon viel Begeisterung und Überzeugungskraft.

Am Abend selbst gab es eine große Party. Ralf Schumacher feierte mit und viele andere VIPs. Die Choreografie war super gelaufen, alle waren happy. Der Abend war schon fast zu Ende, da kam unser Kunde, der Projektverantwortliche, auf mich zu. Er suchte den Geschäftsführer unserer Agentur, aber wie sich herausstellte, waren alle Kollegen bereits beim Champagnerumtrunk im Backstagebereich. Die Einzige, die noch arbeitete, war ich. Ich habe ihm mit einem freundlichen Lächeln im Gesicht, mit Begeisterung trotz später Abendstunde, seine offenen Fragen beantwortet und sein wichtiges Anliegen geklärt.

Eine Woche später war die Nachbesprechung der Veranstaltung und zugleich das letzte Treffen vor der gleichen Veranstaltung des Autoherstellers in San Francisco. Der Creative Director und der Geschäftsführer hatten vor, in die USA zu fliegen. Während des Meetings stellte sich aber auf einmal heraus, dass der Kunde da eine ganz andere Idee hatte. Der Geschäftsführer war nicht wirklich erwünscht, teilte der Kunde mit – stattdessen ich, die Junior-Mitarbeiterin. Und so saß ich zwei Wochen später neben Creative Director Rob zum ersten Mal in meinem jungen Leben in der Business Class im Flieger. San Francisco, ich komme! Warum? Der Kunde fand meine Loyalität, meinen Enthusiasmus und meinen Einsatz bewundernswert.

In der Eingangshalle sahen wir dann einen Mann, der ein riesiges Schild hochhielt. Darauf stand »Mrs Anouk Ellen Susan«. Rob schaute mich fragend an und ich schaute den Mann mit dem Schild fragend an. Zwei Minuten später saßen wir in einer riesigen Limousine. Ich verstand es nicht ganz, Rob und ich gingen davon aus, dass es ein Versehen sein musste. Aber die Fahrt war trotzdem super! Bei der Event-Location angekommen, stand unser Kunde vor dem Eingang mitsamt Begrüßungskomitee und auch das Komitee sah uns fragend an. Da waren wir uns sicher, dass die Limousine ein Versehen war. In dem Moment kam der Direktor der amerikanischen Eventagentur und sagte: »Ein Dankeschön von mir persönlich an dich, Anouk. Dafür, dass du unsere Kollegin Nancy in Europa so freundlich aufgefangen und dich so rührend und enthusiastisch um sie gekümmert hast. Deine Begeisterung und deinen Einsatz wollten wir belohnen!«

Enthusiasmus zahlt sich aus – so oder so

!

Ich liebe meine Berufe. Ich darf sogar mehrere ausüben. Und alles, was ich in dem Zusammenhang tue oder auch erzähle, kommt von Herzen und ist alles andere als schwer. Ich merke immer wieder, wie ich auch andere anstecke mit meinem Enthusiasmus und sie mitreißen kann. Das würde nicht funktionieren, wenn ich zum Beispiel Küchenutensilien verkaufen müsste. Es geht aber nicht nur darum, sich für seinen eigenen Job zu begeistern und für das eigene Leben. Vor allem auch die Begeisterung für andere, was andere tun, sei es Kollegen, Mitarbeiter, Kunden oder Geschäftspartner. Interesse zu zeigen, aber eben auch deren Begeisterung mit zu leben, auszusprechen, neue Themen anzunehmen, Begeisterung von anderen nachzuempfinden und sich darauf einzulassen, das alles sorgt dann auch für Likes von anderen für dich!

2.5.9 Likes – High Like 3: Aufmerksamkeit

Aufmerksamsein muss kein Geld kosten. Aufmerksamkeit muss nicht mal unbedingt zeitintensiv sein. Und aufmerksam sein kann jede von uns. Es braucht nicht viel, sich diese Fähigkeit, diese Kompetenz anzueignen. Ich bin davon überzeugt, dass Aufmerksamkeit ein extrem wichtiges High Like ist für deinen (beruflichen) Erfolg und deine Erfüllung. Doch was verstehe ich unter »Aufmerksamkeit«? Naja, es sind unzählige kleine Dinge, die man tun kann:

- Sich einfach mal aufrichtig erkundigen, wie es deiner Kollegin, deinem Kunden, Geschäftspartner, Vorgesetzten geht, ein persönliches Gespräch führen.
- Eine handgeschriebene Karte (zum Geburtstag, zur Promotion, zur Geburt des Kindes, im Krankheitsfall, als Dankeschön, einfach mal so ...) senden.
- Eine kleine Motivation, ein kleiner Push per Mail, via WhatsApp, mit einem Anruf für die Person, die vielleicht einen schweren Tag vor sich hat, eine wichtige Prüfung, eine spannende Präsentation, ein wichtiges Gespräch ... Das setzt natürlich voraus, dass du davon weißt, dass dir der Kollege, die Kollegin, der Geschäftspartner, die Kundin davon erzählt hat. Es setzt auch voraus, dass du es dir gemerkt und vielleicht irgendwo in deinem Kalender notiert hast.
- Einer Kollegin oder einem Kollegen etwas Arbeit abnehmen, weil die/der gerade zu viel zu tun hat.
- Mit der Ex-Mitarbeiterin noch in Kontakt bleiben und ihr am ersten Arbeitstag im neuen Job herzlichen Glückwunsch und toi, toi, toi wünschen.
- Vielleicht sogar etwas für jemanden in deinem (beruflichen) Umfeld tun, den du noch gar nicht so lange kennst.
- Ist jemand aus dem beruflichen Umfeld krank, kannst du eine Karte schreiben, Blumen senden, einen Krankenhausbesuch machen, anrufen und aufmuntern.
- Ungefragt Lob und Komplimente aussprechen.
- Im Online-Bereich – sei es über LinkedIn oder Xing, aber auch bei beruflichen Kontakten, mit denen du über Twitter, Facebook und Instagram verbunden bist – einfach mal ein Posting liken oder kommentieren.
- ... und es gibt noch unzählige Möglichkeiten mehr

Worum geht es hierbei? Empathisch sein und großzügig, geben können, teilen können, aufmerksam sein und Gutes tun. Das Gute im Menschen sehen und würdigen, Herzlichkeit rüberbringen, charmant und sympathisch sein. Das kann nie verkehrt sein, das kann nie zu oft sein. Das kann immer nur beitragen zu einem noch etwas besseren Arbeitsklima, groß gesprochen: Es kann beitragen zu einer besseren Welt. Du wirst andere berühren und ihnen etwas Gutes tun, das ihnen vielleicht Kraft gibt für eine berufliche Hürde oder einen Schubs oder eine Motivation oder einen Impuls, sodass auch sie (beruflich) ein Stückchen weiterkommen.

! **Tipp: Der Upgrade-Garant**

Du kannst dich meines Erachtens nicht genug darin üben. Aufmerksamkeit ist ein wahrer »Upgrade-Garant«.

2.5.10 Likes – High Like 4: Zuverlässigkeit

Wenn du eine Deadline für eine Tätigkeit bekommst, hältst du dich daran? Wenn du selbst einen Abgabetermin definierst und deinem Kunden mitteilst, dass er dann das Angebot von dir hat, oder deiner Kollegin versicherst, dass sie in zwei Tagen deinen Text von dir bekommt, oder du deiner Chefin versprichst, dass sie am 1. das Budget zur Übersicht erhält – bekommt er bzw. sie es dann auch rechtzeitig von dir? Wie zuverlässig bist du in deinem Tun, in deiner Kommunikation, in deiner Arbeit?

Meines Erachtens ist Zuverlässigkeit ein Basisprinzip des Erfolgs. Denn mit wem wollen wir zusammenarbeiten? Natürlich nur mit denen, die auch das tun, was sie versprechen. Die wahr machen, was sie sagen. Die zuverlässig sind. Denn stell dir vor, du hast für deine besten Kunden ein ganz besonderes Netzwerkevent organisiert und einen Caterer bestellt, aber der kommt nicht pünktlich, sondern zwei Stunden zu spät. Er hat zudem vergessen, dass eine Großzahl deiner Kunden angegeben hat, Vegetarier zu sein, und präsentiert eine Vorspeisenplatte mit Melone und Parma Schinken, Vitello tonnato und Flammkuchen mit Speck. Er hat für 20 Personen eingekauft, aber ihr habt 50 geladene Gäste. Das will man sich doch gar nicht erst vorstellen, was das für eine Katastrophe an einem für dich und für euer Unternehmen so wichtigen Tag wäre!

Oder etwas, das mir mal als Patientin passiert ist. Du gehst zur Zahnärztin für die neue Brücke, aber das Ersatzteil wurde vom Medizinlabor nicht richtig zugearbeitet. Daran leidet doch auch das Image der Zahnärztin. Dadurch wird auch ihre Qualität und ihre Zuverlässigkeit infrage gestellt. Das kann man sich vielleicht einmal leisten, wenn überhaupt, aber sicherlich kein zweites Mal.

Zuverlässigkeit ist in meiner (Berufs-)Welt ein absolutes Grundprinzip, eine Fähigkeit/Kompetenz, die wir beruflich, aber auch privat, auf jeden Fall einsetzen sollten und die deutlich zu unserer Souveränität beiträgt.

2.5.11 Likes – High Like 5: Vertrauenswürdigkeit

Eine engere Bindung zu Kollegen, Vorgesetzten, Kunden und Geschäftspartnern zu bekommen funktioniert meines Erachtens am besten über den menschlichen Kontakt zueinander. Wie bei meinem ehemaligen Kollegen Gerard. Gerard wusste immer den letzten Stand der Dinge von jedem Geschäftspartner und den wichtigsten Unternehmen aus unserem Arbeitsbereich. Gerard war immer auf dem Laufenden und wenn ein Kollege wissen wollte, wer der aktuelle Ansprechpartner bei Unternehmen X war, ging er meistens zu Gerard und informierte sich. Auch um kurz etwas mehr über die Hintergründe des Unternehmens bzw. der Person und den Stand der Dinge zu erfahren. Gerard hat sich die Zeit genommen, die Leute anzurufen, einfach mal zu plaudern – auch deshalb wusste er immer bestens Bescheid. Das musste nicht immer direkt effizient und effektiv sein. Er nahm einfach den Hörer in die Hand oder machte Termine aus für einen Kaffee, ein gemeinsames Mittagessen, kurz neun Löcher golfen – und wichtige Leute lud er zum Abendessen ein. So hat er Einsicht bekommen und auch das Vertrauen der Geschäftspartner.

Wenn wir immer fleißig, manchmal verbissen, mal gestresst hinter unserem Computer saßen, keine Zeit für nichts hatten, spazierte Gerard durch die Gänge und unterhielt sich hier und da mit Kollegen, Vorgesetzten und Mitarbeitern. Und somit war Gerard auch intern immer auf dem Laufenden. Es ist eine Kompetenz, vertrauenswürdig zu wirken. Denn die Informationen, die Bindung zu den für dich wichtigen Menschen im Arbeitsumfeld kann dir bei deinem (beruflichen) Erfolg helfen.

Achtung !

Man sagt übrigens nicht zu Unrecht, dass die besten Deals auf dem Golfplatz geschlossen werden.

In meinem Umfeld schenken mir Kollegen, Kunden, Geschäftspartner und Freunde schnell Vertrauen und so erfahre ich viele Interna in inoffiziellen Mitteilungen. Denn ich schaue nicht hochmütig auf andere hinab, sondern ich schaue (sinnbildlich wie körperlich mit 1,53 Metern Körpergröße) von unten hinauf – und habe eine klare Vision. Was dabei unerlässlich ist: Sei absolut diskret! Wenn dir jemand etwas erzählt, beruflich oder privat, dann erzähle das nicht weiter. Das schätzen die Menschen an dir. Erzähle keinen Klatsch oder andere dir anvertraute Dinge weiter – auch nicht im Freundeskreis. Das ist in der heutigen Zeit selten, wo Sensation, eine spannende Nachricht und andere rührseligen Geschehnisse für eine gute Story sorgen können. Sei die Ausnahme.

Das Vertrauen, das einem geschenkt wird, hat einen unfassbar hohen Wert im beruflichen und privaten Kontext. Das hat auch nichts mit deiner Position, deinem Unternehmen zu tun, sondern ist eins zu eins mit deiner Person verbunden. Das nimmst du mit, egal wie sich dein (Karriere-)Weg weiterentwickelt. Ein absolutes High Like, auch wenn du es vielleicht nicht direkt umsetzen kannst in den harten Euro oder in direkt sichtbaren Erfolg. Aber glaube mir, es wird sich positiv im (Berufs-)Leben auszahlen.

2.5.12 Likes – High Like 6: Groß denken

Altkanzler Helmut Schmidt hat mal gesagt: »Wer eine Vision hat, der soll zum Arzt gehen.« In meinen Workshops »The Next Level« erlebe ich oft Frauen, die eine zündende Idee haben, die dann aber im Keim erstickt wird. Warum? Weil es an Unterstützern fehlt, weil die Idee gar nicht erst kommuniziert wird, weil die Idee sofort auf kleinstem Niveau umgesetzt wird, ohne überhaupt eine Chance gehabt zu haben, groß zu werden, weil es an Mut fehlt, groß zu denken. Ganz groß!

Anders als Helmut Schmidt es tat, verstehe ich große Visionen als absolutes High Like. Sie tragen bei zum (beruflichen) Erfolg. Eine Vision zu haben, etwas, das größer ist als das tägliche Tun, kann ein toller Motor sein – wobei das tägliche Tun darauf hinwirkt. Eine Vision, die du mit deinen Kollegen und Mitarbeitern oder mit deinen Kunden und Geschäftspartnern teilst. Eine Vision verbindet.

Wenn du dann auch noch diejenige bist, die diese Vision zum Leben erweckt hat, wenn du dich traust, sie auszusprechen und dem zu folgen. Wenn du andere begeisterst und mitnimmst – und so Verbündete findest. Und wenn du dann loslegst, zusammenarbeitest und das große Ziel immer vor Augen hast, dann steigt auch das Selbstbewusstsein. Mir ist es mit einigen meiner Visionen so ergangen. Ich habe dann meistens auch einfach so getan, als wenn sie schon fast zum Greifen nah sind. Manchmal vermittelte ich den Eindruck, als wenn schon alles erreicht wäre.

! **Achtung**

Ein klein wenig bluffen an der richtigen Stelle und zur richtigen Zeit darfst du auch mal.

In Zeiten, wo die Wirklichkeit so gar nicht visionär wirkt, kannst du da schon mal ein müdes Lächeln ernten, ein despektierliches Kopfschütteln oder fragende, vielleicht sogar entsetzte Blicke. Wenn du aber unermüdlich weitermachst, nicht aufgibst, groß denkst, positiv denkst, Schrittchen für Schrittchen deinen Weg gehst, dann kann die Vision Wirklichkeit werden. Vielleicht nicht immer von heute auf morgen, aber mit ein wenig Zeit kann visionäres Denken dir helfen, deine Ideen umzusetzen. Ich habe in meinem Berufsleben zahllose Positivbeispiele sammeln dürfen: Von einem schon fast tot geglaubten Projekt, einem Messestand mit nur noch acht beteiligten Unternehmen und nur 80 Quadratmetern Messepräsenz hin zu einem Auftritt auf 440 Quadratmetern und

61 beteiligten Unternehmen – nach nur zwei Jahren. Von einer Kampagne, die es nur in meinem Kopf gab, und die ein Jahr später umgesetzt wurde mit 25 Geschäftspartnern und einer Gesamtinvestition von 300.000 Euro.

Und das Interessante ist: Wenn dir das mehrmals gelingt, dann wollen deine Kunden, Geschäftspartner und Kollegen auch bei deinen Erfolgsprojekten dabei sein, deine Ideen mit umsetzen, denn sie bringen Erfolg, sorgen für Aufruhr im positiven Sinne. Sie wollen Teil deiner Erfolgsstory werden, sie glauben an dich und an dein Können, deine Expertise. So entwickelst du aus dir jemanden, dem man folgen möchte, mit dem man Geschäfte eingehen will. Grundvoraussetzung natürlich: Deine Vision wird zu einer erfolgreichen Wirklichkeit.

BEISPIEL: MOONSHOT-PROJEKTE

Moonshot-Projekte sind eine extreme Variante. Das sind sehr innovative Ideen, neue Gedanken, die zuvor so noch nicht unbedingt gedacht worden sind, die ganz undeutsch, ohne großen Plan und ohne Erfolgssicherheit, ohne überhaupt ein Bild vom gewünschten Ergebnis zu haben, einfach angegangen werden. Neugier und eine extrem große Vision gehen dem Ganzen voraus. Die Devise »Der Weg ist das Ziel« gilt hier. In Amerika werden diese Moonshot-Projekte viel häufiger angegangen als hier. Nur wenige schaffen es letztlich bis zur Realisation, die meisten scheitern zu einem gewissen Zeitpunkt. Und trotzdem arbeiten die Leute als ein Team an dem Projekt, immer mit Herzblut dabei, manchmal sogar wie besessen. Mit dem gescheiterten Projekt entstehen dann aber manchmal wieder ganz andere, neue Moonshot-Projekte.

Was ist deine Vision? Welches große Ganze schwebt dir vor? Oder hast du sogar ein eigenes Moonshot-Projekt vor Augen?

2.5.13 Likes – High Like 7: Die Macherin

Das letzte High Like dieser Serie ist ein ganz wichtiges. Das A und O. Es handelt vom Machen. Denn groß und großzügig denken allein hilft natürlich noch nicht, wichtig ist, dass du auch ins Handeln kommst. Wie Van Gogh schon sagte: »Das Große kommt nicht allein durch einen Impuls zustande, sondern es ist eine Aneinanderkettung kleiner Dinge, die zu einem Ganzen vereint worden sind.«

Kennst du die Leute, die immer neue Ideen haben, die gerne reden über ihre Ideen, Projekte, Fantasien, aber dann schlussendlich nicht ins Tun kommen? Wir Frauen gehören schon mal gerne zu der Gruppe Menschen, die gerne quatschen und quatschen und quatschen, aber mehr eben auch nicht. Vor allem reden wir auch gerne darüber, was alles nicht funktioniert am neuen Projekt, nicht gut ist im Job, keinen Sinn ergibt, über das, was uns unzufrieden stimmt im Büro. Das wird dann schon auch mal nervig für Kollegen, Mitarbeiter und Vorgesetzte – denn wer hört schon gerne Leute klagen? Das sorgt für schlechte Stimmung bei allen im Unternehmen/im Team, es drückt auch negativ auf die Motivation der anderen, es wirkt kontraproduktiv – vor allem für die ständig Jammernde selbst.

Das High Like heißt Macherin, und damit ist gemeint: Komm ins Handeln, übernimm aber auch die Verantwortung für das, was du tust, für deinen Job, für deine Zufriedenheit. Ich glaube nicht so sehr ans viele Reden, sondern vielmehr an diejenigen, die Ideen realisieren. Die werden auch Erfolg haben. Dafür müssen keine ellenlangen Dokumente geschrieben und keine monatelangen Gespräche geführt werden. Denn in der Zeit hat ein anderer, möglicherweise mit der gleichen Idee, schon längst losgelegt und via »learning by doing« das Projekt oder die Idee bereits auf eine nächste Stufe gebracht.

Daher glaube ich nicht an diejenigen, die gerne klagen und jammern, dann aber nichts tun. Das wirkt sich kontraproduktiv auf deine Karriere aus. Mein Vorschlag: Überleg dir Alternativen, bring Ideen ein, tu etwas. Fall also nicht in die Opferhaltung, sondern komm in Aktion. Und ja, der, der etwas anstößt, der einfach mal macht, der kann auch mal hinfallen oder anecken. Aber wer es nie versucht hat, wird es auch nie wissen. Also: »Don't dream it, do it!« und zeige unerschrocken, was du kannst! Erwecke deine Ideen zum Leben!

Mein Resümee der sieben High Likes? Die Kombination und die Wechselwirkung, die die einzelnen High Likes aufeinander haben, machen das große Ganze aus: »Das Ganze ist mehr als die Summe seiner Teile!«

Frage dich selbst: Worauf kommt es dir im Leben an und wofür setzt du deine Zeit, Energie und Liebe ein? Wie nutzt du die High Likes für dich? Wie wirst du zum Magneten deines Erfolgs?

SELBSTREFLEXION: DEINE HIGH LIKES

Was sind deine sieben High Likes, die dich ausmachen? Dein High-Likes-Set zum Ausfüllen kannst du dir unter dem Link unten herunterladen.

Dein High-Likes-Set

Siehe hier zur Inspiration das High-Likes-Set von Barbara Beispiel:

HIGH LIKES SET

1 Hilfsbereit – sehr empathisch

2 Einsatzbereit 24/7 – voller Energie

3 Verlässlichkeit

4 Hinterfragen – nicht direkt annehmen und akzeptieren

5 Optimistin – durch und durch, immer positiv

6 Ehrlichkeit

7 Humorvoll – Mit mir kann man lachen

Barbara Beispiels High-Likes-Set

2.6 Anouk-Index-Member: Laster & Loser

Tage, an denen wir uns wie der allergrößte Loser fühlen, wie im falschen Leben, gibt es immer wieder. Auch solche Zeiten gehören zum Leben. Und weißt du was? Es ist nur ein schlechter Tag und kein schlechtes Leben. Man darf auch mal verlieren.

Laster & Loser

Ich bin sogar fest davon überzeugt, dass das Leben Brüche braucht. In schwierigen Situationen lernen wir am meisten und sammeln die wertvollsten Erfahrungen. Wie sollten wir wichtige Tugenden lernen wie Durchhaltevermögen, Krisenmanagement oder die Fähigkeit, positiv zu denken, wenn immer alles glatt liefe? Das wäre ein unnatürliches Leben. Brüche formen uns, ich würde sogar sagen: Sie schleifen unseren Charakter, machen uns interessant. Schwächen sind okay und unsere Laster machen uns erst zu den Persönlichkeiten, die wir sind. Ich plädiere also dafür, dass wir uns in Akzeptanz üben, wenn es notwendig ist. Dazu gehört für mich, nicht auf dem Weg zum Erfolg zu verkrampfen, nicht verbissen zu sein.

2.6.1 Laster – früher und heute

Abraham Lincoln soll gesagt haben: »Menschen, die keine Laster haben, haben auch keine Tugenden«. Früher, im 12. bis 15. Jahrhundert, gab es die sieben Hauptlaster. Damit warst du unmoralisch, verdorben oder menschenunwürdig in der jeweiligen Gesellschaft.

BEISPIEL: LASTER IM 12. BIS 15. JAHRHUNDERT

Hierzu zählten:

- Stolz – übermäßige Liebe zum eigenen Selbst
- Neid – Missgunst gegenüber anderen wegen ihrer Besitztümer
- Völlerei – übermäßiger Genuss von Nahrungsmitteln
- Geiz – der Wunsch, mehr zu besitzen, als man hat oder benötigt

- Faulheit – Verschwendung von Zeit oder anderen zugeteilten Ressourcen
- Zorn – Gefühle von Hass, Ablehnung oder Rache
- Wollust – übermäßiges sexuelles Verlangen

Eine relativ aktuelle Umfrage wollte wissen: Was sind die schlimmsten Sünden unserer heutigen Zeit? Da wurde von den sieben Hauptlastern vor allem »Trägheit« genannt. Dafür kamen in der Umfrage ganz neue Sünden zu Vorschein, so wie Selbstsucht, Heuchelei, Intoleranz, Grausamkeit und Zynismus. Und aus einer anderen Quelle: Unglaube, Torheit, Feigheit, Ungerechtigkeit, Unbeständigkeit, Trotz.

2.6.2 Laster – Schwächen und Macken

Das Wort »Laster« kannst du verstehen wie eine schlechte Angewohnheit, Schwächen oder Macken. Ich weiß nicht, wie es dir geht, ich gebe es natürlich nur ungern zu, aber ich habe auch die eine oder andere Macke.

Meine Schwächen bzw. Macken? Am Anfang meiner Karriere war es Unsicherheit und Nicht-loslassen-Können, mich immer beweisen müssen. Als ich meine erste Führungsaufgabe hatte, war ich sicherlich hier und da zu dominant und zu ungeduldig. Später hatte ich viel Ehrgeiz, vielleicht ein wenig zu viel. Auch heutzutage erwische ich mich zum Beispiel noch dabei, meine Jobs sehr zu lieben und zu viel zu arbeiten und zu wenig abzuschalten. Manchmal bin ich immer noch (ein wenig) ungeduldig.

Teilweise haben genau diese Eigenschaften aber auch dazu beigetragen, dass ich heute dort bin, wo ich beruflich bin. Es handelt sich manchmal eben um Stärken, die aber zu Schwächen werden, sobald sie zu extrem ausgelebt werden. Es sind also Schwächen und Macken, die unschön sind, und ich versuche, sie nicht allzu oft ins Negative kippen zu lassen, aber manchmal passiert es eben doch. Manchmal bin ich mir dessen bewusst, manchmal passiert es einfach so, unbemerkt. Geht es dir auch so?

> SELBSTREFLEXION: DEINE SCHWÄCHEN/MACKEN IN NEUEM LICHT
>
> Was würdest du als deine Schwächen und Macken bezeichnen? Schreibe sie in dein Upgrade-Journal und schaue sie dir dann nochmals so aufgeschrieben an. Wenn du sie jetzt, mithilfe der Reframing-Methode aus Kapitel 2.8.6 anders interpretieren solltest, wie würdest du sie dann positiv formulieren? In welchen positiven Kontext würdest du sie setzen?

2.6.3 Laster – ich bin …

In meinem beruflichen und privaten Umfeld höre ich auch noch andere Schwächen und Macken wie:

- »Ich finde, ich muss alles allein schaffen.«
- »Ich kann schlecht Hilfe annehmen.«
- »Ich mache mich zu oft klein und bin sehr unsicher.«
- »Meine Erfolge und ich sind eigentlich relativ unsichtbar für meinen Chef.«
- »Ich neige zu Perfektionismus, es muss 120 Prozent bis ins letzte Detail alles stimmen.«
- »Ich bin sehr gut im Zweifeln und Grübeln, vor allem nachts.«
- »Ich nehme mir viel zu viel Arbeit mit nach Hause.«
- »Ich bin die Fleißige bei uns im Unternehmen, aber nicht die Erfolgreiche.«
- »Ich nehme Kritik sehr persönlich und kann dann auch schon mal zickig reagieren bzw. sehr traurig werden.«
- »Ich fühle mich sowohl im Hinblick auf meine Familie als auch im Hinblick auf meinen Job/meine Kollegen schuldig, weil ich immer das Gefühl habe, ich werde beidem nicht gerecht.«
- »Ich denke sehr oft: Ich kann das nicht.«

Selbstzweifel ist eine Schwäche, die ich bei Frauen oft erlebe. »Ich bin zu dick, zu dünn, zu jung, zu alt, ich bin nicht attraktiv, meine Beine sind zu kurz, mein Po ist zu dick, ich bin zu groß, ich bin zu klein, ich bin nicht gut genug …«.

! **Achtung: Das Impostor-Syndrom**

»Ich bin eigentlich nicht besonders intelligent und meine Leistungen werden von anderen überschätzt. Ich habe Angst, dass irgendwann, irgendwer erkennt, dass ich eigentlich gar nichts weiß bzw. kann.« Das nennt man auch das »Impostor-Syndrom« oder das »Hochstapler-Syndrom«. Es gab bereits 1978 in den USA einige Studien hierzu. Viele Frauen sind für dieses Denken anfällig, wissen aber gar nicht, dass es ein bekanntes Syndrom ist. Psychologen raten Menschen, denen es so geht, ihr »Geheimnis« öffentlich zu machen. Und tatsächlich ist das Verstehen der Zusammenhänge ungemein erleichternd und verschafft Klarheit. Ich hatte dieses Denken früher auch und habe nach Gesprächen mit Freundinnen und Kolleginnen gemerkt, dass ich nicht die Einzige bin – und allein das hat schon sehr geholfen.

Könnte eine der Aussagen oben von dir sein? Oder vielleicht auch mehrere? Wir schauen immer gerne auf das, was wir nicht sind, was wir besser könnten. Unser Blick ist oft auf unsere Schwächen und Macken gerichtet und wir sind Profis darin, uns selbst klein zu machen. Gerne zweifeln wir an uns und stehen nicht selbstsicher für uns ein. Das Interessante ist, es ist altersunabhängig. Ob als junges Mädchen, klar da ist man noch wesentlich unsicherer, oder als reife Frau: Die Zweifel nagen oft. Eine ganze Industrie ist auf unseren Unsicherheiten aufgebaut, von den Frauenzeitschriften, die uns gerne gute Tipps geben bis hin zur Ernährungsindustrie. Und wir? Sind auf der Suche nach Selbstvertrauen und Selbstbewusstsein.

2.6.4 Laster – Imperfektion

Mach deine Schwächen und Macken nicht größer, als sie sind! Imperfektion auszuleben macht uns menschlich. Macken und Schwächen sorgen dafür, dass wir keine Roboter sind, dass andere sich in uns spiegeln können und wir nicht als Superwoman wahrgenommen werden. Schwäche kann auch Nähe erzeugen.

Was du erfährst im Leben, formt deinen Charakter – all deine Erfahrungen, die du machst, machen dich zu der, die du bist. Was früher eine vermeintliche Schwäche oder Macke war, hast du vielleicht heute zu deiner Stärke gemacht und bist damit wieder einen Schritt weitergekommen. Dafür macht sich vielleicht heute wieder eine neue Schwäche bemerkbar. Das ist ein anscheinend nie enden wollender Prozess. Sicherlich ist es gut, seine Schwächen benennen zu können, ganz getreu dem Motto: Einsicht ist der erste Weg zur Besserung.

Allerdings bin ich ein großer Fan davon, Stärken auszubilden. Sich auf das Positive im Innersten zu konzentrieren. Und nicht zu versuchen, aus einer Vier eine Eins zaubern zu wollen.

2.6.5 Laster – ich muss …

Wenn du aber das Gefühl hast, dass deine Schwächen und Macken dich aufhalten, also wenn sie störend für deine Entwicklung und deine Karriere sind, dann stell dir einen Coach zur Seite. Reflektiere dein Verhalten.

Mich hat das immer weitergebracht. Ich hatte im Laufe meiner Karriere – und übrigens immer noch – einen tollen Coach, Zillah, an meiner Seite. Mit ihr reflektiere ich immer mal wieder, gehe bestimmte Fragestellungen durch oder bespreche mit ihr berufliche Herausforderungen. Und wir überlegen dann gemeinsam, wie ich diese meistern kann. Vor zehn Jahren habe ich zum Beispiel mit ihr alle meine Glaubenssätze aufgeschrieben. Alle »Ich muss«: Ich muss einen Hosenanzug tragen, um seriös zu wirken. Ich muss erst dann etwas sagen, wenn etwas ganz Sinnvolles dabei herauskommt. Ich muss immer stark sein. Ich muss das allein schaffen. Ich muss Absätze tragen, damit ich größer und erwachsener wirke. Ich muss …

Was steht auf deiner Ich-muss-Liste? Was sind deine Glaubenssätze, von denen du dich lösen darfst?

2.6.6 Laster – Zusammenspiel der Gegensätze

Es ist gut, wenn du für dich erkennen kannst, was die kleinen, dunklen Seiten (deine Macken) an dir manchmal sind, damit du damit umzugehen lernst oder versuchst, sie zu reduzieren. Humor und Akzeptanz helfen dabei ungemein. Sofern die Schwächen im Bereich des Akzeptablen sind: Nimm sie nicht zu wichtig und erlaube dir, nicht immer die Perfekte sein zu müssen.

Und da, wo es dunkle Seiten an dir gibt, findest du auch die hellen Seiten. Wir haben ja immer beides in uns. Über Macken haben wir ja ausgiebig gesprochen. Denke aber auch an deine hellen Seiten, deine Tugenden. Denke an Echtheit, Dankbarkeit, Mitgefühl, Liebe, Verständnis, Großzügigkeit, Glaube, Gelassenheit ... Das Zusammenspiel der Gegensätze ist so spannend, denn das eine kann nicht ohne das andere.

! **Denke an das Lied von Passenger:**

»... Well you only need the light when it's burning low
Only miss the sun when it starts to snow
Only know you love her when you let her go
Only know you've been high when you're feeling low ...«

Wir brauchen beides. Auch in uns. Also relativiere, wenn es um deine Schwächen geht. Sie helfen dir nämlich auch dabei, das Tolle, das Starke, das Helle zu sehen und zu zeigen. Wir können der Anwesenheit der beiden Seiten nämlich nicht entgegenwirken, wohl aber ihr Zusammenspiel beeinflussen. Wir können die Aufmerksamkeit natürlich auf das Positive richten. Ein schönes Bild hierzu ist vielleicht der Gedanke, dass da, wo Sonnenschein ist, kein Mondschein Platz finden kann. Einen dunklen Raum kann man erhellen, indem man eine Lampe anmacht. Licht kann also das Dunkle verdrängen, aber andersherum funktioniert das nicht. Das Dunkle kann das Licht nicht eliminieren.

2.6.7 Laster – die Schuhe anderer

Wenn du in deinem Umfeld Leuten begegnest, Kollegen, Geschäftspartnern oder Kunden, aber auch Freunden, die ihre Vorhaben nicht direkt umsetzen oder ihre Schwächen offen zeigen, dann spiele nicht den Richter und urteile über sie. Mein Leitsatz folgt der indianischen Weisheit: »Verurteile niemanden, in dessen Schuhen du nicht mindestens einige Tage gelaufen bist!«.

2.6.8 Loser – mein Coco-Tag

Rückblick: Es ist zwölf Jahre her. Ich bin 33 Jahre alt, verantwortlich für das strategische internationale Marketing im Unternehmen und habe ein kleines Team. Ich werde zum ersten Mal eingeladen, einen Workshop bei einem Kongress zu leiten. Der Direktor unseres Unternehmens Jos ist auch eingeladen, da er aber nicht kann, sagt er: »Anouk, du wirst mich und das Unternehmen sicherlich würdig repräsentieren.« Ich fühle mich auf dem Zenit meiner Karriere angekommen, bin megastolz. An meinem großen Tag komme ich an und der Direktor der Organisation steht vor der Location, wir kennen uns noch nicht, da begrüßt er mich am Eingang mit den Worten: »Ach, wenn gleich die Teilnehmer kommen, kannst du mir ja beim Verteilen der Unterlagen helfen.« Und schon habe ich die Unterlagen auf dem Arm. Bevor ich richtig reagieren kann, kommen just in dem Moment die Teilnehmer rein und ich stehe da wie seine Assistentin. Als ich gerade einen starken Kaffee trinke, um mich zu erholen, denke ich mir: Komm Anouk, mach jetzt keinen Elefanten draus, du bist halt flexibel.

Mir geht es gleich besser bei dem Gedanken. Da kommt der Direktor wieder auf mich zu und will mich zwei seiner Kollegen vorstellen. Ihm fällt aber mein Name nicht ein. Da sagt er: »Darf ich dich auch Coco nennen? So hieß mal eine Geliebte von mir.« Die Männer liegen am Boden vor Lachen. Ich bin einfach nur sprachlos. Ich denke mir: Wenn du mich gleich beim Workshop erlebst, wirst du dich noch schämen, mich so behandelt zu haben. Ich lächle tapfer meinen Ärger weg. Denn es gibt ja kein Zurück mehr, mein großer Auftritt steht unmittelbar bevor. Das denke ich. Denn es kommt eine Frau von der Organisation auf mich zu und sagt: »Anouk, es gibt Last-Minute-Änderungen. Wir mussten kurzfristig jemand anderem deinen Workshop geben. Sorry. Du kannst dich gerne dazusetzen und du bist dann im nächsten Jahr auf jeden Fall dran. Das verstehst du doch, oder?«

Ich schaue sie perplex an, weiß nicht, was ich sagen soll. Ich brauche dringend frische Luft und gehe raus. Dort steht der Seniormanager des Unternehmens, der gerade für eine Fachzeitung fotografiert wird. Ich schließe die Augen, hole tief Luft, um mich zu beruhigen, und da höre ich nur noch, wie der Fotograf sagt: »Ach, das Bild sieht so aber öde aus, Herr Smid, stellen Sie sich doch mal neben die kleine Blonde, das macht direkt was her ...«

Das ist meine Coco-Geschichte, das ist der Tag, an dem ich mich wie ein ganz großer Loser gefühlt habe, ganz tief irgendwo da unten (wie ein Kaugummi auf der Straße oder eher noch wie ein Steinchen unter dem Kaugummi auf der Straße). Am liebsten hätte ich mich vor lauter Scham einfach in Luft aufgelöst.

Kennst du das Gefühl? Hast du auch so eine Coco-Geschichte?

Ich war sprachlos und habe die Situation, ja eigentlich den gesamten Tag, so über mich ergehen lassen. Nicht im Stande zu reagieren. Wie Bertolt Brecht gesagt hat: »Wer kämpft, kann verlieren. Wer nicht kämpft, hat schon verloren.« An dem Tag habe ich, so meinte ich, absolut verloren. Ich habe aber auch nichts entgegengesetzt, nicht gekämpft.

Zum Glück gab es meine liebe Freundin Monica, die ich auf dem Nachhauseweg anrief und die mich wieder aufgebaut und motiviert hat, nachdem meine Tränen getrocknet waren. In solchen Zeiten helfen Freunde enorm. Aber es gibt noch einiges mehr, das uns helfen kann. Hier kommen meine bewährten Loser-Pflaster:

2.6.9 Loser – Loser-Pflaster 1: Eine Frage der Betrachtung

Jede von uns kennt sicherlich eine Situation, in der sich das Upgrade sehr weit entfernt anfühlt. Wenn dein Kollege das Projekt bekommt, das du dir gewünscht hast. Wenn dein Kunde die Zusammenarbeit beendet. Wenn du deine Arbeit nicht pünktlich abrunden konntest und das schwerwiegende Konsequenzen mit sich bringt. Wenn ein Geschäftspartner dich vor allen Leuten in einem Meeting blamiert ...

Sei gewiss: Niemand ist ein Versager, es ist immer nur eine Frage der Betrachtungsweise. Zum Beispiel jetzt im Nachhinein, da weiß ich, dass a) Murphy's Law an diesem Tag mit voller Kraft zugeschlagen hat und dass b) der Direktor sich schämen sollte für sein unprofessionelles und degradierendes Verhalten – und nicht ich und dass c) ich lernen durfte, dass ich in Zukunft das eine oder andere selbst besser und professioneller angehen sollte, damit mir das nicht ein zweites Mal passiert.

2.6.10 Loser – Loser-Pflaster 2: Man lebt das Leben vorwärts

Kennst du das auch, dass du aus Fehlern, aus Rückschlägen im Nachhinein am meisten gelernt hast?

! **Aus Fehlern lernen**

Ich finde den Spruch: »Man lebt das Leben vorwärts und versteht es rückwärts!« hier ganz passend. Sofern wir gut reflektieren, können wir daraus lernen. Und meistens passiert einem dann das Gleiche nicht ein zweites Mal.

Vor einigen Jahren hatte ich mir einen ganz besonderen Posten gewünscht und ich war schon voller Vorfreude. Bis ich hörte, dass eine andere (tolle) Frau die Position erhalten hat. In dem Moment fühlte ich mich wie ein riesiger Loser. Heutzutage bin ich heilfroh, weil a) die Frau einen fantastischen Job macht und ehrlicherweise eine viel bessere Besetzung ist als ich und b) ich Zeit habe für andere Projekte, die mir jetzt viel wichtiger sind.

Manchmal ist es so, dass in traurigen Momenten, in denen du nicht das bekommst, was du gerne gehabt hättest, oder in denen du dich als Versager fühlst, es im Nachhinein das Beste ist, was dir hätte passieren können. Es braucht halt manchmal Zeit. Zeit zum Verarbeiten und Zeit zu reifen und zu verstehen.

SELBSTREFLEXION: DEINE LERNMOMENTE AUS LOSERMOMENTEN

Denke zurück an die weniger schönen Momente in deinem (Arbeits-)Leben. Kannst du für dich reflektieren, was du aus diesen Momenten gelernt hast? Gab es vielleicht sogar etwas Positives, das du aus diesen Erfahrungen mitnehmen konntest? Halte diese Lernmomente in deinem Upgrade-Journal für dich fest.

2.6.11 Loser – Loser-Pflaster 3: Steine im Weg als Stufe

Auf dem Jakobsweg bin ich Werner begegnet, 30 Minuten sind wir gemeinsam gelaufen und haben uns unterhalten und ich meine, es waren die inspirierendsten 30 Minuten der ganzen 430 Kilometer. An eine Sache erinnere ich mich noch wirklich sehr gut, er sagte: »Anouk, jedes Mal, wenn ich gefühlt einen Stein auf meinem Weg vor mich hingeschmissen bekommen habe, habe ich ihn als Stufe für meinen nächsten (Karriere-)Schritt nach oben genutzt. Und so bin ich hochgeklettert.« Daran denke ich sehr oft zurück. Dieses Bild nimmt einem gleich etwas Anspannung, wenn man an die Steine auf dem Weg vor sich denkt. Nutze sie und mache das Beste draus. Der Gedanke hilft dir vielleicht auch in schwierigen Situationen.

Das gilt an sich auch für den Moment, in dem du Kritik einstecken musst. Sieh die Kritik als eine Chance, hör sie dir an, schau, was du davon für dich mitnehmen kannst. Nutze die Kritik, um daran zu wachsen, es beim nächsten Mal, wenn notwendig, wenn machbar, besser zu machen.

Grundsätzlich gilt: Bleib dir treu! Auch wenn es mal nicht so funktioniert. Sieh diese schwierigen Momente, die Steine, als Chance, nicht als existenzielle Bedrohung. Wenn du nicht genau weißt, wie du mit einer schwierigen Situation umgehen sollst, dann nutze dein berufliches oder privates Netzwerk. Such dir einen Coach oder einen Sparringspartner.

2.6.12 Loser – Loser-Pflaster 4: Haltung bewahren

Es ist wichtig, auch in schwierigen Zeiten Haltung zu bewahren.

Ich habe vor einigen Jahren meinen »LEKKER anders«-Vortrag in den Niederlanden vor 300 Leuten gehalten, zum Thema Tourismus in Deutschland. Er zählte zu einem der Vorträge, denen ich eine Eins mit Sternchen geben würde. Alles waren mucksmäuschenstill und angetan … bis zu dem Moment, als der Moderator dem Publikum die Möglichkeit bot, mir Fragen zu stellen. Da saß leider ein Mann im Saal, einer unserer Konkurrenten, der mich und meine Expertise infrage stellte. Der mit anderen Zahlen und Fakten kam und meine Zahlen und Fakten laut anzweifelte.

Da ich als Vortragsrednerin zum Glück sehr geübt bin, habe ich professionell, sachlich und sogar noch charmant geantwortet. Aber ich habe auch so geantwortet, dass es danach kein weiteres Wort mehr darüber zu wechseln gab. Was ich nicht wusste: Eine Kamera war auf mich gerichtet und diese Aufnahme wurde im Nachhinein auch noch verbreitet. Kannst du dir vorstellen, wie es gewesen wäre, wenn ich meine Haltung nicht gewahrt hätte? Apropos Haltung:

! **Tipp**

Achte auch darauf, wie du in solchen Momenten stehst, sprichst und gehst. Nimm keine Opferhaltung ein, sondern steh da wie eine Siegerin, eine Heldin. Kopf hoch und Schultern nach hinten. Gerade Haltung und ein Lächeln im Gesicht.

2.6.13 Loser – Loser-Pflaster 5: Dein Mindset

Ich habe von einem jungen Mädchen gehört, das mit 15 Jahren im Schwimmverein seinen ersten großen Wettkampftag hatte. Die ganze Familie, inklusive Tanten, Onkel, Oma, Opa – alle für das Mädchen dabei. Als der Startschuss fällt, springt sie ins Becken und schwimmt und schwimmt und schwimmt … und kommt als Letzte ins Ziel. Wie sie sich gefühlt haben muss, kannst du dir sicherlich vorstellen. Alle Versuche der Familie, sie zu trösten, haben nicht geholfen. Ihre Oma aber hat sie am nächsten Tag zum Mittagessen eingeladen und mit ihr gesprochen.

Drei Wochen später war der nächste Wettkampf. Und ihre Familie wollte sie wieder unterstützen und motivieren. Darum waren sie auch alle wieder dabei. Als der Startschuss fällt, springt sie ins Becken und schwimmt und schwimmt und schwimmt. Als sie ins Ziel kommt und nach rechts und links schaut, kann sie niemanden entdecken. Zu ihrem großen Schreck und zur Freude ist sie tatsächlich als Erste ins Ziel gekommen! Der Schwimmlehrer kann es nicht fassen und fragt: »Was hast du gemacht? In den letzten drei Wochen hast du gar nicht richtig viel trainiert, wie hast du das jetzt geschafft?« Da antwortet sie: »Ich habe mir immer wieder einen motivierenden Spruch gesagt.« »Und was war das für ein Spruch?«, fragt der Trainer. Da sagt sie: »Wie meine Oma es mir gesagt hat: Winners never quit and quitters never win!« »Okay«, sagt der Trainer, »und das hast du vor drei Wochen nicht gemacht?« Da sagt das junge Mädchen: »Doch, aber da habe ich mir immer wieder einen anderen Spruch gesagt, nämlich: Lass mich nicht die Letzte sein, lass mich nicht die Letzte sein.«

Das Allerwichtigste ist positives Denken. Du kannst dir wie dieses junge Mädchen motivierende Worte, einen inspirierenden Spruch oder positive Affirmationen überlegen, die du dir immer wieder sagst in Momenten, in denen es schwer wird. Sprich dir gut zu!

Bau dich selbst mit positiven, motivierenden Gedanken auf. Denn unsere Gedanken können uns klein, aber eben auch groß machen. Es ist nur eine Frage des Mindsets!

Achtung – ein bekanntes Zitat besagt: !

Achte auf deine Gedanken, denn sie werden Worte.
Achte auf deine Worte, denn sie werden Handlungen.
Achte auf deine Handlungen, denn sie werden Gewohnheiten.
Achte auf deine Gewohnheiten, denn sie werden dein Charakter.
Achte auf deinen Charakter, denn er wird dein Schicksal.

2.6.14 Loser – Loser-Pflaster 6: Stopp!

Nimm keine Opferhaltung ein! Ich habe für mich die Stopp-Strategie gefunden, die ich in schwierigen Momenten nutze. Jedes Mal, wenn ich negativ denke oder fühle, sage ich laut (oder auch leise): Stopp! Und sofort denke ich an eine schöne Begebenheit. Immer an den gleichen Moment. Einen für mich ganz positiv besetzten, starken Moment. Das kann aber auch eine liebenswürdige Person an deiner Seite sein oder ein Vorbild, das du hast, oder aber ein Stückchen Fleck auf dieser Erde, aus der du viel Kraft und positive Gedanken schöpfen kannst.

2.6.15 Loser – Loser Pflaster 7: Weitermachen

Egal, wie sehr du dich als Verlierer fühlst, gib nicht auf und mach weiter! Marlene Dietrich hat mal gesagt: »Wenn ich mein Leben noch einmal leben könnte, würde ich die gleichen Fehler machen. Aber ein bisschen früher, damit ich mehr davon habe.«

Halte also vor allem durch, gib nicht auf, wenn es mal nicht so läuft und denke dabei unter anderem an J. K. Rowling, die als alleinerziehende Mutter, abhängig von Sozialhilfe und mit Depressionen an ihrem Buch schrieb, das später zwölfmal von Verlagen abgelehnt wurde, bevor »Harry Potter« zu einem Welterfolg wurde und sie zur gefeierten Schriftstellerin und Millionärin machte.

Auch ist es so, dass manchmal aus Fehlern etwas ganz Tolles bzw. etwas Erfolgreiches wird … Aber auch dafür braucht es Zeit. Bekannte Beispiele hierfür sind vor allem das Penicillin, das Post-it, aber auch der Tesafilm, der Teebeutel, Eis am Stiel und Viagra.

Für mich kann es keinen besseren Abschluss geben zum Anouk-Index-Member Laster & Loser als die Worte des früheren US-Präsidenten Theodore Roosevelt aus dem Jahr 1910 (vor 110 Jahren!):

! **Auszug aus einer Rede von Theodore Roosevelt (1910)**

»Nicht der Kritiker zählt; nicht derjenige, der darauf aufmerksam macht, wie der Starke fällt oder wo der, der anpackt, es besser hätte machen können. Die Anerkennung gebührt dem, der tatsächlich in der Arena steht, dessen Gesicht staubig und verschwitzt und voller Blut ist; der sich wacker bemüht; der sich irrt, der wieder und wieder scheitert, weil es kein Bemühen ohne Fehler und Schwächen gibt; aber der sich tatsächlich bemüht, Taten zu vollbringen; der großartige Begeisterung, großartige Hingabe kennt; der seine Kraft auf eine ehrenwerte Sache verwendet; der im besten Falle am Ende den Triumph einer großen Leistung kennt und der, im schlimmsten Falle, sollte er scheitern, zumindest bei einem kühnen Versuch scheitert, sodass sein Platz nie bei den kalten und furchtsamen Seelen ist, die weder Sieg noch Niederlage kennen.«

2.7 Anouk-Index-Member: Lack & Leder

Ich habe den Begriff »Lack & Leder« bewusst provokant gewählt. Man sieht sofort die Domina vor sich, mit hohen Hacken, mit der Peitsche in der Hand und gnadenlos abfälligem Blick. Natürlich meine ich nicht, dass du im Büro zu einem Menschen mutieren sollst, vor dem alle kuschen. Es geht nicht darum, verächtlich mit anderen umzugehen, zynisch zu sein oder herablassend.

Lack & Leder

Was ich meine, ist: Wer immer nur gefallen will, stellt seine eigenen Bedürfnisse zurück. Je mehr Kontur wir zeigen, desto wertschätzender werden wir behandelt. Nein sagen können, Kontra geben, Dinge einfordern, für seine Meinung einstehen – auch das gehört zu einer selbstsicheren Persönlichkeit und hilft beim Ego-Upgrade. Sei nicht so, wie andere dich gerne hätten, sondern sei du selbst. Verlasse dich auf dein Gefühl, wenn es dir sagt: Hier stimmt etwas nicht, das läuft für mich schief. Wehre dich, scheue die Konfrontation nicht und fordere ein, was dir wichtig ist. dein Mut wird sich auszahlen. Sei streitbar, beziehe Stellung und bewahre dir immer deinen eigenen Kopf. Das bringt dir jede Menge Respekt ein.

2.7.1 Lack – »Keep your head, heels and standards high«

Fällt es dir schwer, Kollegen einen Wunsch abzuschlagen? Nein zu einem Kunden zu sagen? Pflegst du Kontakte zu Menschen, mit denen du eigentlich nicht zusammenarbeiten willst, schaffst es aber nicht, klar zu sagen: Es passt (leider) nicht. Bist du so liebenswürdig und nett, dass dein komplettes Umfeld sich von dir verstanden fühlt? Schön! Aber es ist nicht immer gut, sich zu sehr zurückzunehmen. Wer sich immer anpasst, wird leicht übersehen.

Daher noch mal kurz zurück zu meiner Coco-Story: Weißt du, es wird immer Menschen in der Arbeitswelt geben (im Privatleben auch), die uns behandeln, als wären wir klein. Die versuchen, uns zu manipulieren, zu verunsichern, die einfach nicht nett sind. Kennst du diese Menschen auch? Ich sage dir: Diese Menschen braucht niemand. Wir brauchen Leute, die mit uns gehen, Seite an Seite, das Ziel im Blick. Ich habe an meinem Coco-Tag viel darüber gelernt.

Ich stand auf dem Heimweg nämlich noch lange im Stau, da hatte ich Zeit nachzudenken und zu reflektieren. Und da habe ich mir geschworen: Anouk, so wort- und tatenlos wirst du nie mehr dastehen! Ich musste an Coco denken. Coco Chanel. Ich verehre diese Frau für das, was sie erreicht hat, trotz schwieriger Kindheit und Armut. Sie hat mal gesagt: »Keep your head, heals and standards high.« Und: »If you're sad, add more lipstick and attack!« Genau. Es wird immer Möglichkeiten geben, den Widerständen des Lebens entgegenzutreten. Sei es, dass du dich umdrehst und gehst, Kontra gibst, Nein sagst oder auch erst im Nachhinein Stellung beziehst und für dich einstehst, wenn dir in der akuten Situation schlicht die passenden Worte gefehlt haben oder dich der Mut verlassen hat. Ich habe im Laufe der Zeit an meinem Auftreten gearbeitet, meiner Haltung, meiner Stimmfestigkeit, aber auch an meinem Kleidungsstil und meiner Bühnenpräsenz.

2.7.2 Lack – noch mal von vorne

Zwei Jahre später bekam ich die Chance, erneut zu üben. Ich hatte mich entschieden, ein Abendstudium zur strategischen Marketingexpertin zu absolvieren. Die Ausbildung haben nur etwa 1.500 Menschen in den Niederlanden. Manchmal ist es gut, ein Ziel zu haben, aber vorher nicht zu wissen, wie schwer der Weg ist. An der schriftlichen Prüfung haben 100 Personen teilgenommen, 30 haben es geschafft. Und von denen haben schließlich fünf kurz danach ihre Diplomarbeit rechtzeitig abgegeben. Ich war mächtig stolz, denn ich war eine von ihnen.

Einige Wochen später sitze ich im Auto auf dem Weg zu meiner mündlichen Prüfung, höre Musik und singe gut gelaunt die folgende Textzeile laut mit: »Perfect preparation prevents poor performance«. Ich bin überzeugt: Ich habe eine super Präsentation vorbereitet. Ich sehe den Erfolg praktisch schon vor mir. Doch als ich in diesen kleinen Raum komme, sitzen da zwei Prüfer, stocksteif, keine Emotionen, keine Freundlichkeit. Sie sagen mir: »15 Minuten hast du Zeit, die Zeit läuft ab jetzt«. Ich bin etwas irritiert über die Kälte, aber fange voller Begeisterung mit meiner Präsentation an, mit einem emotionalen Kurzfilm von eineinhalb Minuten. Ich habe auch heute noch immer Gänsehaut, wenn ich ihn sehe. Ich schaue die Prüfer mit großen Augen an und warte auf eine Reaktion.

Bei denen passiert aber sichtlich nichts, stattdessen ruft die Prüferin: »Mach diesen Film aus und fang endlich mit deiner Präsentation an!« Ich schaue sie an, atme kurz ein und sage resolut: »Nein. Der Film gehört zu meiner Präsentation dazu! Bitte schauen Sie ihn an, es wird einen Sinn machen und nicht mehr lange dauern.« Und weißt du was? Ich bin mit einer Eins aus der Prüfung gegangen. Ich habe die Prüfer absolut überzeugt und mein Nein hat dabei geholfen. Für mich war es toll, für mich einzustehen und die Fähigkeit zu haben, Kontra geben zu können. Den Mut zu haben, Dinge durchzusetzen. Bei sich zu bleiben.

2.7.3 Lack – Stress mit Kollegen

In meiner beruflichen Karriere wurde ich zweimal geärgert oder neudeutsch: gemobbt. Wenn du die Karriereleiter hochkletterst, sieht nicht jeder das mit Freude. Da gibt es Kollegen, die kein Verständnis dafür haben, da gibt es Neider. Das ist nicht immer lustig, die Nachwirkungen auf das berufliche Umfeld zu spüren. Aber da gibt es auch Momente und Situationen, in denen du selbst vielleicht nicht richtig reagierst. Verhaltensweisen, die nicht zu einem kollegialen Verhältnis beitragen. So oder so, denn es gibt ja immer zwei Seiten, kann das Arbeitsklima ungemütlich werden.

Als mir das erstmals passierte, war ich noch relativ jung, 27 Jahre alt. Ich wusste gar nichts damit anzufangen, dass meine Kollegen zwei Wochen lang so gut wie nicht mehr mit mir sprachen. Ich habe dann ein Seminar besucht für Nachwuchsführungskräfte, habe Tipps bekommen zu meiner Haltung und meinem Umgang mit den Kollegen und bin irgendwie durch die Zeit gekommen, bis es wieder ein wenig Normalität gab.

Einige Jahre später hatte ich eine vergleichbare Situation mit Kollegen. Da wollte ich es besser machen, nicht so darunter leiden und zugleich verstehen, was da gerade passiert, andererseits lernen, was ich vielleicht gerade selbst falsch mache. Aber ich wollte auch deutlich machen, dass ich so nicht behandelt werden möchte. Was habe ich gemacht? Ich habe jeden Einzelnen in einem persönlichen Gespräch darauf angesprochen: Was ist passiert? Warum verhältst du dich so? Habe ich in deinen Augen etwas falsch gemacht und wenn ja, was denn? Und ich habe auch beschrieben, was das Verhalten mit mir macht, welche Auswirkung es auf mich hat.

Daraufhin entstanden fünf sehr interessante Gespräche, von Angesicht zu Angesicht, von Mensch zu Mensch. Wir haben uns ausgetauscht, Meinungen und Gefühle wiedergegeben und dabei habe ich zum Beispiel lernen dürfen, dass ich mich in bestimmten Situationen anders bzw. besser verhalten könnte, damit weniger Abwehr entsteht. Meine Kollegen haben verstanden, was ihr Verhalten für eine Auswirkung auf mich hat und wo sie noch lernen können, sich professioneller zu verhalten.

War das einfach? Einerseits nein, es kostete Überwindung und war erst einmal unangenehm. Aber es war natürlich auch spannend, diese Gespräche anzugehen und nicht zu wissen, was dabei herauskommt. Offen zu sein für den anderen, seine Meinung, seine Gefühle und auch meine Gefühle zu zeigen. Andererseits war es toll, denn ich fühlte mich sehr erwachsen, selbstbewusst und verantwortungsbewusst in meinem Verhalten. Außerdem hat mich das meinen Kollegen nähergebracht und wir haben mehr Verständnis füreinander entwickelt. Und letztlich war die Arbeitsstimmung danach auch wieder besser. Also war es gut so. Gut, der Konfrontation nicht aus dem Weg zu gehen, sondern sie zu suchen und erwachsen/professionell und mit Respekt das Gespräch anzugehen. Das ist auch was ich mit »Lack« meine: ungemütlichen Situationen ins Auge zu blicken, sei es mit Kollegen, Vorgesetzten, Kunden, Geschäftspartnern, Mitarbeitern …

Tipp: Fake it till you make it !

Und wenn du das am Anfang noch nicht kannst, mein Tipp: »Fake it till you make it.« Spüre, was du brauchst und willst, und lerne Dinge einzufordern, auf dich selbst zu achten, ohne darüber nachzudenken, was andere von dir denken könnten und wie das, was du sagt, bei deinem Umfeld ankommt.

2.7.4 Lack – Nein

Paulo Coelho hat mal gesagt: »Wenn du Ja zum anderen sagst, pass auf, dass du nicht Nein zu dir sagst.« Oft trauen wir uns nicht, Nein zum anderen zu sagen, aus Angst vor Ablehnung, vor Konsequenzen oder davor, etwas zu verpassen. Und denkst du auch manchmal, es sei deine Verantwortung, dieses oder jenes zu tun? Oder es macht sich das Helfersyndrom in dir breit? Oder es schmeichelt dir, dass du für eine bestimmte Sache angefragt wirst, auch wenn du eigentlich gar keine Zeit dafür hast?

Wie sagst du Nein zu anderen? Wie kannst du ein wenig mehr »Lack« in dein Berufsleben integrieren? Das »Ja« kommt uns meistens schneller über die Lippen, als wir wollen. Daher wäre mein Nein-Tipp: Lege dir eine Art (gedankliche) Entscheidungscheckliste an mit den folgenden Fragen:

- Was genau sollst du machen?
- Wer bittet dich um diesen Gefallen?
- Wem hilft das auf lange Sicht?
- Deckt sich die Bitte mit deinen Werten und Zielen?
- Hast du gerade genug Zeit, Kraft und Energie dafür?
- Ist das im Sinne deines Arbeitgebers?
- Ist das in deinem Sinne?

Und sobald dich demnächst jemand um einen Gefallen bittet, dann erbitte dir Bedenkzeit, sage, dass du in einer Stunde, am nächsten Tag, in der kommenden Woche darauf zurückkommst. Abhängig vom Ergebnis deiner Entscheidungscheckliste kannst du dann antworten – nachdem du dich in Ruhe für ein Ja oder eben ein Nein entschieden hast.

Und wenn du dann Nein sagen willst, dann kannst du das machen, indem du eventuell eine Alternative anbietest oder deutlich machst, was die Folgen für dich wären. Dein Nein kann aber auch ganz ohne Begründung erfolgen. Du kannst dich da ganz kurzfassen und das Wichtigste ist: Konsequent bleiben! Denn wer Nein sagt, gewinnt an Freiheit und mentaler Stärke.

SELBSTREFLEXION: NEINSAGEN

Übe dich schon mal im Neinsagen und notiere dir deine drei Lieblingssätze, die du demnächst verwendest, wenn du einfach mal »Nein« sagen willst.

Neinsagen

Barbara Beispiel sagt übrigens Folgendes:

NEIN-SAGEN

1 Das ist sehr lieb, aber Nein danke.

2 Ich habe einfach zu viel zu tun, um das richtig gut machen zu können. Daher sei mir nicht böse, wenn ich Nein sage.

3 Ich denke eher nein, aber werde noch mal drüber nachdenken. Sollte ich das morgen anders sehen, melde ich mich noch mal.

Barbara Beispiels Nein-Sätze

2.7.5 Lack – fordere ein!

Also traue dich, Nein zu sagen, Kontra zu geben und das, was du willst, einzufordern und deine aufrichtige Meinung zu sagen. Du willst eine Gehaltserhöhung? Fordere sie ein! Dir soll ein Projekt zugesprochen werden? Fordere es ein! Bei einem Meeting bist du anderer Meinung? Sprich es an! Setz dich durch, grenz dich ab. Halte auch mal eine Pause aus und sage nichts, das macht Eindruck.

Wirke ruhig ein wenig arrogant. Es ist nicht sinnvoll, immer nur nett zu sein. Zumal es nicht authentisch ist. Niemand wird es dir übel nehmen, wenn du aufhörst, dich den Wünschen der anderen anzupassen. Im Gegenteil: Ecken und Kanten machen uns interessant, sie gehören zu unserer Persönlichkeit. Versuch doch mal, Konturen zu zeigen. Klar zu sagen, was dir nicht passt. Du wirst sehen, die Welt geht nicht unter. Vielmehr wird ein anderer Effekt einsetzen: Man wird dich mit Respekt behandeln und ernst nehmen. Mehr dazu beim Upgrade-Index-Member: Leder.

2.7.6 Leder – eine zähe Angelegenheit

Leder kann zäh sein. Andere Menschen manchmal auch. Wie Leute aus deinem Umfeld, wie Kollegen, Vorgesetzte, Geschäftspartner, Kunden oder Mitarbeiter. Kennst du das, wenn schwierige Gespräche bevorstehen, du verhandeln musst mit einem zähen Geschäftspartner? Du Schwierigkeiten hast mit einem Kollegen und dich im Gespräch durchsetzen musst, damit dir zum Beispiel das Projekt zugesprochen wird? Du einen Mitarbeiter hast, der dich verbal attackiert und du souverän aus dem Gespräch kommen möchtest, sowohl für ihn, als auch für dich?

2.7.7 Leder – der Kommunikationskreisverkehr

Kommunikation ist meines Erachtens das A und O im Job. Kommunikation im weitesten Sinne, sei es, dass es um das Verhandeln und Durchsetzen geht, aber auch um die Schlagfertigkeit und/oder ums Feedback-Geben. Mit Kommunikation kannst du die schwierigsten Leute zähmen – oder aber für dich gewinnen.

Stell dir vor, dass du in der Mitte eines »Kommunikationskreisverkehrs« stehst. Es gibt verschiedene Richtungen und du kannst nicht alle gleichzeitig nehmen. Mal musst du die erste Abzweigung nehmen, mal die dritte, und wenn es gar nicht anders geht, fährst du eben einmal im Kreis herum und kommst wieder zurück.

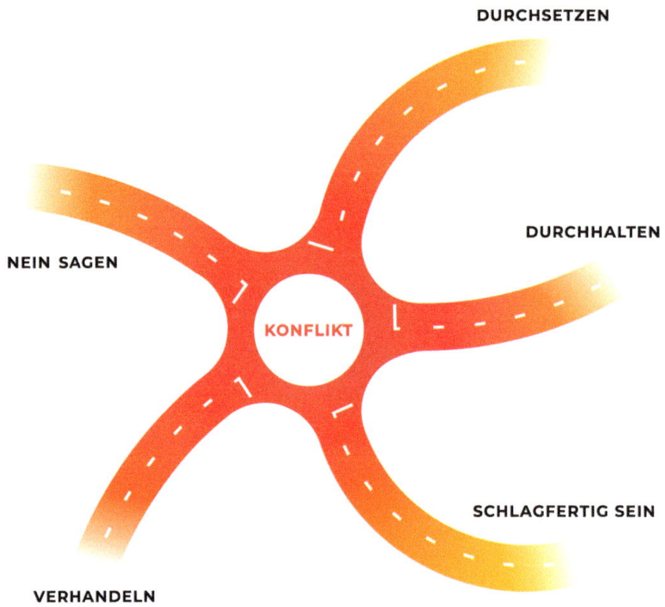

Kommunikationskreisverkehr

Jede Ausfahrt steht für ein anderes Verhalten, eine andere Art der Kommunikation. Hier im Buch spreche ich kurz fünf Varianten an, die dich im Job in Konfliktsituationen weiterbringen, selbstbewusst und souverän aufzutreten – je nachdem, was die Situation verlangt:

1. Nein sagen (siehe Kapitel 2.7.4)
2. Dranbleiben
3. Durchsetzen
4. Verhandeln
5. Schlagfertig sein

2.7.8 Leder – dranbleiben

Mit 23 Jahren hatte ich meinen Bachelor beendet und nach einer kurzen Suche habe ich mich begeistert für eine Masterausbildung eingeschrieben, die in vier Ländern stattfinden sollte und daher auch nicht gerade günstig war. Es hieß, ich hätte vielleicht die Chance auf ein Stipendium von einer Bank, weil ich einen sehr guten Notendurchschnitt hatte. Um das Stipendium beantragen zu können, musste mir das Sekretariat ein Formular geben. Als ich dort mit meinem Anliegen ankam, sagte die Dame, ich käme dafür nicht infrage, es täte ihr leid. Sie schickte mich weg.

Ich wollte das in dem Moment nicht wahrhaben. Anstatt aufzugeben, habe ich einen Tag später bei einer anderen Kollegin nochmals nachgefragt. Die sagte wieder, ich käme für die Förderung nicht infrage, allerdings etwas freundlicher. Ich konnte sie davon überzeugen, das nochmals für mich zu prüfen und bitte bei der Bank anzurufen. Das tat sie – und siehe da, ich hatte ein Recht darauf, mich für das Stipendium zu bewerben. Ich bekam das Antragsformular. Das Resultat? Ich habe das Stipendium, die damals 15.000 Gulden, zugesprochen bekommen. Dadurch konnte ich das Masterprogramm in vier Ländern erfolgreich abschließen.

Es gibt also auch Situationen, in denen du auf eine wichtige Frage (sofort) ein Nein bekommst. Berechtigterweise oder nicht. Gib dann nicht gleich auf! Mach dich nicht klein. Geh dann nicht weg und sei traurig. Akzeptiere es einfach erst einmal nicht. Bleib dran! Gib dich nicht zufrieden mit einem ersten Nein, sondern hake nach, frag weiter, mach weiter, damit du letztlich auch dein Ja bekommst. Auch hier gilt mein Lebensmotto: Das Nein hast du, das Ja kannst du bekommen!

2.7.9 Leder – durchsetzen

So, du bist einen Schritt weiter und hast also nun diesen zähen Gesprächspartner und dir fehlt es an »Lack & Leder«. Dann ist die Chance groß, dass du übersehen wirst, überhört wirst, respektlos behandelt wirst, für andere Ziele und von anderen Menschen eingespannt wirst, du nicht seriös wirkst und an Glaubwürdigkeit verlierst. Keine sonnigen Aussichten, kommt aber oft vor im Berufsalltag. Vor allem, wenn du (anfänglich) kein Durchsetzungsvermögen hast.

Wichtig: Durchsetzungsvermögen !

Durchsetzungsvermögen ist die Fähigkeit, die eigene Meinung, Vorstellung oder Idee gegen Widerstände zu verteidigen, um ein bestimmtes Ziel zu erreichen.

Das gilt sowohl in Bezug auf deine Kollegen und Mitarbeiter, aber auch für Kunden, Vorgesetzte und Geschäftspartner. Bei gutem Durchsetzungsvermögen im Berufsalltag schaffst du es, deine Fähigkeiten und Kompetenzen in das Unternehmen einzubringen, um beruflichen Erfolg und auch innere Zufriedenheit zu erzielen.

Kleine Anmerkung am Rande: Mein Kollege Cees hat mich früher mal »kleiner Pitbull« genannt, weil ich nicht lockergelassen habe in Gesprächen. Daher ist der Spruch: »Choose your battles wisely« für mich immer eine gute Erinnerung daran, dass wir uns nicht immer und überall durchsetzen und reinbeißen müssen. Manchmal kann Nachgeben auch eine kluge Entscheidung sein. Manchmal aber eben auch nicht.

2.7.10 Leder – Top-5-Pitbull-Punkte

Es gibt zahllose Möglichkeiten, sich durchzusetzen. Auch hierüber gibt es ganze Bücher. Meine Top-5-Pitbull-Punkte sind:

1. Vorbereitung ist das A und O, wobei du unter anderem deine Ziele und auch deine Argumente formulieren solltest. Und mach dich schlau, denn Wissen ist Macht.
2. Sei dir deiner Stärken, Fähigkeiten und Kompetenzen bewusst, geh gestärkt ins Gespräch. Zeige das auch anhand deiner aufrechten Körperhaltung.
3. Überzeuge mit vernünftigen Argumenten und im richtigen Ton. Komm zum Punkt, kommuniziere klar und strukturiert. Nutze dabei auch die Einwände des anderen, greife sie auf und entkräfte sie.
4. Bleib dir und deinen Ansichten treu und sage Nein, wenn etwas gegen deine Werte und gegen deine Ideale verstößt. Du hast das Recht auf eine eigene Meinung!
5. Geh vom Positiven aus, denke in Win-win-Lösungen, höre zu und nimm deinem Gegenüber nie seine Würde. Jeder sollte ohne Gesichtsverlust aus einem Gespräch/einem Disput herauskommen können. Das halte ich für überaus wichtig. Denn auch die (Geschäfts-)Beziehung geht meistens weiter.

Du hast unterschiedliche Möglichkeiten, dich in einem Gespräch durchzusetzen. Zu den legitimen Pitbull-Strategien gehören:

- Argumente und Begründungen höflich zu formulieren
- bei einer Weigerung Nachteile in Aussicht zu stellen
- an das Pflichtgefühl des anderen zu appellieren
- dem anderen zu schmeicheln und ihn zu loben
- hartnäckig deine Aufforderungen zu wiederholen
- ganz klar deine Ziele zu benennen
- Kompromisse vorzuschlagen
- Enthusiasmus beim Gegenüber zu wecken
- Vorteile in Aussicht zu stellen
- mehr zu verlangen, als du eigentlich willst

- auf die Mitleidstour zu kommen
- den anderen einzuschüchtern
- wenn gar nichts mehr geht: eine dritte Person zur Mediation hinzuziehen

Was mein Kollege Wouter und ich mal in einer wirklichen Extremsituation gemacht haben, als wir uns mit unserem Gegenüber nicht einig werden und auch unsere Ziele nicht durchsetzen konnten: Wir haben gesagt, dass wir kurz den Raum verlassen werden. Wir sind dann raus, haben uns einen Kaffee geholt und gemeinsam eine Strategie überlegt. Als wir erst nach zehn Minuten wieder zurückkamen, war die Gegenpartei beeindruckt, aber von unserer Aktion auch ein wenig eingeschüchtert. Wouter und ich hatten zudem in den zehn Minuten einen guten Plan besprochen – so konnte das schwierige Gespräch nach einer halben Stunde dann auch zu unseren Gunsten beendet werden.

Und so kommen wir schon zur dritten Ausfahrt im Kommunikationskreisverkehr, nämlich dem Verhandeln.

2.7.11 Leder – Verhandeln

Verhandeln ist eine Kunst für sich. Es gibt ganz unterschiedliche Strategien – faire, unfaire, rationale, intuitive, weiche, harte ... Gut verhandeln wird dann interessant, wenn du auf eine wirklich zähe Person triffst und es schwierig wird. Ich musste mal mit einem internationalen Konzern verhandeln. Mit zwei Männern, die durch und durch Sales-Manager waren. Zwei Geschäftspartner, denen du schon an der Haltung ansehen konntest, dass sie alles am liebsten für nichts haben wollten. Eine harte Nuss, ein zähes Verhandeln, das war mir sofort klar. Ich hatte sehr viel Zeit in die Vorbereitung gesteckt.

2.7.12 Leder – Vorbereitung ist key

Bevor du überhaupt mit dem Verhandeln anfängst, solltest du dich wirklich gut vorbereitet haben. Denn auch hier gilt: »Perfect preparation prevents poor performance« – eine gute Analyse deiner Situation und der Situation deines Gegenübers also. Angefangen mit der Frage: Was ist überhaupt der Konfliktstoff, worum geht es? Vorab solltest du außerdem klar im Blick haben, was dein Ziel ist und wo dein Verhandlungsspielraum liegt, also was deine absolute Unter- und/oder Obergrenze wäre. Analysiere die möglichen Ziele deines Gegenübers und welchen Verhandlungsspielraum er wohl für sich definiert hat. Verdeutliche dir, welche Stärken du in dieser Verhandlung hast – und welche dein »Gegner« vermutlich hat. Dasselbe gilt für deine und seine schwachen Punkte. Sag mehrmals laut, was deine Ziele sind, und überlege dir vorab die richtigen Formulierungen. Übe im Spiegel, zum Beispiel was du einfordern willst. Sprich laut und deutlich mit deinem Spiegelbild!

2.7.13 Leder – Win-win- und Win-lose-Situationen

Vor der Verhandlung mit den beiden Sales-Managern des internationalen Konzerns hatte ich mir überlegt, welche Strategie ich wählen möchte. Ich hatte mich entschlossen, selbst die kooperative, integrative Strategie im Gespräch umzusetzen, die nach Lösungen der Probleme in Form einer Kooperation sucht, um so eine Win-win-Lösung zu finden. Dabei bin ich von einem einheitlichen Ziel ausgegangen, das wir als die eine Partei und der Geschäftspartner als die andere Partei erzielen wollten.

Es gibt noch zwei andere Strategien, die aber in diesem Gespräch für mich nicht relevant waren, aber sicherlich hier von Bedeutung sind:

- Die kompromissbereite Verhandlungsstrategie sucht, wie der Name es schon sagt, nach Kompromissen auf beiden Seiten. Nach dem Mittelweg sozusagen. Dabei akzeptierst du, dass es unterschiedliche Ziele gibt, und versuchst, diese in Form von Kompromissen irgendwie näher zueinander zu bringen.
- Bei der kompetitiven Strategie siehst du dein Gegenüber als Gegner und bist dabei alles andere als auf Harmonie eingestimmt. Hier versuchst du, mit ihm zu konkurrieren, du suchst die Konfrontation – mit einem Win-lose-Ergebnis vor Augen.

2.7.14 Leder – Verhandlungshelfer

Was hat mir damals geholfen, die Verhandlung ganz nach meinem Gusto und dennoch zur Zufriedenheit des Geschäftspartners abzuschließen?

- Wichtig ist, nicht gleich am Anfang einzufordern, was du als Endziel erreichen willst.
- Höre deinem Gegenüber (wirklich) zu und versuche, den anderen auch (wirklich) zu verstehen.
- Je nach Lage und Situation, fang vielleicht mit Small-Talk an.
- Wenn möglich: Bezwinge Antipathiegefühle, statt dich in sie hineinzusteigern.
- Beharre nicht auf deinem Standpunkt.
- Reagiere nicht aus einem Affekt heraus mit Zynismus, nur weil du gerade Angst oder Wut aufkommen fühlst. Wenn dem so sein sollte, formuliere deine Wut.
- Lass den anderen ausreden, werde nicht auf einmal laut und fang auch nicht an, schneller oder mit höherer Stimme als sonst zu sprechen, sondern kontrolliere deinen Ton.
- Gehe vom Guten im Menschen aus und vertraue deinem Gegenüber.
- Nimm das Gespräch nicht zu persönlich und fühle dich nicht direkt angegriffen, vermute auch nicht gleich eine verbale Attacke hinter dem Gesagten.
- Zeige dem anderen, dass du ihn verstehen willst.

Wenn du das beherzigst, wirst du auch den hartnäckigsten Verhandlungspartner entwaffnen.

2.7.15 Leder – schlagfertig sein

Wenn dein Gegenüber nicht so freundlich ist und nicht nur zäh, sondern auch frech, darfst du natürlich auch frecher sein und deine Courage und Unabhängigkeit zeigen, vielleicht in Form von Schlagfertigkeit. Schlagfertigkeit ist die Kunst, in unschönen, unangenehmen und schwierigen Situationen spontan zu kontern, den Wind aus den Segeln des anderen zu nehmen. Ich meine damit nicht, den anderen wirklich zu beleidigen, verbal zurückzuschlagen, ich meine kein Wortduell. Denn auch in solchen Situationen solltest du Haltung bewahren.

Tipp: Schlagfertigkeit !

Wichtig sind meines Erachtens beim Thema Schlagfertigkeit drei Fähigkeiten:

1. Den Humor nicht verlieren (dann machen Punkt 2 und 3 auch mehr Spaß). Die Fähigkeit zu haben, den vorangegangenen Angriff nicht persönlich zu nehmen, sondern eben mit Humor.
2. Den Mut haben, in die Gegenwehr zu gehen, zu kontern. Auch mal frech sein und nicht nur die Liebe spielen. Mutig zu sein wird dich auf Dauer noch couragierter auftreten lassen.
3. In Stresssituationen sich selbst treu bleiben, integer sein und schnell gute Argumente finden.

Es gibt ganz unterschiedliche Möglichkeiten, schlagfertig zu sein, hier nur drei Beispiele:

Schlagfertigkeit, die Erste

Während eines Projekt-Updates sagte mal ein Kollege zu mir: »Das ist ja jetzt ein ziemlich überflüssiges Update. Das hat mich nur unnötige Zeit gekostet.« Mir fiel natürlich in dem Moment nichts Schlaues ein. Kennst du das, wenn du erst am Abend bzw. nachts die Antwort parat hast? Ich hatte an dem Abend ein Schlagfertigkeitsbuch gelesen und von der Komplimentmethode gehört. Da konterst du mit einem der folgenden Komplimente: »Schön, dass du es ›Update‹ nennst!«. Je nach Situation gehen auch Komplimente wie: »Vielen Dank für die Lebenshilfe.« »Wirklich schön gesagt, könntest du das noch mal wiederholen?« Oder: »Ich bin schwer beeindruckt.« »Ein guter Einwurf, darf ich den notieren?« »Großes Kompliment, diese witzige Anmerkung hätte ich dir gar nicht zugetraut.« Solche Anmerkungen können den Angreifer schachmatt setzen. Wenn du sie öfter durchliest und dir merkst, weißt du beim nächsten Mal zu parieren!

Schlagfertigkeit, die Zweite

In Moskau auf einer Messe wurde ich mal von einer Geschäftspartnerin verbal angegriffen. Sie hat mich wutentbrannt angeschrien und wollte Streit. Manchmal ist es dann gut, einfach nicht dem Wunsch des Aggressors zu entsprechen und eben nicht mit dem nächsten Konter zu kommen. Sondern einfach ganz ruhig eine Gegenfrage zu stellen. Das hilft in beruflichen Situationen, so wie damals bei mir auch. In Situationen, in denen du vor allem wieder die Sachebene betonen willst und nicht auf die provozierende Art eingehen willst.

Gegenfragen können entgiften. Stelle eine (strategisch) kluge Gegenfrage, sobald dein Gegenüber seinen Angriff, seine provokante Äußerung beendet hat. Das können auch ganz simple und offene Fragen sein: »Worauf wollen Sie konkret hinaus?« oder »Was verstehen Sie unter ...?«. Diese subtilere Art der Schlagfertigkeit ist im Berufsleben hilfreich. Und auch das kann dein Gegenüber, sollte dir das ein wenig Genugtuung verschaffen, irgendwie ärgern.

Schlagfertigkeit, die Dritte

Ein wahrer Meister auf dem Gebiet der Schlagfertigkeit war Winston Churchill. Bei einem Verbalangriff hat er immer super pariert. Man sagt sogar, dass er vorab einige Leute gebeten hat, ihn mit einem bestimmten Vorwurf zu unterbrechen, sodass er seine Schlagfertigkeit unter Beweis stellen konnte. Nicht ganz so fein, aber wirklich schlagfertig war er in folgender Szene, die sich ergeben haben soll:

BEISPIEL: WINSTON CHURCHILL, DER SCHLAGFERTIGKEITSEXPERTE

Die britische Unterhaus-Abgeordnete Nancy Astor, eine Frauenrechtlerin, machte aus ihrer Abneigung gegen Churchill keinen Hehl. »Winston, wenn ich deine Frau wäre, würde ich Gift in deinen Kaffee schütten«, fuhr sie den britischen Staatsmann einmal an. Der entgegnete ungerührt: »Nancy, wenn ich dein Mann wäre, würde ich es trinken.« Daraufhin konterte sie sofort: »Winston, du bist ja völlig betrunken.« Und auch darauf hatte Churchill eine weitere Attacke: »Der Unterschied zwischen dir und mir ist: Wenn ich morgen aufwache, bin ich wieder nüchtern. Du bist aber immer noch hässlich!«

Mir wäre so ein Spruch sicherlich nicht eingefallen. Und wenn, dann überhaupt erst Wochen später. Churchill war trainiert, er konnte sofort parieren.

Diese dritte Schlagfertigkeitsmethode läuft unter dem Motto: Umkehren! Du drehst den Spieß um. Diese Methode hat zwar großen Unterhaltungswert, doch kannst du dir damit leicht Feinde schaffen. Rechne bei dieser Technik also mit einer saftigen Retourkutsche ...

SELBSTREFLEXION: DEINE LIEBLINGSSPRÜCHE

Wie lauten deine drei schlagfertigsten Lieblingssprüche? Mit welchen Sprüchen kannst du gemäß der Kommunikationskreuzung demnächst easy und souverän kontern, wenn die Situation es erfordert? Unter dem folgenden Link kannst du deine eigenen Lieblingssprüche eintragen.

Deine Lieblingssprüche

Schau hier, welche drei Sätze Barbara Beispiel für sich notiert hat:

3 LIEBLINGSSPRÜCHE ZUR SCHLAGFERTIGKEIT

1 Das habe ich nicht verstanden.
Was wollen Sie mir damit sagen?

2 Behaupten kann das jeder.
Oder: Das ist Ihre Meinung!

3 Können Sie das auch rückwärts sagen?

Barbara Beispiels Lieblingssprüche

2.7.16 Leder – Übung macht den Meister

Was allgemein auch immer hilft, ist schweigen und das Gegenüber dabei fest anschauen. Die Stille sitzt auch. Und ein Allgemeinsatz, der oft geht: »Willst du Teil der Lösung sein oder Teil des Problems?« Oder einfach nur »Soso«. Es gibt Hunderte Methoden, schau sie dir in Büchern oder auf den dazugehörigen Webseiten an, übe, und du wirst sehen, es ist gar nicht so schwer. Mein Tipp: Übe mit deinem Freund, deinem Mann, deinen Geschwistern, Freunden oder Eltern die unterschiedlichen Schlagfertigkeitstechniken. Dabei wird es viel zu lachen geben. Es macht Spaß und es trainiert dich für den Ernstfall.

BEISPIEL: SCHLAGFERTIG SEIN

Mein Lieblingsbeispiel, das ich von einer Trainerin im Bereich Schlagfertigkeit gehört habe, ist die folgende Begebenheit: Eine Stewardess schiebt den Getränkewagen im Flieger vorwärts und stößt dabei relativ hart mit dem Vorderrad an die Schuhe eines Mannes. Der schaut sie verärgert an und sagt: »Du dumme Kuh, du hast doch bestimmt nichts in der Birne.« Da sagt sie: »Und Sie sind bestimmt ein Gentleman. Und es könnte sein, dass wir uns beide irren!«

2.8 Anouk-Index-Member: Loslassen & Leichtigkeit

Loslassen klingt so gut – und ist doch oft so schwer. Kennst du das auch? Du bist auf ein Ziel fixiert, arbeitest wie besessen darauf hin und wenn du mal einen Moment in dich gehst und schaust, wie es dir wirklich geht, spürst du den Krampf, das Verbissene, die Schwere. Kein Wunder, dass das Ziel einfach nicht näher rückt. Was fehlt, ist Lässigkeit und Leichtigkeit.

Loslassen & Leichtigkeit

Denn das Verblüffende ist doch: Je unverkrampfter wir sind, desto leichter wird alles. Wer die Fixierung löst und es schafft loszulassen, bekommt oft das, was er schon lange ersehnt hat. Gehe deinen Weg, aber gönn dir Pausen.

2.8.1 Loslassen – am Wegesrand

Ich habe bei meiner Pilgerwanderung auf dem Jakobsweg die Erfahrung gemacht, welchen Effekt das Loslassen haben kann. Mir ist dort klar geworden, dass man nicht immer auf alles hinarbeiten sollte – klar, Ziele zu haben ist gut, aber manches lässt sich nicht durch Fokussierung beeinflussen, sondern verblüffenderweise eher dadurch, dass man den Blick in eine andere Richtung wendet. Sich selbst immer wieder zu sagen: Was kommt, wird kommen – und ich werde mich darüber freuen. Aber was nicht kommt, kommt eben auch nicht. Weil es vielleicht auch einfach nicht sein soll. Es ist gut, die Dinge nicht erzwingen zu wollen. In jedem Kampf verlieren wir ein

Stückchen Leichtigkeit. Wir nehmen manchmal gar nicht wahr, was am Wegesrand alles Tolles passiert, nur weil wir zu sehr auf das eine Ziel fixiert sind.

2.8.2 Loslassen – Energieverbrauch

Loslassen heißt vor allem im Job auch: Dinge abgeben können, delegieren. Nicht derjenige ist am erfolgreichsten, der die meiste Arbeit in seine Sache investiert, der ganz verbissen daran arbeitet. Das kostet Energie, zehrt aus.

Es ist wichtig, klug zu denken und zu arbeiten, sich auf sein Team verlassen zu können, den Mitarbeitern und Kollegen Dinge zuzutrauen. Auch, um Zeit für anderes zu gewinnen: Leben ist nicht nur Arbeit. Natürlich ist es ein Balanceakt, Leben und Arbeit so ins Gleichgewicht zu bringen, dass wir glücklich und erfolgreich sind. Abschalten ist in vielen Phasen unseres Berufslebens nicht einfach. Gegen das Gedankenkarussell hilft unter anderem gute (!) Ablenkung: Sport, Tanzen, Lesen. Kleine Dinge wie Kaffee und Kuchen mit einer guten Freundin, ein Wellnessnachmittag, ein Wochenende in einer anderen Stadt.

> SELBSTREFLEXION: LEAVE AND LET GO
>
> Nimm eine Streichholzkiste und leg ein Symbol hinein. Das Symbol soll für das stehen, was du hinter dir lassen willst, was du nicht mehr haben willst, wovon du dich endgültig trennen willst. Schließe die Streichholzkiste, stecke sie ein und mache einen Spaziergang. Während des Spaziergangs bedankst du dich und nimmst Abschied. Du wirst spüren, wann der Moment gekommen ist und wo sich auf deinem Spaziergang der richtige Platz findet – dort legst du die Kiste ab und lässt sie dort.

2.8.3 Loslassen – der 5-Punkt-Gurt

Es geht darum, Vertrauen zu haben, in sich, die eigenen Fähigkeiten, Vertrauen aber auch in andere zu haben und in deren Fähigkeiten und Kompetenzen. Zu vertrauen auf das Glück und das Gute im Leben. Wie bei einem 5-Punkt-Gurt, den wir vom Kindergurt im Auto kennen – der Gurt für Piloten und Rennfahrer. Der Gurt ist da als Schutz. Das als Gewissheit zu haben, lässt den Fokus auf etwas anderes münzen, das unsere Aufmerksamkeit braucht. Mit dem Wissen von Schutz und Sicherheit kannst du relaxen, vertrauen und loslassen.

Ich habe etwas sehr Schönes gelesen von Mandy Hale, einer amerikanischen Bloggerin und Autorin: »You don't always need a plan. Sometimes you just need to breathe, trust, let go and see what happens.«

2.8.4 Loslassen – Digital Detox

Was beim Loslassen auch helfen kann, ist Digital Detox. Mal keine Mails checken oder Whatsapp-Nachrichten tippen, die präferierte Newswebsite durchlesen, kein Instagram-Foto hochladen ... Handy ausmachen und weglegen. Dich auf dich selbst, dein Gegenüber oder das, was du gerade tust, konzentrieren oder sei es nur, den Gedanken freien Lauf zu lassen.

Im November 2018 hat die Hubert Burda Media mit der Gesellschaft für integrierte Kommunikationsforschung (GIK) eine interessante Digital-Detox-Studie[24] präsentiert:

»Arbeit begünstigt Stress. Insgesamt 44% der Deutschen geben an, sich vom Job gestresst zu fühlen. Männer sind dabei häufiger betroffen als Frauen. Das weibliche Geschlecht nennt hingegen die Ansprüche, die sie an sich selbst sowie an andere Personen stellen, als einen der Hauptstressfaktoren. Bei fast jedem vierten Deutschen (24%) spielt außerdem das Gefühl mit rein, ständig erreichbar sein zu müssen. Dies scheint jedoch ein Thema zu sein, das vom Alter abhängig ist. Je älter die Befragten sind, desto weniger scheint die konstante Erreichbarkeit ein Problem für sie darzustellen. Sind es bei den 14- bis 29-Jährigen noch fast ein Drittel (29%) der Befragten, die damit zu kämpfen haben, sinkt diese Zahl bei der Zielgruppe ab 30 Jahren auf 22%.

Die jungen Menschen beschäftigt außerdem die Angst, etwas zu verpassen, die sogenannte Fear of Missing out. 14% verbinden das Gefühl, etwas im Internet oder in den sozialen Netzwerken zu verpassen und nicht up to date zu sein, mit emotionalem Stress. Die schnelle digitale Entwicklung in der heutigen Zeit ist allerdings für die gesamte Bevölkerung ein Stressfaktor. 15% fühlen sich davon unter Druck gesetzt.«

»... 55% der Befragten geht die Digitalisierung zum Teil zu schnell und ein knappes Viertel (23%) fühlt sich davon sogar überfordert. Zwei Drittel der Befragten befürchten außerdem, dass die Digitalisierung Stresskrankheiten begünstigt und zwischenmenschliche Beziehungen negativ beeinflusst.

Mit der zunehmenden Digitalisierung steigt auch die Erreichbarkeit. Über Smartphones und andere Geräte sind die Nutzer immer online und können rund um die Uhr miteinander kommunizieren. Von dieser digitalen Entwicklung kann vor allem auch das Berufsleben profitieren: Orts- unabhängiges Arbeiten und das Vernetzen von überall auf der Welt sind nur zwei Aspekte, die durch den zunehmenden technischen Fortschritt ermöglicht wurden. Dieser Digitalisierung steht vor allem die junge Generation offen gegenüber. Die Hälfte der 14- bis 29-Jährigen empfindet dies als positive Entwicklung.

24 www.gik.media: #6 Digital Detox – Stress durch ständige Erreichbarkeit

Einen sichtbaren Zusammenhang gibt es dabei zwischen den Personen, die sich durch ihre eigene Verfügbarkeit mehr gestresst fühlen und dem Nutzen des Smartphones. Die Befragten, die unter Stress leiden, beschäftigen sich sowohl nach dem Aufstehen als auch vor dem Zubettgehen häufiger mit ihrem Smartphone als diejenigen, die sich nicht gestresst fühlen. Sie verspüren außerdem eine innere Unruhe, wenn sie ihr Handy nicht bei sich haben.

Um den Stress durch die konstante Erreichbarkeit abzulegen, haben es bereits zwei Drittel der Deutschen Mobile-Nutzer mit Digital Detox versucht. Dabei verzichten 40 % der Befragten regelmäßig für einige Stunden pro Tag auf die Nutzung von Smartphones, Tablets & Co. In dieser Gruppe hat bei den über 50-Jährigen bereits fast jeder Zweite schon einmal das Handy beiseite gelegt, bei den 14- bis 29-Jährigen immerhin noch etwa jeder Dritte (31 %). 13 % der Befragten haben es bisher selbst noch nicht gewagt, würden aber gerne mal eine Zeit lang auf ihre mobilen Endgeräte verzichten.

Der Grund für einen Digital Detox ist für fast die Hälfte der Deutschen mit Interesse daran identisch. Sie wollen dadurch mehr Zeit für Familie, Freunde und Partner haben. Zeit scheint generell ein wichtiger Faktor zu sein, denn direkt danach auf Platz zwei rangiert für 44 % der Wunsch, mehr Zeit für sich selbst zu haben oder etwa den Urlaub ohne Smartphone und Tablet mehr genießen zu können. Weitere Anreize, nicht ständig das Mobile Device zu nutzen, sind weniger Ablenkung, eine bessere Konzentrationsfähigkeit sowie die Reduzierung von Stress – insbesondere bei jungen Leuten.

Obwohl viele Menschen angeben, sich bewusst den digitalen Medien entziehen zu wollen, scheint das in der Praxis gar nicht so leicht zu sein. Mehr als acht von zehn Deutschen geben an, problemlos eine Woche lang auf Alkohol oder Fast Food verzichten zu können. Immerhin zwei Drittel würde wiederum sieben Tage ohne Süßigkeiten auskommen. Für 44 % kann der Fernseher auch eine Woche ausbleiben, auf das Lesen von Zeitung, Zeitschrift und Büchern würden wiederum nur 42 % verzichten. Aber gerade einmal ein Drittel der Befragten könnte es ohne ihr Smartphone aushalten ...«

Achtung !

»Auch wenn der vorübergehende Verzicht auf Smartphone und Tablet aktuell eine Art Trend ist, beunruhigt vielmehr die Tatsache, dass mehr als 90 % der Deutschen mit Stress zu kämpfen haben.«

2.8.5 Leichtigkeit – Feder-Impulse

Oft sehen wir nur das Negative oder die sprichwörtlichen Steine auf dem Weg oder die Berge, vor denen wir stehen. Wir bekommen dann Stress, Sorgen, Druck, Ängste und machen es mit unserem Gedankenkarussell nur noch schlimmer, indem wir grübeln, zweifeln und unsicher werden. Wie erreichst du in solchen Momenten Leichtigkeit? Anbei ein paar Feder-Impulse:

2.8.6 Leichtigkeit – Feder-Impuls 1: Relativieren

Als ich mich über ein berufliches Projekt mal fürchterlich aufregte, sagte meine Kollegin aus New York: »Anouk, it's only PR (Public Relations) not ER (Emergency Room)!«

Und mir blieb nichts anderes übrig, als auf einmal laut loszulachen. Diesen Spruch halte ich mir seitdem immer wieder vor. Relativieren, sich und die Arbeit nicht so wichtig nehmen kann absolut dazu beitragen, eine Situation nicht zu sehr auf sich wirken zu lassen, sondern Leichtigkeit auch in ärgerlichen Momenten zuzulassen.

Wenn ich gestresst bin, böse oder sehr traurig, überlege ich mir sehr bewusst: Anouk, wird dich diese Situation/Problematik auch noch in genau einem Jahr traurig, stressig oder sauer machen? Wenn die Antwort Ja ist, mache ich mir weitere Gedanken dazu. Wenn sie Nein lautet, wie es meistens der Fall ist, dann lasse ich los.

Auch gibt es die Methoden des »Reframing«, die Kunst der Umdeutung. Du beurteilst dabei die Problematik, das Negative, die Schwäche von einem anderen Blickwinkel aus. Auch das hilft zu relativieren. Also als Beispiel: Dadurch dass ich einen Auftrag verloren habe, habe ich jetzt Zeit für ...

BEISPIEL: REFRAMING

Reframing funktioniert auch mit vermeintlich negativen Charaktereigenschaften. Hier drei Beispiele:

- Ich bin langsam – ich treffe wohlüberlegte Entscheidungen.
- Ich bin chaotisch – ich kann Überblick in komplexen Situationen halten.
- Ich streite mich sehr oft – ich gehe Konflikten nicht aus dem Weg.

2.8.7 Leichtigkeit – Feder-Impuls 2: Mal nicht ...

Kennst du das? Ständige Nachbesserungswünsche von perfektionistischen Kollegen, Kunden, Geschäftspartnern oder den eigenen Führungskräften, schrecken ab. Und wenn du selbst zu perfektionistischem Verhalten neigst, sei dir bewusst, dass du Kollegen oder Mitarbeiter an sich zweifeln lässt und es kontraproduktiv wirkt, denn sie werden letztendlich die Verantwortung wieder an dich abgeben, denn »es ist ja eh nie gut genug«.

Um Leichtigkeit zu erlangen, versuche doch vielleicht auch mal, »alle fünfe gerade sein zu lassen«. Wenn es nicht wirklich sein muss, versuch mal, nicht immer alles bis ins letzte Detail zu durchdenken, zu analysieren, zu planen, zu wissen, zu checken, zu hinterfragen, zu optimieren oder zu verstehen. Fühlt sich gleich viel leichter an, oder? Schöner Nebeneffekt: Deine Kollegen, Mitarbeiter, Kunden und Geschäftspartner werden es dir auch danken.

2.8.8 Leichtigkeit – Feder-Impuls 3: Positiv denken

Nimm dir hier gerne auch die Männer zum Vorbild. Die sehen zum Beispiel eine Stellenausschreibung, die wesentlich höhere Anforderungen stellt, als der Job, den sie gerade ausüben. Da wird ein Mann eher denken: »Super, darauf bewerbe ich mich. Das wird schon funktionieren.« Wir Frauen kommen meist gar nicht zur Bewerbung, denn in unserer Gedankenwelt passiert das Folgende: »Die nötige Qualifikation habe ich leider nicht, und sie verlangen sechs Jahre Arbeitserfahrung in dem Bereich, ich habe nur fünf, das haut nicht hin.«

Du musst sowieso denken, warum also nicht gleich positiv? Das Leben ist auch gleich schöner, wenn du positiv denkst. Es ist natürlich kein Garant für Erfolg, wenn du positiv denkst, aber Studien belegen, es ist eher der Fall, dass es kein Erfolg wird, wenn du negativ denkst.

Diejenigen, die vom Positiven ausgehen, werden auch häufiger Schönes anziehen. Du wirst gefragt, etwas komplett Neues zu tun, etwas, das du vorher noch nie getan hast? Einfach mal annehmen! Und positiv denken: Das wird schon! Statt »Oh Gott, wie schaffe ich das nur, das kann ich nicht.«

Du wirst sehen, oft lösen sich die Probleme und Sorgen von selbst. Oft gelingt dir die neue Aufgabe dann auch, denn wir können meist mehr, als wir annehmen, und zudem wachsen wir an unseren Herausforderungen. Und oft kommt das Positive dann auch zum Vorschein. Trau dir mehr zu, vertrau dir, sei optimistisch und glaub an dich!

2.8.9 Leichtigkeit – Feder-Impuls 4: Zwischenziele

Ein Allgemeinplatz, aber dennoch ein Spruch, der meines Erachtens zu 100 Prozent zutrifft: In der Ruhe liegt die Kraft. Ich glaube daran, dass jede von uns, Schrittchen für Schrittchen an ihr Ziel kommt. Und wenn wir uns das nächste Zwischenziel, die nächste Etappe vornehmen, dann funktioniert das auch. Klar ist, wenn du direkt das Endergebnis vor Augen hast, das vielleicht gerade noch ganz weit weg erscheint, dann kommt Stress auf und es entsteht Druck. Aber wenn du in kleinen Portionen denkst, in kleinen Schritten, in kleinen Aufgaben, dann hilfst du dir, mit Leichtigkeit dein großes Ziel letztendlich zu erreichen.

Versuche, nicht alles gleich haben zu wollen. Gönn dir die Zeit, die es braucht, und setz dich nicht selbst unter Druck. Darin sind wir Frauen leider oft gut. Ich kenne das wegen meiner Ungeduld und als ich noch einige Jahre jünger war, hatte ich kein Verständnis für Raum und Zeit, aber heutzutage möchte ich dir gerne mitgeben: Nimm dir für alles die Zeit, die notwendig ist.

2.8.10 Leichtigkeit – Feder-Impuls 5: Agil sein

Flexibilität bringt sicherlich etwas mehr Leichtigkeit in den Job. Du bist Mutter und morgens dafür verantwortlich, euren Sohn, eure Tochter oder gleich beide in die Kita zu bringen? Da hilft es, wenn du mit deinem Arbeitgeber Gleitzeit vereinbarst und nicht pünktlich auf die Sekunde im Büro sein musst. Das gilt natürlich auch für den Nachmittag. Wenn du Homeoffice machen darfst, hilft das bestimmt, weil du nicht zwingend alles erledigt haben musst, bevor du euer Kind von der Kita abholst. Wenn du die Möglichkeit hast, nicht nur im Büro zu arbeiten, sondern auch von zu Hause oder von unterwegs, kann das den Stress sicherlich mindern.

Wie ist deine Haltung, wenn es zum Beispiel um Veränderung geht? Oder wenn ein Plan kurzfristig umgeworfen werden muss? Inwieweit kannst du dich mitbewegen – mit anderen Ideen, anderen Methoden, neuen Aufgabenbereichen? Kannst du dich flexibel und agil aufstellen? Denn nicht nur die äußeren Umstände und die Möglichkeiten des Arbeitgebers oder deines eigenen Unternehmens helfen, mehr Leichtigkeit im Job zu erfahren. Auch deine gedankliche Flexibilität wird dazu beitragen.

2.8.11 Leichtigkeit – Feder-Impuls 6: Ausgeglichenheit

Zuletzt hilft sicherlich auch ein wenig Ruhe und Ausgeglichenheit (im Kopf), die du mit Yoga, Meditation oder Achtsamkeit erreichen kannst. Und mal einen Tag, ein Wochenende oder sogar eine Woche raus aus dem Alltag soll auch helfen ... Ich mache ganz gerne einmal im Jahr ein Detox-Wochenende, eine Kombination aus gesundem Essen oder Fasten und langen Spaziergängen im Wald oder in Holland am Meer in Abwechslung mit Saunagängen. Dafür nehme ich mir eine Auszeit und buche mir ein süßes Zimmer irgendwo, mal ganz allein sein. Den Gedanken freien Lauf lassen, sich sammeln und Geist und Körper zur Ruhe kommen lassen. Sich neben dem Stress mal eine Auszeit gönnen und sich verwöhnen. Da sammelst du viel Energie, die du für den (stressigen) Alltag brauchst. Auch das ist Leichtigkeit.

SELBSTREFLEXION: 52 IMPULSE

Schau dir die 52 Lebensimpulse zu Loslassen und Leichtigkeit an, die du unter folgendem Link findest, und suche dir jede Woche einen anderen Impuls aus. So geht Loslassen und Leichtigkeit ganz einfach. Viel Spaß dabei!

52 Lebensimpulse

3 Die Außenwirkung (Selbstmarketing)

»People don't buy goods and services. They buy relations, stories and magic.«
(Seth Godin, Marketingexperte)

3.1 Selbstmarketing – der schüchterne Beginn

Eine Kundin, die ich gecoacht habe, hat mir ganz traurig und aufgebracht erzählt, dass ihr Kollege das tolle Projekt bekommen hat, das ihr eigentlich zugestanden hätte. Sie hatte wochenlang ganz fleißig bei den Vorbereitungen geholfen, und er war längst nicht so im Thema wie sie, wie sie mir erzählte.

Kennst du das Gefühl, wenn andere an dir vorbeiziehen? Menschen, die weniger Qualifikationen haben oder weniger Einsatz zeigen? Die längst nicht das draufhaben, was du kannst?

Du kannst stundenlang reden, wenn es um dein Thema geht. Bist super im Vermarkten deines Unternehmens oder deines Projekts. Aber sobald es um dich geht, wird es ganz ruhig. Oft wissen wir besser, wie wir unser Produkt oder die Dienstleistung in den Vordergrund stellen, aber mit Selbstmarketing wird es da schon schwierig. Ist es dir unangenehm, zu viel Aufmerksamkeit auf dich zu lenken? Denkst du: »Ach, es weiß eh schon jeder, was ich tue. Ich muss nicht in der ersten Reihe stehen, es braucht nicht jeder zu wissen, wie toll ich meinen Job mache, ich weiß es ja selbst und meine Kollegen auch, das reicht.« So dachte meine Klientin auch. Sie hatte all ihre Mühe und Zeit in die Vorbereitung des Projekts gesteckt. Doch niemand – vor allem nicht ihr Chef – bekam mit, was sie kann und leistet.

3.1.1 Sei einen Schritt voraus!

Weißt du, wo die Oostvaardersplassen liegen? Es ist nicht in der Prärie, nicht in der Camargue und du musst auch nicht über den großen Teich, um sie zu sehen. Nein, sie sind drei Autostunden von NRW entfernt. In den Niederlanden, Flevoland. Es ist wunderschön dort, ein einmaliges Naturspektakel. Warum kennen es viel zu wenige? Es ist einfach zu unbekannt.

! **Achtung: Komm in die erste Reihe**

Wenn ich an die wundervollen Bilder der Pferdeherde dort denke, fällt mir der Spruch ein: »Wer immer nur der Herde folgt, sieht irgendwann nur noch Ärsche.« Also schaff es, in die erste Reihe zu kommen! Mach auf dich aufmerksam! Geh neue Wege, sei einen Schritt voraus!

3.1.2 W. O. L.

Meine Devise ist: Work out loud! Tu Gutes und sprich darüber. Der falsche Ansatz ist, dass wir denken, es weiß sowieso jeder, was wir machen. Es ist bewiesen, dass Können und Leistung nicht allein ausschlaggebend sind für beruflichen Erfolg, sondern vielmehr der Auftritt und vor allem das Selbstmarketing, die Außenwirkung. Eine alte Erfolgsformel lautet: »Es geht nicht darum, was du kannst, sondern darum, wen du kennst.« Ich gehe noch einen Schritt weiter und behaupte: »Es geht nicht darum, wen du kennst, sondern wer dich kennt.«

Die Upgrade-Frage ist: Wie vermarkte ich mich selbst? Also, wie sorgst du dafür, dass die (wichtigen und richtigen) Leute dich kennenlernen respektive auf dich aufmerksam werden? Sei es durch Netzwerke, dein Äußeres oder dein Auftreten, deine Präsentation, online genauso wie offline – im Hier und Jetzt. Es geht um ein Sich-bemerkbar-Machen bei der richtigen Zielgruppe, den richtigen Leuten mit der richtigen Positionierung. Dabei habe ich als Marketingstrategin immer denselben Ausgangspunkt: Nicht alles für jeden sein wollen. Sondern ganz besonders für eine bestimmte Zielgruppe. Wie das geht? Das erläutere ich auf den nächsten Seiten.

Das Reiseziel »Selbstmarketing« im Fokus

Wie am Anfang des Buches schon erläutert: Ich glaube an das Gesamtpaket, die Kraft der Upgrade-Reise mit den drei Destinationen: Selbstbewusstsein, Selbstentfaltung und Selbstmarketing. All das macht uns zu dem Menschen, der wir sind, und als der wir gesehen werden (wollen). In diesem Kapitel konzentriere ich mich auf das dritte Reiseziel: Selbstmarketing. Selbstmarketing für Angestellte, Selbstständige, Freiberuflerinnen, Unternehmerinnen ... Selbstmarketing für die berufstätige Frau.

3.1.3 Der Mensch als Marke

Die Außenwirkung fängt mit Selbstmarketing an. Selbstmarketing – der Mensch als Marke. Unternehmen bewerben ihre Produkte und setzen sie in Szene – wir uns mit unserer sogenannten Markenpersönlichkeit. Es geht darum, dass wir uns, unsere Stärken, unsere Fähigkeiten, unser Können, unsere Eigenschaften, unser Wissen und unsere persönlichen Vorlieben ganz bewusst herausstellen, um Aufmerksamkeit zu erzielen, um uns als Marke zu etablieren. Dabei geht es auch darum, den Wiedererkennungseffekt zu erhöhen und die Kontinuität unserer Persönlichkeit zu unterstreichen. Eine gute Marke schafft Differenzierung (sich von anderen absetzen) und Vertrauen. Marken sorgen für eine Orientierung im (Über-)Angebot, wenn sie über eine deutliche Positionierung verfügen. Man denke zum Beispiel an das breite Angebot und die Positionierungsunterschiede in der Modebranche, wie zum Beispiel: Chanel, Esprit, H&M, Primark etc. Jede Marke steht für etwas anderes und möchte anders wahrgenommen werden.

Mal abgesehen von der unterschiedlichen Preisstrategie: Wie willst du dich zeigen? Vergleiche dich doch mal mit den Modemarken. Ganz ehrlich: Bist du eher Chanel oder Esprit? Wie willst du wahrgenommen werden?

Und wie ist deine Außenwirkung? Bist du aktiv? Zeigst du dich? Kennt man dich? Oder stehst du noch oft in der zweiten Reihe? Oder noch weiter hinten?

3.1.4 Die richtige Zielgruppe

Beim Marketing sehe ich ganz viele Firmen, die sich immer wieder auf das Produkt fokussieren und dabei ist die Zielgruppe, an die du dich wendest, genauso bedeutend. Sie ist schlussendlich diejenige, die dein Produkt oder deine Dienstleistung kauft, dich weiterempfiehlt, dir auf den sozialen Medien folgt, mit der du eine (berufliche) Bindung eingehst ... Und darum ist es mitentscheidend, wie du deine Zielgruppe ansprichst. Wie dein Selbstmarketing aussieht, denn du willst ja so relevant wie möglich sein, für diejenigen, die du erreichen möchtest. Das kann dein Chef sein, deine Kollegen, deine Kunden, deine Geschäftspartner, deine Mitarbeiter ...

Wem willst du dich denn eigentlich zeigen? Wer soll dich kennen und weiterempfehlen? Dir Aufträge geben oder mit dir zusammenarbeiten? Wen willst du mit deinem Selbstmarketing erreichen, beeindrucken, für dich gewinnen? Meine Devise ist: »Nicht alles für jeden sein, sondern ganz besonders für die mir wichtige Zielgruppe.« Dafür ist es entscheidend, die Zielgruppe zu definieren. Angaben wie Alter, Beruf, Wohnort, Geschlecht reichen dabei nicht mehr aus.

> **BEISPIEL: ZIELGRUPPE**
>
> Wenn ich folgende Person umschreibe: über 75 Jahre alt, Regisseur und Schauspieler, lebt in Amerika, Kalifornien, fünf Kinder und verheiratet … dann trifft das auf Sylvester Stallone, aber eben auch auf Woody Allen zu. Zwei doch sehr unterschiedliche Männer.

Daher ist es vor allem wichtig zu erkennen: Welche Werte und Überzeugungen lebt meine Zielgruppe? Was sind ihre Wünsche und Ziele? Wofür kannst du sie nachts wecken? Was macht sie aus? Je mehr du über deine Zielgruppe weißt, desto besser.

Du musst dich übrigens nicht beschränken. Du kannst auch mehrere Zielgruppen haben – mit unterschiedlichen Hintergründen und unterschiedlichen Wertvorstellungen. Die Sinus-Milieus sind dabei die Basis, um Zielgruppen zu definieren. Insgesamt wurden vom Sinus-Institut zehn Sinus-Milieus definiert.

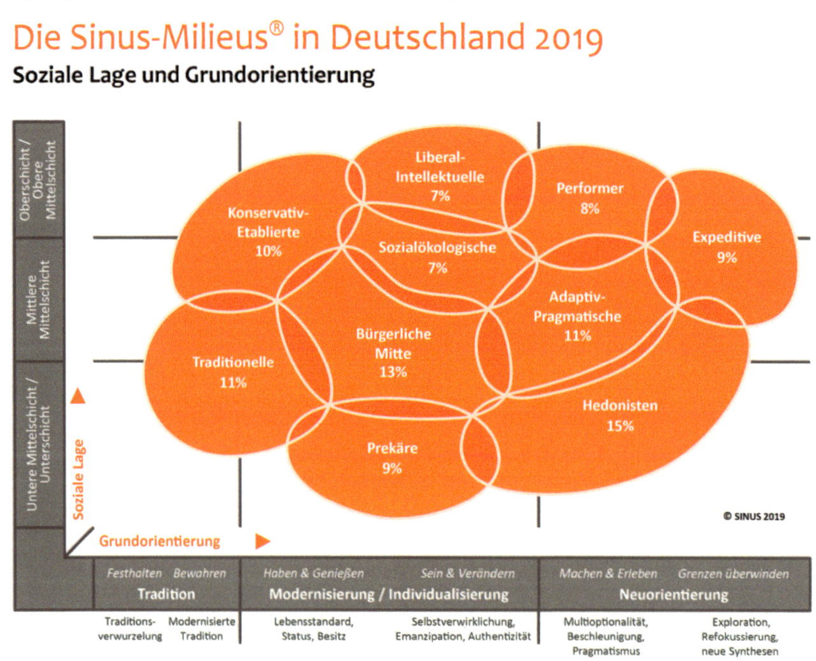

Die Sinus-Milieus

Auf der Website des Sinus-Instituts steht hierzu kurz zusammengefasst das Folgende: »Die Sinus-Milieus liefern ein wirklichkeitsgetreues Bild der soziokulturellen Vielfalt in Gesellschaften, indem sie die Befindlichkeiten und Orientierungen der Menschen, ihre Werte, Lebensziele, Lebensstile und Einstellungen sowie ihren sozialen Hintergrund genau beschreiben. Mit den Sinus-Milieus kann man die Lebenswelten der Menschen somit ›von innen heraus‹ verstehen, gleichsam in sie ›eintauchen‹. Mit den Sinus-Milieus versteht man, was die Menschen bewegt und wie sie bewegt werden können. Denn die Sinus-Milieus nehmen die Menschen ganzheitlich wahr, im Bezugssystem all dessen, was für ihr Leben Bedeutung hat. Die Sinus-Milieus gruppieren Menschen in ›Gruppen Gleichgesinnter‹ entlang zweier Dimensionen (soziale Lage und normative Grundorientierung). Die Überschneidungen der ›Kartoffeln‹ (siehe Grafik) zeigen an, dass die Übergänge zwischen den Milieus fließend sind. Während der Anteil der traditionellen Milieus seit Jahren zurückgeht, beobachten wir ein kontinuierliches Wachstum im modernen Segment. Am schnellsten wachsen die beiden Zukunftsmilieus Expeditive und Adaptiv-Pragmatische, deren Umgang mit den aktuellen Herausforderungen zukünftige Trends erkennen lässt.«

Die zehn Sinus-Milieus heißen:[25]

- Konservativ-Etablierte (das klassische Establishment)
- Traditionelle (die sicherheits- und ordnungsliebende ältere Generation)
- Liberal-Intellektuelle (die aufgeklärte Bildungselite)
- Sozialökologische (engagiertes, gesellschaftskritisches Milieu)
- bürgerliche Mitte (der leistungs- und anpassungsbereite bürgerliche Mainstream)
- Prekäre (die sich um Orientierung und Teilhabe bemühende Unterschicht)
- Performer (die multi-optionale und effizienzorientierte Leistungselite)
- Adaptiv-Pragmatische (die moderne junge Mitte mit ausgeprägtem Lebenspragmatismus und Nützlichkeitsdenken)
- Hedonisten (die Spaß- und Erlebnisorientierten der modernen Unterschicht/unteren Mitte)
- Expeditive (die ambitionierte kreative Avantgarde)

BEISPIEL: TOURISTEN ALS ZIELGRUPPE

Einige kleine Beispiele aus der Tourismusbranche, denn wir sind ja auch alle immer wieder Touristen, damit es nicht ganz so theoretisch bleibt:

- Paul, der Konservativ-Etablierte liebt Kulturreisen und will das Beste vom Besten, Fünf-Sterne-Hotels und die Highlights eines Landes.
- Marie, die Traditionelle, steht auf dreimal im Jahr Kurzurlaub im Nachbarland, im Ferienhaus mit eigenem Garten und liebt es »on the beaten track« zu sein. Bloß kein Abenteuer.

25 https://www.sinus-institut.de/sinus-loesungen/sinus-milieus-deutschland/

- Nora, die Liberal-Intellektuelle, will im Urlaub in Kontakt kommen mit Einheimischen, ihr ist Nachhaltigkeit wichtig und sie schätzt es, sich »off the beaten track« zu bewegen, sie will sehen, was andere noch nicht entdeckt haben.
- Michael, der Performer, will alles rausholen, was in so einer Reise drinsteckt. Action und Excitement. Er muss immer das neueste Gadget haben und will mit der Reise imponieren. Da ist New York schon nicht mehr spektakulär genug.
- Hedonist Peter liebt Ferienparks mit Rutschen und Entertainment oder einen Freizeitpark-Urlaub mit Spaßprogramm. Mit der Familie unterwegs sein, sich bespaßen lassen – und gerne all inclusive.

Erkennst du dich in einem der Sinus-Milieus wieder? Zu welcher Zielgruppe würdest du dich zugehörig fühlen? Verstehst du nun, was ich meine? Brich das Beispiel mal herunter auf deine Person, deine Umgebung, deine Zielgruppe. Diese Differenzierung der Sinus-Milieus kann dir sehr bei der Definition deiner Zielgruppe helfen. Wie sieht das Match zwischen dir und deiner Persönlichkeit und zwischen dir, deinem Produkt, deiner Dienstleistung und der Zielgruppe aus? Es gibt drei Schritte, die dir Klarheit verschaffen werden.

3.1.5 Schritt 1: Die beste Entscheidung

Für welche Menschen bist du die beste Entscheidung? Wen willst du genau ansprechen, für wen willst du sichtbar sein, und bei wem hast du die beste Chance auf Erfolg bei deinem Selbstmarketing? Um anzufangen, hier ein paar einfache Fragen:

- Sind das eher Frauen oder Männer?
- In welchem Alter?
- Wohnen sie in der Stadt oder eher außerhalb der Stadt?
- Welchen Beruf üben sie aus?
- In welcher Phase ihrer Karriere sind sie?
- Welchen Abschluss hat deine Zielgruppe?
- Was ist das durchschnittliche Einkommen?
- In welcher Familienzusammenstellung lebt deine Zielgruppe? Single, verlobt, verheiratet? Kinder oder keine? Wenn Kinder, in welchem Alter? Haustiere?
- Welches Auto fahren sie?
- In welchem Verhältnis stehen sie zu dir? Sind es deine (potenziellen) Kunden, Geschäftspartner, Kollegen, Vorgesetzten, Sponsoren ...?

Beantworte die Fragen doch mal für dich! Und, hast du jetzt ein deutlicheres Bild von deiner Zielgruppe? Wie viele unterschiedliche Zielgruppen-Typen konntest du für dich definieren?

3.1.6 Schritt 2: Wünsche und Bedürfnisse

Jetzt darfst du noch einen Schritt weiter gehen. Das Wissen um die Wünsche und Bedürfnisse der jeweiligen Zielgruppe sorgt dafür, dass du sie noch besser verstehst und noch relevanter in deinem Selbstmarketing sein kannst, indem du dein Angebot, deine Dienstleistung, deine Ansprache noch mehr auf deine Zielgruppe abstimmst.

Je nach Zielgruppen-Typus darfst du nun die folgenden Fragen für dich beantworten:
- Wie sieht die durchschnittliche Tageseinteilung deiner Zielgruppe aus?
- Welche Hobbys üben sie aus?
- Welche Sorgen haben sie?
- Wovon träumen sie, was macht sie glücklich?
- Was ist ihnen wichtig im Leben?
- Wofür kannst du sie nachts wecken?
- Welche Ansichten vertreten sie?
- Welche Werte haben sie?
- Welche Zeitungen lesen sie?
- Welche politischen Meinungen vertreten sie?
- Wer sind ihre Vorbilder?
- Wofür geben Sie ihr Geld gerne aus?

Das ist sicherlich etwas schwieriger zu beantworten. Wenn du es nicht weißt, recherchiere, was du recherchieren kannst. Komm ins Gespräch mit deiner Zielgruppe und stelle einfach Fragen. Offene Fragen und/oder geschlossene Fragen und glaub mir, so wirst du mehr erfahren und wichtige Erkenntnisse für dich daraus ziehen können. Denn wenn du das für dich eruiert hast, wenn du das weißt, dann kannst du dein Angebot, deine Dienstleistung, dein Verhalten noch besser, relevanter, klarer, effizienter, effektiver anpassen und nach außen zeigen. Dann wirst du noch erfolgreicher sein in deinem Selbstmarketing, aber auch im Hinblick auf dein Angebot, dein Produkt, deine Dienstleistung und dein Verhalten.

3.1.7 Schritt 3: Persona und Ausweis

Solltest du nun mehrere Zielgruppen für dich definiert haben, dann überlege dir gut, welche die wichtigste Zielgruppe ist. Beantworte für dich die Frage, ob du dein Angebot und deine Ansprache wirklich an alle identifizierten Zielgruppen richten möchtest. Realistisch sind ein, zwei oder drei Zielgruppen-Typen. Die Anzahl hängt natürlich auch mit deinen persönlichen und beruflichen Ausgangspunkten zusammen.

Ob es nun ein, zwei oder drei Zielgruppen-Typen sind: Gib ihnen einen Namen. Erwecke sie zum Leben, indem du sie Paul(a), Michael(a) oder Carl(a) nennst. Hauche ihnen

Leben ein durch repräsentative Bilder – gib ihnen also ein passendes Gesicht und füge einer Beschreibung der Person hinzu. Im Marketing nennen wir das das Entstehen einer »Persona«. Entwickle für diese Persona jeweils einen Ausweis. In diesem Ausweis steht alles, was du vorher über deine Zielgruppe herausgefunden hast.

SELBSTREFLEXION: PERSONA UND AUSWEIS

Welche Zielgruppe(n) hast du für dich identifiziert? Welche Namen gibst du ihr/ihnen? Wie sieht der Personalausweis deiner Persona aus? Sieh dir zum Vergleich den Personalausweis von Barbara Beispiel an. Einen Personalausweis zum Ausfüllen für dich findest du unter folgendem Link.

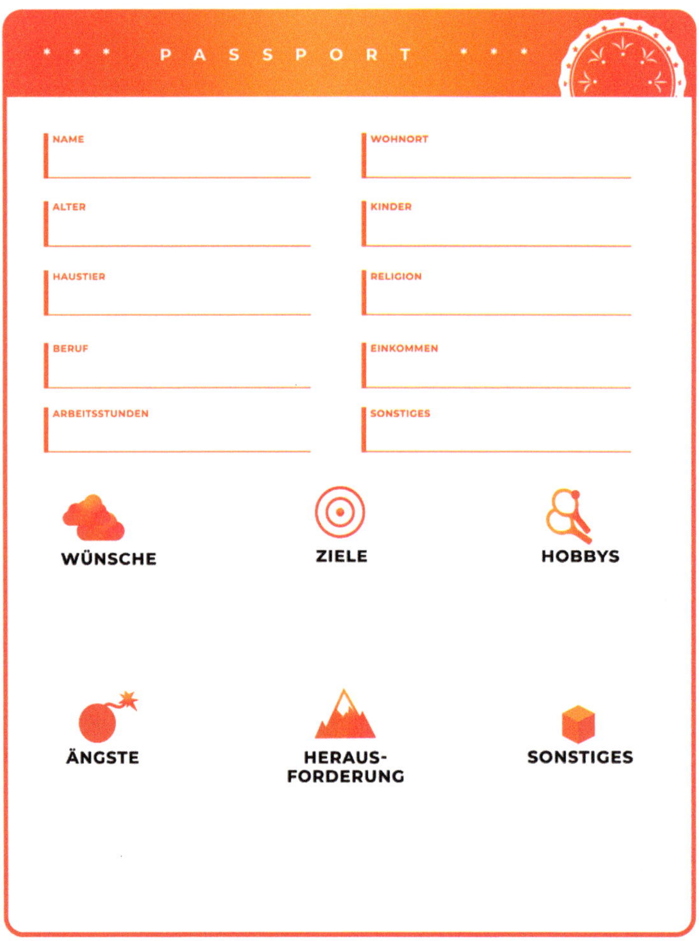

Zielgruppen-Ausweis

Barbara Beispiel hat ihren Personalausweis so ausgefüllt:

Barbara Beispiels Personalausweis

Dieser Ausweis wird für dich ab jetzt die Richtschnur sein, die dir helfen kann, dein Selbstmarketing auf deine Zielgruppe abzustimmen – zum Beispiel im Social-Media-Bereich.

Damit wird dein Upgrade-Kompass, den wir teilweise schon im 1. Kapitel besprochen haben, komplett. Du kannst die ersten drei Schritte – Markt, Zielgruppe, Wünsche – jetzt auch eintragen. Siehe hier nochmals den Upgrade-Kompass:

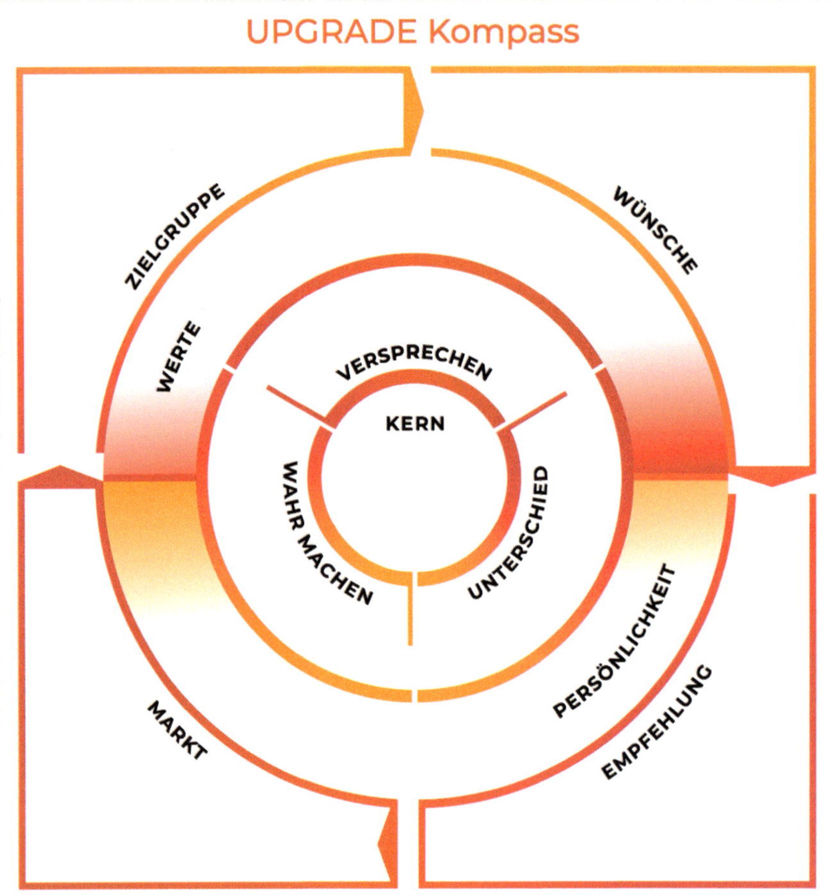

Der Upgrade-Kompass – Schritte 1 bis 3

3.2 Social Media im Fokus – big sister is watching you

Der Bundesverband Deutscher Unternehmensberater (BDU) hat 2017 konstatiert, dass jeder Dritte eine falsche Bescheidenheit an den Tag legt – und dass das einer der größten Karrierekiller ist.[26]

Und laut einer Studie der Unternehmensberatung Baumann lassen Führungskräfte die bekannten Online-Plattformen auf ihrem Karriereweg links liegen. Privat wird es genutzt, aber beruflich zu wenig eingesetzt.

26 Barbara Schneider: Frauen auf Augenhöhe, was sie nach oben bringt und was nicht. Offenbach: Gabal Verlag, 2012

Die bekannten Online-Plattformen, über die ich hier spreche, sind: LinkedIn und Xing, Instagram, Facebook, Pinterest und Snapchat, YouTube, TikTok und Twitter. Dazu kommen deine Website, dein Newsletter, dein Podcast und deren Vermarktung. Jede Plattform hat ihren eher beruflichen oder privaten Fokus und damit auch eine bestimmte Zielgruppe, die sie anspricht.

Ich nehme mir Zeit für meine Social-Media-Plattformen, für das Online-Marketing. Ich präsentiere meine Geschichten, Bilder und News in jedem Medium anders. Wie sieht es bei dir aus? Bist du in Online-Netzwerken vertreten? Auf welchen Plattformen bist du aktiv? Welche Zielgruppe willst du ansprechen und wo befindet sie sich? Hast du einen Redaktionsplan für die verschiedenen Netzwerke? Oder gehörst du zu denjenigen, die lieber passiv sind und eher lesen, was andere posten?

3.2.1 Once upon a time

Beim Selbstmarketing auf den Social-Media-Plattformen geht es auch um die Geschichte, die du erzählst. Nur ein einfaches Foto oder Posting ist nicht genug. Es geht um die Geschichte dahinter. Deine Geschichte! Authentisch, echt. Erzähle, was du teilen möchtest, auf eine spannende, witzige, inspirierende, informative, dramaturgische, ästhetische oder berührende Art und Weise. Erzähle Geschichten, verpacke deine Erlebnisse auf eine spannende Art und Weise oder erzähle deine Heldenreise.

Apropos Geschichte – auf Instagram und Facebook gibt es auch die »Story«. Nutzt du dieses Tool? Postest du etwas in deiner Story, sodass es 24 Stunden sichtbar ist und noch mehr Aufmerksamkeit bekommt? Es gibt auch eine »Highlight-Funktion«, eine weitere Möglichkeit, deine Inhalte länger in Szene zu setzen. Nutzt du die Möglichkeiten und Chancen, die dir Social Media für dein Selbstmarketing zur Verfügung stellen?

3.2.2 Bilder sagen mehr als 1.000 Worte

Beiträge mit Fotos werden deutlich häufiger angeklickt, gelikt und geteilt als Social-Media-Beiträge, die nur Text enthalten. Hast du einen bestimmten Stil für deine Bilder? Etwas, das immer wieder erkennbar ist in deinen Beiträgen? Etwas, das zu dir passt und authentisch ist?

Wenn ich zum Beispiel bei Meetings bin, frage ich immer, ob wir hinterher ein Gruppenfoto machen können. Natürlich hängt das von der Branche ab, ob so etwas geht oder nicht. Aber versuch es doch auch mal! Bei einem Gruppenfoto, das ich dann später poste, verlinke ich die anderen. Die Chance ist dadurch groß, dass meine Arbeitskollegen, Kunden, Geschäftspartner und Freunde den dazugehörenden Beitrag liken, kommentieren oder teilen. Ich merke aber auch, dass Bilder von mir selbst – aufgenommen in den unterschiedlichsten Situationen – immer gut funktionieren. Mir ist wichtig, dass die Bilder eine gute Qualität haben, hochwertig sind. Deine Person kann sich auch in wiederkehrenden Farben oder Themen spiegeln. Das gilt übrigens nicht nur für deine Bilder, sondern für deine gesamten Inhalte. Was mögen deine Follower, Kunden, Abonnenten gerne? Und vor allem: Was spricht dich an, wofür stehst du? Zeig dich! Zeig, wer du bist, wofür du stehst. Und auch hier: Sei authentisch!

3.2.3 Film ab

Bilder sind das eine, kurze Filme sind das andere. Sie sind wesentlich mehr im Fokus und verbreiteter – auf Instagram, YouTube, TikTok, Facebook, aber auch auf LinkedIn zum Beispiel. Durch kurze Videos kannst du deine Persönlichkeit noch mehr zum Ausdruck bringen, deine Inhalte effektiv platzieren und Filme/Videobotschaften online zeigen. Mittlerweile ist das gängig. Hier gilt ganz klar: In der Kürze liegt die Würze. Versuche nicht, mehrere Botschaften in einem kurzen Film zu vermitteln, sondern halte es simpel und deutlich. Verschiedene Apps helfen heutzutage, die Filme sogar selbst zu drehen. Hast du es schon einmal selbst ausprobiert?

3.2.4 Interaktion geht über alles

Bis vor Kurzem gingen noch viele davon aus: je mehr Likes, desto besser. Aber das ist ein Trugschluss. Nicht die Likes sind entscheidend, sondern die Interaktionsrate deiner Beiträge. Je mehr Reaktionen auf deine Beiträge im Netz sind, desto besser. Das heißt, animiere andere, deine Beiträge nicht nur zu liken, sondern vor allem zu kommentieren und zu teilen. Nur so steigst du im Ranking, in deiner Präsenz. Kommentiere alle Reaktionen, denn auch das trägt zu Reichweite und Sichtbarkeit bei.

3.2.5 Blog, Podcast, Newsletter

Ich stärke meine Expertise zu meinen Kernthemen Selbstmarketing, Frauenpower und Präsentationstechniken zusätzlich u. a. mit einem Blog und meinem Podcast »Upgrade yourself – glaub an dich!«. So sehen Geschäftspartner und potenzielle Kunden, welche Themen meine Domäne sind. Ich versuche auch, in den Podcast anderer eingeladen zu werden. Damit erreiche ich eine ganz neue Zielgruppe. Man kann sich dabei auch gut mit Netzwerkpartnern zusammenschließen. Mal bist du Gast, mal lädst du ein – und bietest ihm oder ihr eine Plattform. Schau nicht nur nach deinem eigenen Beitrag, Blog oder Podcast – behalte auch das Netzwerk im Blick, sprich Empfehlungen aus. Das schafft letztlich Reichweite für dich und andere.

Das gilt nicht nur für den Podcast, sondern auch für Newsletter. Auch Newsletter können dir zu mehr Reichweite, mehr Sichtbarkeit und auch zu mehr Bindung mit deiner Zielgruppe helfen. Mit den Newslettern hast du die Chance, wie auch beim Podcast, deine Inhalte wiederzugeben, deine Zielgruppe zu erreichen und zu berühren und den Verkauf deiner Produkte, deiner Dienstleistung zu anzuschieben. Und du kannst damit auch das Vertrauen deiner Zielgruppe gewinnen. Achte dabei besonders auf Folgendes:

- Sieht der Newsletter gut aus, ist er ansprechend gelayoutet?
- Verleitet die Betreffzeile zum Weiterlesen?
- Welche Ansprache wählst du?
- In welchem Ton schreibst du?
- Nutzt du inspirierende und qualitativ hochwertige Bilder?

Tipp: Richtiges Verhältnis von Inhalt und Werbung !

Deine Richtlinie für den Newsletter, aber auch für Podcast und Blog sollte sein: 80 % Inhalt (Content) und 20 % Selbstmarketing (Verkauf). 20 % Eigenwerbung bzw. den Fokus auf deine Angebote/Produkte erlaubt dir der Leser/Zuhörer, mehr (Eigen-)Werbung sollte es aber auf keinen Fall sein. Inhalt ist Gold!

Basis für einen Newsletter ist übrigens auch eine sichere und gute Adressdatenbank. Eine Adressdatenbank, in der du laut Datenschutz-Grundverordnung (DSGVO) deine Kontakte sicher und übersichtlich aufbewahrst. Zuverlässige Datenschutzmaßnahmen sind erforderlich, mit denen höchstmöglicher Schutz der persönlichen Daten gewährleistet wird. Egal, ob du mit Adress- und Bankdaten, Gesundheitsdaten, Wahlunterlagen, Rechnungs- und Mahnungsdetails oder Steuer- und Bußgeldbescheiden zu tun hast – du musst dich hier ganz genau an die Regeln halten. Arbeite mit einem vertrauenswürdigen Partner/Unternehmen zusammen, der hierauf spezialisiert ist, wenn du eine Adressdatenbank aufbauen möchtest.

Denke auch an das Double-Opt-in bei der Newsletter-Anmeldung! Das bedeutet, es reicht nicht aus, wenn sich jemand für den Newsletter anmeldet. Er oder sie muss die Anmeldung nochmals per Mail bestätigen.

Spannend ist dann auch, wie der Inhalt deines Newsletters, Blogs und Podcasts auf die jeweiligen Bedürfnisse deiner Zielgruppe eingeht. Bedürfnisse in Hinblick auf dein Produkt, deine Dienstleistung. Im Marketing sprechen wir von der »Kundenreise« (Customer Journey). Damit ist gemeint, dass die Bedürfnisse und das dazugehörige Verhalten sich ändern, je nachdem, in welcher Phase des (Kauf-)Prozesses sich ein Kunde gerade befindet.

Kennst du die altbewährte Marketingformel AIDA (Attention, Interest, Desire und Action)? Das ist eine der Möglichkeiten, eine solche Customer Journey einzuteilen. An der unten stehenden Grafik erkennst du, dass es eine Menge Menschen gibt, die grundsätzlich offen sind für dein Produkt und Interesse zeigen, aber nur ein Bruchteil hat auch wirklich den Wunsch, dein Produkt oder deine Dienstleistung zu kaufen, und ein noch kleinerer Teil tut es dann auch. Wichtig ist also, dass du zum richtigen Zeitpunkt die richtigen Inhalte bietest.

Arbeitest du mit dem AIDA-Modell oder einer anderen Customer Journey, die du für deine Zielgruppen definiert hast? Inspirierst du oder informierst du? Bietest du Produkte/eine Dienstleistung zum Kauf an? Oder bittest du deine Newsletter-Abonnenten, etwas zu teilen, in Aktion zu kommen? Du willst ja den Abonnenten dort abholen, wo seine Wünsche sind, damit du so relevant wie möglich bist. Hast du dir hierzu schon mal Gedanken gemacht? In welchem Moment sieht/konsumiert deine Zielgruppe welche deiner Online-Aktivitäten eigentlich?

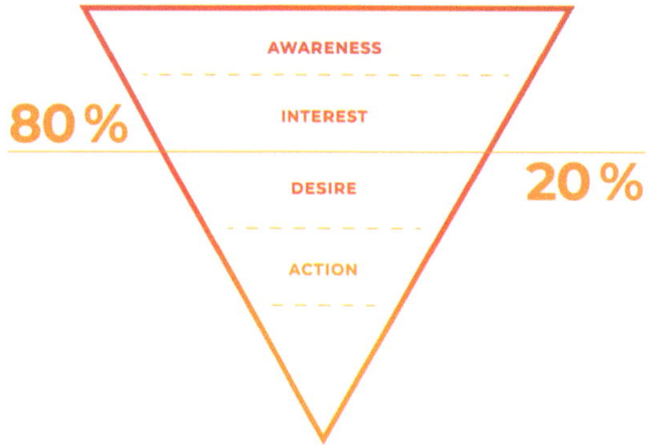

AIDA

3.2.6 360 Grad und PR

Nach wie vor spielt sich aber nicht alles im Internet ab. Ich glaube ja an die 360-Grad-Theorie – du erreichst deine Zielgruppe zu unterschiedlichen Zeitpunkten mit ganz unterschiedlichen Marketingtools, mit deinem Selbstmarketing und deiner Botschaft. PR meint nicht nur offizielle Pressemitteilungen an thematisch passende Zeitungen, Magazine oder Fachzeitschriften. Man kann zum Beispiel auch mit fachlich gut geschriebenen Leserbriefen auffallen. Was man wissen sollte: Zeitungen und Magazine sind immer auf der Suche nach Themen. Es ist also durchaus sinnvoll, Redaktionen anzuschreiben oder aufzusuchen und den Redakteuren Vorschläge für Interviewthemen oder Geschichten zu machen. Da alle Medien auch Online-Auftritte haben, erscheint das Interview/der Artikel oft doppelt – im Print und online. Meine Erfahrung ist, dass die Reichweite sehr groß ist – ich bekomme noch lange nach einer Veröffentlichung gutes Feedback. Warte also nicht, bis eine Redaktion auf dich zukommt, denn dann könntest du sehr lange warten. Meine Devise ist auch hier: Das Nein hast du, das Ja kannst du bekommen.

3.2.7 Unser Telefonbuch

Niemand nutzt heutzutage mehr ein Telefonbuch. Wir informieren uns digital über einen Personal Coach, suchen im Netz eine Rechtsanwältin, das Umzugsunternehmen oder die Nachhilfelehrerin. Und für wen entscheidet man sich? Für den Profi mit der ansprechenden Website, der richtigen Kommunikation mit der passenden Ansprache und dem guten Inhalt. Mit guten Bildern. Denn das ist die digitale Visitenkarte und so kann deine Website auch für dich arbeiten.

- Wann hast du deinen Internetauftritt zum letzten Mal überarbeitet?
- Sehe ich auf den ersten Klick, wer du bist und was dich ausmacht?
- Was sagt die Suchmaschine, wenn ich deinen Namen eintippe?
- Hast du überzeugende Referenzen auf deiner Website?

Attraktivität bedeutet auch: Welchen Mehrwert biete ich für andere und ist das deutlich, gut sichtbar, lebe ich das auch? Neue Kontakte, mit denen du Visitenkarten ausgetauscht hast, gehen meistens dann auf deine Website und schauen sich an: Okay, was verkörpert diejenige? Oder: Wie sieht denn ihr Angebot oder ihre Dienstleistung aus? Deine Website sollte ansprechend sein und gut vermarktet werden.

3.2.8 Nimm dir die Bühne

Alles ist erlaubt – nun ja, fast alles. Das Wichtigste ist, dass du du selbst bleibst. Verstell dich nicht und versuche nicht, jemanden darzustellen, der du nicht bist. Bleib authentisch. Meines Erachtens gibt es im Online- und Social-Media-Bereich fließende Übergänge zwischen Privatem und Beruflichem. Ich glaube nicht so sehr an Business-Account vs. Privat-Account. Wir sind eins heutzutage, und meines Erachtens sollten wir das auch ausstrahlen. Du bist von Beruf ..., Ehefrau bzw. Partnerin, Mutter, Tante, Tochter, Schwester, Freundin ..., passionierte Köchin oder Tennisspielerin ... eben eine Kombination aus Persönlichem und Beruflichem. Zeig das! Sei Du selbst, auch in deinem Online-Auftritt.

Es hilft, wenn du einen unverkennbaren, eigenen Stil hast. Der kann sich in Schwarzweiß-Aufnahmen spiegeln, aber auch in Posts mit tollen Sprüchen oder einem täglichen Foto, etwa mit deinem Happy-me-Moment des Tages, deiner eigenen Schreibweise bzw. Bildsprache auf der Website. Es gibt zahlreiche Stilmittel für Sprache, Bild und Inhalt.

Nutze deine Social-Media-Kanäle, deine Blogs, Vlogs, Newsletter oder Podcasts, nutze deine Website für dich und dein Vorhaben! Ab ins Rampenlicht! Nimm dir die Bühne und bespiele sie.

3.2.9 Prinzipien

Es gibt beim Selbstmarketing im Social-Media- und Online-Bereich ein paar Prinzipien, die klar auf der Hand liegen. Ich gehe davon aus, dass sie für sich sprechen und dir bekannt sind. Dennoch sollen sie hier erwähnt werden, damit du diese Tools auch souverän und selbstbewusst im Job nutzen kannst. Was du machst, schreibst und postest, sollte von (hoher) Qualität sein. Das heißt: Korrekte Sprache ist ein Muss – hinsichtlich Rechtschreibung, aber eben auch hinsichtlich ihrer politischen Korrektheit. Achte also darauf, nichts Diskriminierendes zu schreiben, und vermeide derbe Schimpfwörter oder sonstige emotionale Entgleisungen.

Was du veröffentlichst, sollte authentisch sein. Das heißt, es sollte spiegeln, wer du bist, woran du glaubst, was du machst und wie du denkst. Authentisch ist auch: Nutze nicht per Copy and Paste die Inhalte eines anderen. Bleib ehrlich. Das muss übrigens nicht immer heile Welt und Sonnenschein sein.

Schreibe und poste kontinuierlich über das, was du machst. Eine einmalige Aktion aus der Hüfte geschossen bringt noch keinen Erfolg. Dazu gehören langer Atem und die Erkenntnis: Die Kraft liegt in der Wiederholung. Achte auf Kontinuität und gib dir Zeit bis zum Erfolg.

Was du machst, schreibst, postest, sollte auch analysiert werden, damit du sehen kannst, welchen Effekt es hat. Google und die jeweiligen Medien haben hier hervorragende Möglichkeiten. Verwende sie. Und zu guter Letzt gilt auch: Das, was du schreibst und postest, sollte mit allen Mobile Devices genutzt werden können (Responsive Design, z. B. bei deiner Website oder deinem Blog).

3.2.10 Und du so? – Digital Footprint

Du siehst, es gibt ganz unterschiedliche Methoden, Aufmerksamkeit auf sich und seine Online-Präsenz zu lenken. Welche Methode spricht dich an? Wie bist du im Netz sichtbar? Auf welchen Medien finde ich dich? Facebook, Twitter, Instagram, YouTube, Pinterest, Snapchat, LinkedIn, Xing, TikTok oder auf dem chinesischen Social-Media-Tool WeChat? Wo bist du und wo ist deine Zielgruppe? Wie zeigst du deine Fähigkeiten und Kompetenzen? Hast du einen Blog? Einen Podcast? Einen eigenen Newsletter? Schreibst du im Intranet firmenintern Updates deiner Projekte? Bist Du aktiv auf Social Media? Bist du zufrieden mit deinem digitalen Footprint? Was ist deine Social-Media-Strategie?

3.2.11 Du bist online – und es folgt dir keiner?

Es bringt natürlich nichts, wenn du auf Twitter, Xing oder LinkedIn bist und dir niemand folgt. Das ist wie ein Vortrag ohne Publikum. Je größer deine Fanbase, desto stärker deine Reichweite. Ich glaube in erster Linie an hochwertigen Content, gute Bilder, packende und authentische Stories mit Mehrwert – damit setzt du dich langfristig durch.

Aber es hilft natürlich auch, wenn du die Beiträge anderer mit einem »Gefällt mir« versiehst. Folge anderen, dann folgen sie dir. Vernetze dich, bring deine Visitenkarten unter die Leute und mach deine Social-Media-Accounts sichtbar. Teile deine Blogbeiträge, Interviews und Podcast-Folgen in interessanten Foren und schalte Anzeigen für deine Zielgruppe. Und wenn du ein kleines Marketingbudget dafür übrig hast, schalte Werbung auf den jeweiligen Plattformen. Das kannst du heutzutage bereits für kleines Geld und vor allem ganz gezielt auf eine bestimmte Zielgruppe ausgerichtet tun. Du kannst angeben, wen du mit deiner Botschaft erreichen willst: Männer oder Frauen, wohnend in einem bestimmten Bundesland und interessiert an einem bestimmten Thema und noch einiges mehr. Das klappt aber nur, wenn du ein Business-Profil hast. Konzentriere dich also auf das natürlichen Wachstum deiner Follower-Base und wenn du das Budget und das Business Profil hast, auch auf die Erweiterung deiner Follower/Reichweite durch Werbung (Facebook Ads etc). Beides kann sehr effektiv sein und ist abhängig von deinem Budget und deinem gesteckten Ziel, das du erreichen willst. Bitte beteilige dich nicht am »Einkauf« von Followern – damit schafft man keine Qualität und es ist letztendlich rausgeschmissenes Geld.

3.2.12 Die Suchmaschine versteht es auch

Du machst dir so viel Mühe mit deinem Blog oder deinem Text auf der Website und dann siehst du die Aufrufzahlen und bist enttäuscht. Ich kenne das auch, da habe ich einen inhaltlich so wertvollen Text geschrieben, mit Mehrwert und Relevanz – und trotzdem wird er nicht gelesen. Vielleicht weil er nicht zu finden ist? Für andere nicht und vor allem nicht für deine Zielgruppe. Folgende Tipps haben auch mich weitergebracht – als eine Art erste Hilfe:

In der Fachterminologie heißt das, worüber ich gerade schreibe, SEO: Search Engine Optimization – also Suchmaschinenoptimierung. Es gibt ein paar Grundregeln, die wir beim Schreiben eines Textes beachten sollten. Denn es ist wichtig, dass Google und andere Suchmaschinen uns verstehen und finden können.

Wie das geht? Wichtig ist, dass du die Kernbegriffe deines Textes, die Keywords, gut anwendest. Natürlich muss der Text weiterhin relevant sein und sich für deine Zielgruppe flüssig lesen lassen, aber verwende bewusst die für dich wichtigen Wörter zu dem Thema.

Ein Text ist zudem gut leserlich, wenn es Überschriften gibt, am besten fett gedruckt. Portioniere deinen Text. Das mögen nicht nur deine Leser, sondern auch die Suchmaschinen. Bei den Überschriften darfst du einige Tricks anwenden: Sie sollen Wünsche und Erwartungen wecken, damit sie ein wenig teasern. Sie dürfen einen Mehrwert, also einen Nutzen benennen, damit die Zielgruppe direkt lesen kann, was sie davon hat. Wenn du die Wahl bzw. die Möglichkeit hast, verwende Zahlen in der Überschrift, denn diese fallen mehr auf als Worte. Und formuliere die Überschriften nicht zu kompliziert, denn der Leser mag es einfach, er will schnell erfassen, worum es geht und deutliche Anleitungen bekommen. Auch das bedeutet, dass dein Text SEO-tauglich wird.

! **Tipp: In der Kürze liegt die Würze**

Versuche nicht, den Text so lang wie möglich auszudehnen oder eine never-ending Story zu erzählen. Der Text bzw. die Story sollte so lang wie nötig und so kurz wie möglich sein. Die Zauberformel lautet: Qualität vor Quantität. Die Schriftart sollte außerdem von deinem Browser zu erkennen und leicht zu lesen sein.

3.2.13 Alles »Funnel« oder was?

Wie in einem Ökosystem hängt online alles mit allem zusammen. Das Internet ist verzahnt und du bist mittendrin mit deinen Aktionen. Alles, was du im Online- und Social-Media-Bereich machst, zahlt ein auf dein Sichtbarkeitskonto. Das ist bereits ein riesiger Gewinn. Als Marketingexpertin frage ich mich aber immer, was letztendlich der Effekt meiner Aktivitäten ist. Denn es kostet Zeit, Energie und manchmal auch Geld, wenn ich mich im Netz selbst vermarkte.

Deine Reichweite, deine Sichtbarkeit und die Bindung zu deiner Zielgruppe ist bereits eine wichtige Zielmarke. Vielleicht willst du aber mehr als »nur« mehr Sichtbarkeit, mehr Reichwerte. Du bist Selbstständige und willst, dass deine Dienstleistungen gebucht werden, oder du bist Unternehmerin und willst, dass deine Produkte gekauft werden, dann wäre ein anderes Ziel denkbar, nämlich: Umsatz, den du durch die Online-Aktivitäten erzielen willst.

Hierfür gibt es auch einen Marketing-Ausdruck: Funnel (Trichter). Es gibt einen Marketing-Funnel, einen Content-Funnel und einen Sales-Funnel. Ich versuche, es in einfachen Worten wiederzugeben: Das ist wie bei einem Kaffeefilter, oben kommt Pulver rein, unten kommt der Kaffee in flüssiger Form wieder heraus. Auf das Selbstmarketing bezogen meine ich hier die Reichweite und die Sichtbarkeit, die in den Filter kommen – und in die Tasse fließen dann zum Beispiel Aufträge oder Einkäufe. Es gibt allerdings einen kleinen, aber sehr feinen Unterschied. Das funktioniert nicht eins zu eins – also, was oben reinkommt, kommt unten nicht in gleicher Menge wieder heraus. Du verlierst auf dem Weg etwas – vom Kaffee bzw. von den erreichten Personen (Leads).

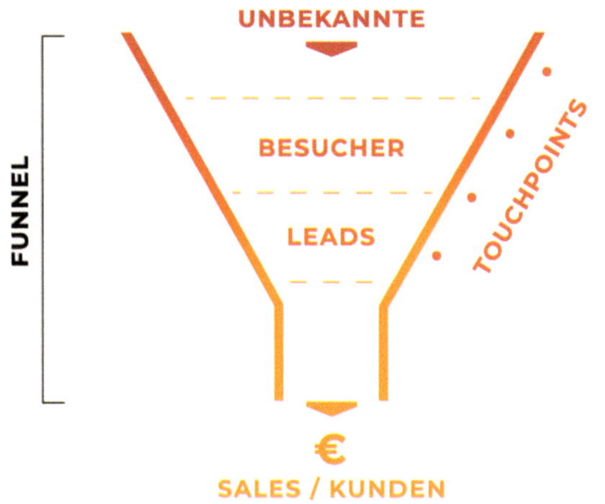

Der Sales Funnel

Von der Anzahl der Leads, die du erreichst, wird nur ein kleiner Teil in Aktion treten und entweder Kontakt zu dir aufnehmen, dich um ein Angebot bitten oder aber er wird wirklich dein Kunde und kauft dein Produkt oder gibt dir einen Auftrag. Sei dir dessen bewusst.

Wichtig: Funnel-Fakten !

Daher sind die folgenden drei Funnel-Fakten extra wichtig!

- Funnel-Fakt 1: Versuche größtmögliche Reichweite und Sichtbarkeit im Netz zu generieren mit deinen unterschiedlichsten (Selbst-)Marketingaktionen. Je mehr du in den Filter gibst, desto größer die Chance, dass unten viel rauskommt.
- Funnel-Fakt 2: Du hast bestimmt auch von den vielen Fake-Accounts gehört und unqualifizierten Followern. Wer diese Gruppe erreicht, hat letztlich gar nichts davon. In meinem Fall wäre es zum Beispiel sehr ungünstig, wenn ich mich nur an Männer richten würde beim (Online-)Verkauf dieses Buches. Hier wären die Streuverluste viel zu groß und der Fokus wäre nicht der richtige. Funnel-Fakt 2 bedeutet also: Innerhalb der Reichweite sollte die Deckung mit deiner Zielgruppe so groß wie möglich sein. Auch dann ist die Chance groß, dass nach dem Filtern noch eine interessante Anzahl übrig bleibt, die in Aktion tritt.
- Funnel-Fakt 3: Und der dritte, sicherlich sehr wichtige, aber auch gar nicht so einfach umzusetzende Tipp: Sprich bei deinen Aktionen nicht nur die richtige Zielgruppe an, sondern verwende auch die richtige Botschaft im richtigen Medium – zum richtigen Zeitpunkt. Damit du so relevant wie möglich in deiner Zielgruppenansprache bist und deine Ziele erreichst.

3.2.14 Overload und Change

Eine kleine oder auch nicht so kleine Randbemerkung zum Schluss dieses Unterkapitels: Wir sind alle online und mehr oder weniger bei Social Media aktiv. Aber was für

Barcelona, Venedig und Amsterdam als Städte gilt, gilt auch für Instagram, Facebook, Twitter, YouTube und Konsorten: Es herrscht ein regelrechter Overload, ja fast schon ein Chaos könnte man sagen! Hier ein paar interessante Fakten zum Abschluss von Brandwatch.com (10. Juli 2019):

- Um dem Ganzen etwas Kontext zu verleihen: Die Weltbevölkerung beträgt 7,7 Milliarden Menschen (Stand Mai 2019), das Internet hat 4,4 Milliarden Nutzer und es gibt 3,499 Milliarden aktive Social-Media-Nutzer (Social-Media-Nutzer wuchsen zwischen April 2018 und April 2019 um 202 Millionen an, das bedeutet, dass alle 6,4 Sekunden ein neuer hinzukommt). Internetnutzer haben im Durchschnitt 7,6 Social Media Accounts und im Durchschnitt verbringen wir jeden Tag 142 Minuten auf Social Media.
- Allein auf WordPress werden jeden Monat 70 Millionen Blogposts veröffentlicht. Die Top-3-Content-Marketing-Taktiken sind Social-Media-Content (83 %), Blogs (80 %) und E-Mail-Newsletter (77 %).
- Facebook kann nun durchschnittlich täglich 8 Milliarden Video Views von 500 Millionen Nutzern verzeichnen. Snapchat kann ebenfalls durchschnittlich täglich 8 Milliarden Video Views verzeichnen. 78 % sehen sich jede Woche Online-Videos an, 55 % tun das täglich, es wird geschätzt, dass Videos für 74 % des gesamten Online Traffics 2017 verantwortlich sind. Auf Facebook kommen jeden Tag 500.000 neue Nutzer hinzu; das sind sechs neue Profile jede Sekunde. 74 % der Facebook-Nutzer checken die Plattform jeden Tag, der durchschnittliche Nutzer verbringt jeden Tag 35 Minuten auf Facebook, die durchschnittliche Anzahl (Mittelwert) an Freunden beträgt 155.
- 500 Millionen Menschen besuchen jeden Monat Twitter, ohne sich in einen Account einzuloggen. Es gibt 1,3 Milliarden Accounts, davon sind 330 Millionen Nutzer monatlich aktiv. Der durchschnittliche Twitter-Nutzer hat 707 Follower. 391 Millionen Accounts haben keinen einzigen Follower. Täglich werden 500 Millionen Tweets versendet. Das sind 6.000 Tweets jede Sekunde.
- Auf Youtube werden jede Minute 300 Stunden an Videomaterial hochgeladen. Es werden jeden Tag eine Milliarde Stunden an YouTube-Videos angesehen. Der durchschnittliche Nutzer sieht sich jeden Tag 40 Minuten lang Inhalte auf YouTube an. Mehr als die Hälfte der YouTube-Views stammt von mobilen Geräten.
- Auf Instagram gibt es 800 Millionen monatlich aktive Nutzer. Jeden Tag werden über 95 Millionen Fotos hochgeladen. Täglich werden 4,2 Milliarden Likes auf Instagram vergeben. Es wurden mehr als 40 Milliarden Fotos geteilt. Der durchschnittliche Instagram-Nutzer verbringt täglich 15 Minuten in der App. 90 Prozent der Instagram-Nutzer ist jünger als 35 Jahre. Als Instagram Videos einführte, wurden innerhalb von 24 Stunden fünf Millionen Videos geteilt.

Ich könnte hier noch weitere Zahlen und Fakten zu Pinterest, LinkedIn, Xing, Snapchat, TikTok oder WeChat aufführen. Was deutlich wird: Es ist einerseits ein riesiger Markt mit unfassbar vielen Möglichkeiten. Gleichzeitig gibt es Massen von Einträgen, Updates, Bildern, Geschichten, Storys, Events, Filme, Tipps, Ideen, Produkte ... eine Onlinewelt, die (fast) unüberschaubar geworden ist.

Das erfordert einen Plan, eine Strategie, sonst gehst du unter. Zu überlegen ist: Wie falle ich in dieser Masse auf, wo ist meine Zielgruppe, die ich erreichen will, was spricht meine Zielgruppe genau an, was benötige ich dafür? Und wo erzielt das, was ich mache, den größten Effekt? Sei anders als andere! Sei authentisch!

Was auch erwähnt werden sollte an dieser Stelle: Social-Media-Trends entwickeln sich derart rasant – was heute angesagt und effektiv ist, ist es morgen vielleicht schon nicht mehr. Wenn sich deine Zielgruppe heute auf Instagram und LinkedIn tummelt, kann sie morgen schon wieder woanders sein. Was es heute noch nicht gibt, kann morgen auf einmal die Onlinewelt und die Nutzung von Social Media komplett verändern. Alles, was hier gesagt wird, ist also nur eine Momentaufnahme. Das bedeutet: Bleib flexibel, folge den Trends, behalte (Online-)Marketingmöglichkeiten und deine Zielgruppe immer gut im Auge!

Wichtig: Online und offline !

Mein zusätzliches Credo als strategische Marketingexpertin: Selbstmarketing muss natürlich auch offline stattfinden – im direkten Kontakt mit deinen Kunden, Geschäftspartnern, Kollegen und Vorgesetzten. Der menschliche Kontakt, das persönliche Gespräch und der professionelle Eindruck sind meines Erachtens immer noch die stärksten Kommunikationsmittel. Dennoch sind das Internet und die Social-Media-Welt nicht zu vernachlässigen. Du solltest sie nur im rechten Licht sehen.

Online to offline und offline to online – auch »O2O« genannt. Beide Richtungen gilt es zu beachten.

SELBSTREFLEXION: DEIN SOCIAL-MEDIA-AUFTRITT

Nimm dir dein Upgrade-Journal und beantworte für dich die folgenden Fragen:

- Bist du online aktiv?
- Schau dir doch mal deine Website an, ist sie aktuell?
- Ist sie mit den richtigen Bildern, Referenzen, Inhalten, der richtigen Botschaft versehen?

Frage vielleicht auch Freunde, Familie und Kollegen nach einem Feedback zur Website.

Das Gleiche gilt für deine Social-Media-Accounts.

- Laufen die unter demselben Namen, sind sie einheitlich?
- Haben sie das gleiche Foto, die passende Beschreibung und vermitteln sie, was du zeigen willst?

Reflektiere für dich und passe da an, wo es notwendig ist, bzw. überlege dir, wie du in Zukunft damit umgehen willst. Was ist deine Social-Media-Strategie?

3.3 Netzwerken – im Netz der Gemeinde

Wie geht Netzwerken? Wie lerne ich andere Leute kennen, wie mache ich auf mich aufmerksam? Wie baue ich neue Kontakte auf? Aber auch: Wie pflege ich meine bestehenden Kontakte? Wenn du das nächste Kapitel gelesen hast, wird es dir auf Veranstaltungen, Geschäftstreffen, Kongressen oder Projektmeetings bald besser ergehen. Aber eben auch auf Privatpartys oder im Freundeskreis. Denn auch da darfst und sollst du natürlich deine Kontakte pflegen. »Networking is not collecting data, it's about planting relationship and relations« (Lena von Code-n).

Vorab sei gesagt, dass die Art des Networkings natürlich zu dir passen sollte. Ich führe verschiedene Beispiele auf. Wo erkennst du dich wieder? Was spricht dich an? Was möchtest du mal austesten? Vielleicht magst du auch mal aus deiner Komfortzone kommen und etwas Neues ausprobieren? Du wirst sehen, Networking ist toll, um neue, interessante Leute kennenzulernen und spannende, inspirierende Gespräche zu führen. Und wenn es auch nur ein Small Talk ist. Der Small Talk kann dich weiterbringen. Denk daran: Das Nein hast du, das Ja kannst du bekommen. Und wenn es mal nicht so toll ist, wenn du doch auf ein Nein stoßen solltest und der Small Talk nicht gelingt: Manchmal sagt das mehr über dein Gegenüber aus als über dich, also: Lächeln, abhaken und weitermachen!

3.3.1 Meilen sammeln

Gehst du auf Kongressen, bei Geschäftsmeetings oder Partys aktiv auf andere zu? Oder stehst du dann doch bei denjenigen, die du kennst, und trinkst ein Käffchen? Oder traust du dich, Fremde anzusprechen? Von Tisch zu Tisch zu gehen, das ist wie Meilen sammeln. Meilen sammeln für dein Upgrade. Und 80 Prozent aller Leute trauen sich nicht, auf andere Menschen zuzugehen und sie anzusprechen. Ich hoffe, dass ich es dir mit diesem Kapitel etwas leichter machen kann.

3.3.2 Die magische Zwei

Ich handhabe es ganz gerne mit der magischen Zwei. Also, sofern die DSGVO es zulässt, bekomme ich vielleicht vor Geschäftstreffen oder Meetings eine Teilnehmerliste zugeschickt. Und die schaue ich mir dann auch sehr gut an:

- Ich suche mir zwei heraus, die wie ich aus der gleichen Stadt kommen. Also entweder wie ich, ein Kölner Herz haben oder aber in Nordrhein-Westfalen leben. Da hast du nämlich immer einen direkten Bezug und kannst über regionale Themen sprechen.
- Dann suche ich mir zwei heraus, die aus der gleichen Branche sind wie ich oder den gleichen Job machen. In meinem Fall entweder als Marketingexpertin unterwegs

sind oder als Speaker und Coach. Denn auch hier findest du sehr schnell Gleichgesinnte und für dich interessante Themen.
- Als Letztes suche ich mir zwei raus, die ich einfach aufgrund meiner Googlesuche interessant finde oder die mir aufgrund ihres sympathischen Namens in der Teilnehmerliste auffallen.

Ich nehme mir vor, dass ich diese sechs Personen während der Veranstaltung anspreche.

Was ich dir fürs gute Netzwerken auch empfehlen kann: Überlege dir vorab schon ein paar Fragen, die du im Gespräch stellen kannst. Dann bist du nicht auf dein Improvisationstalent angewiesen, das einen in Stresssituationen schon mal gern im Stich lässt. Wenn du vorab die Teilnehmer aus deinem Meeting googelst, kannst du interessante Informationen finden. Google hilft dir, Interessen zu finden, die du eventuell auch hast und die dich mit der jeweiligen Person verbinden. Sorge dafür, dass du auf jeden Fall gesehen und gehört wirst, und dass du bei solchen Veranstaltungen nicht allein dastehst oder eben die ganze Zeit nur bei deinen Kollegen und Freunden.

3.3.3 Farbe, Stil und ein special Gimmick?

Wodurch du auch auffallen kannst, ist ein gutes Outfit. Ich trage zum Beispiel immer etwas orangefarbenes. Du wirst mich auf den meisten Veranstaltungen – auch wenn es manchmal nur kleine Accessoires sind – in Orange sehen. Manchmal sind es keine kleinen Accessoires, sondern ich trage ein orangenes Kleid – ich bin also sozusagen von oben bis unten orange. Ich war neulich auf einer Veranstaltung in Düsseldorf beim niederländischen Generalkonsulat. Und es waren ganz viele Beamte dort, die alle schwarz gekleidet waren. Die Einzige im orangenen Kleid war ich und schon allein deswegen fiel ich auf. Mittlerweile ist es sogar bei Veranstaltungen so, dass mich Geschäftspartner fragen: »Anouk, welches orangene Gimmick ist denn heute neu?« Für mich ist das auch eine Art, wie ich mich erkennbar mache und auf Veranstaltungen auffalle. Und die Frage wäre jetzt: Was ist dein Special-Gimmick? Welche Farbe, welcher Stil macht dich unverwechselbar?

3.3.4 Im Zeitalter der Visitenkarten

Am Ende einer Veranstaltung, eines Kongresses, eines Meetings gehst du mit ganz vielen Visitenkarten nach Hause. Kennst du das? Also ich bin super schlecht im Namen-Merken, ich weiß nicht, wie es dir geht. Ich kann mir sehr gut Gesichter merken, aber wenn ich mir dann die Visitenkarten anschaue, weiß ich manchmal nicht mehr ganz genau, welche Person hinter welcher Karte steckt. Ich habe mir deshalb eine Visitenkarte mit meinem Foto darauf designen lassen. Das kann ich nur empfehlen, wenn du wirklich im Gedächtnis der anderen hängen bleiben möchtest. Wahrscheinlich geht es vielen so, wie es mir auch geht. Aber mein Name und mein Gesicht kannst du nun eben nicht mehr vergessen. Gut ist auch, wenn die Karte ein anderes Format hat als die üblichen oder dicker ist, eine andere Haptik hat. Natürlich sind meine Social-Media-Accounts auch aufgeführt und unter welchem Namen ich dort zu finden bin. Es hilft, wenn du dich in den Social Media unter demselben Namen einträgst – damit bist du schnell auffindbar.

3.3.5 Wer fragt, gewinnt

! **Vom Zuhören**

Der Dalai Lama soll gesagt haben: »Wenn du sprichst, wiederholst du nur, was du schon weißt. Aber wenn du zuhörst, lernst du vielleicht etwas Neues.«

Und das gilt letztendlich auch für das Netzwerken. Es geht nicht darum, dass du andere Leute vollquatschst und nur von dir erzählst. Wenn du sowieso nicht der extrovertierte Typ bist und gar nicht so gern selbst redest, dann überlege dir doch vorab Fragen, um leichter ins Gespräch zu kommen und andere zum Reden zu motivieren. Das geht meistens ganz einfach, denn grundsätzlich reden die meisten ganz gerne über sich, wenn sie interessiert gefragt werden. Und der schöne Nebeneffekt? Wie der Dalai Lama so schön gesagt hat: Vielleicht lernst du etwas Neues dazu.

Ich hatte bei einem Geschäftsessen abends folgende Situation: Im Restaurant gab es vier große Tische mit jeweils zehn Leuten am Tisch. Links neben mir saß ein Herr, ein Geschäftspartner, den ich flüchtig kannte – wir hatten uns vorab einmal in einem Meeting gesprochen. Er war der Direktor einer großen Firma, ein wichtiger Geschäftspartner. Ich hatte allerdings das Gefühl, dass er nicht viel mit mir anfangen konnte. Er hatte mir den Rücken zugedreht und sprach angeregt mit einem Kollegen, ohne mich auch nur eines Blickes zu würdigen. Ich konnte daher in dem Moment auch nicht so viel mit ihm anfangen. Gut, aber das war ein Vier-Gänge-Menü, ein langer Abend. Und so überlegte ich mir natürlich schon: Wie kann ich in Kontakt treten und den Abend sowohl für ihn, aber vor allem für mich nett gestalten? Nicht zu vergessen, dass er auch ein wichtiger Geschäftspartner war, zu dem ich eine gute Beziehung aufbauen wollte. Da erinnerte ich mich, dass er mir beim ersten Treffen vor einem halben Jahr erzählt hatte, dass er super gerne Rennrad fährt. Noch bevor die Vorspeise auf den Tisch kam, habe ich ihn einfach darauf angesprochen und ihn dazu befragt. Sofort sah ich in seinem Gesicht eine Veränderung. Auch die Haltung mir gegenüber änderte sich wahrnehmbar und er fing an zu erzählen, mit einem Strahlen in seinem Blick. Wir hatten einen ausgesprochen netten Abend, indem wir nicht nur über seine Leidenschaft Rennradfahren gesprochen haben, sondern ein richtiges Gespräch zustande kam, in dem auch ich von meinem Triathlon-Projekt erzählen konnte und dass ich mich gerade zum ersten Mal auf ein Rennrad gesetzt hatte. Wir hatten auf einmal eine (Kommunikations-)Ebene, auf der wir uns gefunden hatten. Und nicht nur das, es war fast anziehend, magisch, denn lustigerweise gesellte sich noch ein Kollege dazu, der auch eine Schwäche fürs Radfahren hatte, und ein weiterer wichtiger Geschäftspartner, der auch seine Liebe zum Triathlon gefunden hatte. Und somit war der Abend ein absolut gelungener Netzwerkabend für mich. Der Kontakt mit dem Geschäftspartner hat sich dadurch um einiges verbessert. Also: Fragen stellen, zuhören und sich daran erinnern, was dir jemand in Vorgesprächen erzählt hat.

Meine Freundin Irene, auch Netzwerkprofi, hat mir erzählt, dass ihr Geschäftspartner neulich auf einem Treffen war. Da wurde er von Frau Schmitz angesprochen. Frau Schmitz hatte ihn seit einem Jahr nicht mehr gesehen. Und trotzdem wusste sie nicht nur seinen Namen, ganz klar. Sie wusste auch noch, dass er drei Kinder hat, und sie wusste sogar die Namen der drei Kinder. Das sind Netzwerkprofis. Das macht Eindruck. Das schafft auch Vertrauen.

Achtung !

Nochmals wiederholt, weil es so wichtig ist: Zuhören und sich Wichtiges merken – das zeichnet echte Netzwerkprofis aus.

Wenn du zu einem Event, einem Netzwerktreffen, auf eine Party oder zu einem Projektmeeting gehst, überlege doch im Vorfeld:

- Wen triffst du jetzt?
- Wen könntest du treffen?
- Was hat er/sie mir beim letzten Mal erzählt? Woran kannst du da anknüpfen?

Es geht beim Netzwerken eben nicht nur ums Reden, es geht vor allem auch ums Zuhören – das ist eine echte Stärke.

3.3.6 Ein Geben und Nehmen

Ein Freund von mir war im vergangenen Jahr im Silicon Valley. Er hat ein Start-up gegründet und über einen Gründerpreis hatte er ein Stipendium bekommen, das ihm die sechsmonatige Reise ermöglichte. Man wollte ihm dort helfen, er sollte da mit seinem Start-up etwas gepusht werden. Dort ist es wirklich gang und gäbe, dass man sich miteinander vernetzt und die Geschäftspartner schauen: Welchen Kontakt habe ich? Und wen kann ich mit wem geschäftlich verknüpfen? Männer können das meines Erachtens auch ganz gut untereinander und sind darin besser geübt. Wir Frauen können in dieser Hinsicht noch ein bisschen was von den Männern lernen. Mein Freund hat auf diese Art und Weise während der fünf Monate vor Ort wirklich unzählige Kontakte geknüpft. Mittlerweile ist er zurück und nun hilft ihm einer der Kontakte aus dem Silicon Valley auch bei seinem zweiten Start-up-Projekt. Das hat sich also gelohnt.

Es ist so, wie der erste deutsche Bundeskanzler Konrad Adenauer schon gesagt hat: »Man kennt sich und man hilft sich.« Die Kölner unter uns kennen das bestimmt. Für diejenigen, die nicht aus Köln kommen, vielleicht kurz erklärt, dieses »Man kennt sich, man hilft sich« ist fast schon eine Norm, etwas, das wir Kölner sozusagen sowohl im Geschäftsbereich, aber auch im Privaten tun. Das wird »Kölscher Klüngel« genannt. Wobei es einen Unterschied gibt zum Silicon Valley: Der Kölner an sich ist schon auch darauf bedacht: »Wie kann ich mir eine Scheibe vom Deal abschneiden?« Und im Silicon Valley ist es eben ganz ohne Hintergedanken. Man schaut wirklich: Was kann ich für den anderen tun, ohne in erster Linie Profit davon zu haben? Netzwerken bedeutet im Prinzip, Multiplikatoren suchen und finden für deine Idee, für dein Unternehmen, für neue Möglichkeiten, die du entwickeln möchtest.

3.3.7 Der »Hot Seat«

Was dir auch sehr helfen kann, das ist eine Mastermind-Gruppe. Eine Gruppe, die sich regelmäßig trifft und personenbezogene Themen bespricht. Themen, die für die jeweilige Person Relevanz haben, mit Fragezeichen versehen sind oder aber durchdacht werden dürfen. Ich habe sogar zwei Gruppen – wir sind jeweils zu viert und treffen uns einmal im Quartal. In der einen sind wir eher unterschiedliche Persönlichkeiten, mit unterschiedlichen Hintergründen, zwei Männer und zwei Frauen, zwischen 40 und 60 Jahre alt. Wir haben alle unsere unterschiedliche Themen und helfen uns gegenseitig. Wir trinken und essen erst gesellig und berichten über private und geschäftliche Neuigkeiten, ganz informell am Abend vorab. Am nächsten Morgen setzen wir uns zusammen, der Tag dauert dann von 9 bis 18 Uhr. Jeder hat zwei Stunden, in denen er/sie sozusagen auf dem »Hot Seat« sitzt. Dort darf der- oder diejenige dann ein Thema seiner/ihrer Wahl einbringen. Und dann wird zwei Stunden lang nur über dieses Thema gesprochen. Und jeder von uns kann eben aus einer ganz unterschiedlichen Sichtweise heraus, mit unterschiedlichen Kompetenzen, Erfahrungen und Ideen, dieser Person auf dem Hot Seat helfen.

So mache ich das in der anderen Mastermind-Gruppe auch. Allerdings sind wir da vier Frauen, alle um die 45 Jahre alt, wir arbeiten beim selben Arbeitgeber, dadurch ist diese Gruppe etwas homogener. Zudem ist es so, dass wir manchmal auch gemeinsam Themen für uns alle ausarbeiten. Also, das heißt, du kannst frei sein in der Form und Zusammenstellung: Welche Personen kommen dir in den Sinn, die gut für die Gruppe wären? Sprich sie an! Welche Themen sind relevant für dich?

In meinem Fall haben wir einmal meine Positionierung als Unternehmerin geschärft. Bei einem anderen Treffen haben wir mal über einen Flyer gesprochen, den ich entwickelt habe, und jeder durfte und sollte Feedback dazu geben. Es können somit ganz verschiedene Themen sein und du wirst merken, auch über die Jahre sind es unterschiedliche Themen. Du hast dadurch nicht nur die Chance, an deinem (neuen) Netzwerk anzuknüpfen und dadurch beruflich wie privat durch neue Ideen, Feedback und Reflexion weiterzukommen. Die Gruppe wird dir auch durch ihr Netzwerk behilflich sein, neue Kontakte zu knüpfen. Es ist wirklich eine absolute Win-win-Situation.

Wichtig: Das Mastermind-Netzwerk !

Du wirst sicherlich schnell merken, dass du auch von den Fragestellungen Deiner Mastermind-Kollegen lernst und für dich daraus relevante Einsichten gewinnst, einfach schlauer wirst. Ein schöner Nebeneffekt.

3.3.8 Hast du heute schon gelikt?

Netzwerken geht heutzutage vor allem auch via Social Media, wie im vorherigen Kapitel im Detail bereits erläutert. Es ist eine neuere Art des Netzwerkens neben dem Face-to-face-Kontakt. Also, »Gefällt mir« heißt auf Facebook »Daumen hoch«, »Herzchen« oder was auch immer. Da gibt es mittlerweile unterschiedliche Möglichkeiten in den unterschiedlichsten Portalen. Eine kleine Anerkennung für einen interessanten, originellen oder besonders witzigen Post.

Bist du vertreten auf Facebook, Instagram, Pinterest, YouTube, Twitter, TikTok oder aber auch in vorrangig beruflichen Netzwerken, wie zum Beispiel LinkedIn (für den internationalen Markt) oder Xing (eher in Deutschland genutzt)? Bist du dort aktiv? Machst du auf dich aufmerksam? Sodass man deine Beiträge auch liken kann? Mehr Likes sorgen für mehr Aufmerksamkeit. Wer geschickt und regelmäßig seine Botschaften postet, der kann die Tools auch als perfekte »Multiplikatoren« für die eigenen Botschaften nutzen. Wann hast du das letzte Mal auf deine Website geschaut? Sagt sie noch genau das aus, wofür du stehst? Denk daran: Wer dich kennengelernt hat, schaut sich deine Seite und dein Profil an. Gibt es dann ein Like für die Website oder eher ein Dislike? Also achte darauf, dass deine Bilder und Texte auf den unterschiedlichen Kanälen aktuell sind und das wiedergeben, wofür du stehen und was du erreichen willst: Kunden auf sich aufmerksam machen, interessante (potenzielle) Geschäftspartner kennenlernen oder aber einfach Gleichgesinnte finden. Und Trommeln gehört zum Handwerk. Onlinenetzwerken – ein super Tool.

3.3.9 Der Netzwerkkalender

Von Onlinenetzwerken zu einem hilfreichen Offlinetool. In Deutschland nicht so bekannt, dafür in den Niederlanden gang und gäbe: Dort hat jeder einen Geburtstagskalender auf der Toilette – weil es da so praktisch ist. Darin sind alle Geburtstage eingetragen. Denn es geht eben nicht nur darum, dass wir neue Kontakte aufbauen, sondern eben auch bestehende Kontakte pflegen. Die Wirkung ist nicht zu unterschätzen.

So weißt du immer, wann wer Geburtstag hat, und kannst gratulieren. Heutzutage braucht man fast keinen Kalender mehr, denn LinkedIn, Xing, Facebook und Co. erinnern einen ja daran, dass jemand Geburtstag hat. Aber es gibt ja auch Menschen, die ihr Geburtsdatum verborgen halten.

Darum ist mir mein Kalender eine große Hilfe. Und ich nutze im Freundes- und Kollegenkreis, bei Geschäftspartnern, Mitarbeitern, aber natürlich auch innerhalb der Familie nicht die Online-Netzwerke, um einen Smiley, ein Birthday-GIF oder eine kurze Nachricht mit den anderen 300 zu hinterlassen, die es mir gleichtun. Ich rufe ganz altmodisch an oder singe eine Nachricht auf WhatsApp-Voicemail. Ich habe ein besonderes Familien-Geburtstagslied, das singe ich jedes Jahr aufs Neue. Auch das Singen scheint altmodisch zu werden, und gerade deswegen danken es mir alle, denen ich ein Ständchen bringe. Meine Art, ihnen zu gratulieren, bleibt bei ihnen haften und sie sagen mir, dass sie sich schon im Vorhinein darauf freuen.

Ich nutze eine »Extended Version« meines Geburtstagskalenders, sozusagen. Denn was auch im Kalender steht, sind die Geburtstage der Kinder meiner Freunde, Kommunion- und Konfirmationstage, bestandene Doktorprüfungen etc. Dazu kommen die Hochzeitstage meiner Freunde. Auch die traurigen Tage werden notiert, wenn zum Beispiel ein Elternteil verstorben ist. Natürlich sende ich auch an diesen Tagen eine (Sprach-)Nachricht oder rufe an. Diese kleine Geste kann viel Freude oder Trost bereiten, weil derjenige denkt: Ach, das gibt es ja nicht. Das hat sie sich auch noch gemerkt, wann meine Tochter Geburtstag hat oder wann mein Hochzeitstag ist. Oder auch: Wie lieb, an diesem schwierigen Tag steht sie mir zur Seite und denkt an mich. Das ist für mich auch eine Art von Netzwerken. Nicht im Sinne von: Ich mache das, um daraus einen Vorteil für mich zu ziehen, sondern einfach, um für jemand anderen da zu sein und ihn/sie wissen zu lassen, dass man an ihn oder an sie denkt. In guten und in schlechten Tagen. Das macht Freundschaft, Familie und gute Geschäftsbeziehungen aus. Und das Besondere ist: Dafür braucht man nur einen Kalender und die Zeit für einen Anruf oder eine Sprachnachricht. Das kann jeder. Kleine Geste, Riesenwirkung!

3.3.10 In der Freizeit

Betätigst du dich ehrenamtlich für einen guten Zweck, für einen Verein oder in der Kita/Schule deiner Kinder? Denn das ist eine weitere Netzwerkmöglichkeit. Ich bin Vorstandsvorsitzende der Deutsch-Niederländischen Gesellschaft und treffe dort mit den 200 Kölner Mitgliedern des Vereins sehr viele Gleichgesinnte. Alles Menschen, die wie ich eine Liebe zu Köln und zu den Niederlanden haben – wir haben schöne Abende und tauschen uns wunderbar aus. Wir verbringen jeden Monat einen Abend gemeinsam und ich durfte im Verein sehr viele sympathische Leute kennenlernen. Ein Ehrenamt auszufüllen ist nicht nur Arbeit, sondern eine kluge und einfache Form des Netzwerkens. Du hast zudem immer eine besondere Stellung, wenn du dich für den Verein/den guten Zweck einsetzt. Ein Ehrenamt oder aber eine Mitgliedschaft helfen beim Netzwerken, denn hier findest du Verbündete, die ein Lieblingsthema mit dir teilen.

Kennst du das auch? Du bist bei so vielen Veranstaltungen, Events, Geburtstagen, Mädelsabenden, Netzwerktreffen und Businesstreffen eingeladen, dass es dir nicht immer gelingt, dabei zu sein? Nebenbei läuft unser tägliches Leben, die Arbeit, die Familie, viele (Freizeit-)Termine und manchmal freue ich mich, wenn ich einfach mal zu Hause vor dem Fernseher sitzen darf und nichts tun muss. Aber sollte es einen tollen Termin geben, den du nicht missen möchtest, solltest du Zeit und Lust haben für eine Netzwerkmöglichkeit, dann nutze sie auch. Geh dorthin, komm ins Gespräch – so hast du immer wieder die Möglichkeit, neue Leute kennenzulernen.

3.3.11 Die Prinzessinnengruppe

Neben den beruflichen Netzwerken gibt es eben auch das private Netzwerk. Ich habe jahrelang im Ausland gelebt. Trotzdem konnte ich meine Freundschaften erhalten. Das hat etwas mit Kontaktpflege zu tun. Sich gegenseitig anzurufen, zu mailen, sich zu sehen, an sich zu denken, mit kleinen Aufmerksamkeiten im Kontakt zu bleiben. Einmal im Monat organisiere ich einen weiteren Mädelsabend, mal sind wir zu dritt, mal sind wir zu zehnt, ganz unterschiedlich. Aber jeden Monat aufs Neue gibt es so die Chance, sich immer wieder upzudaten, wie es im Leben läuft, welche Themen gerade relevant sind, welche Probleme sich auftun, welche Highlights wir erlebt haben – wir bleiben so verbunden. Was im Beruflichen gilt, gilt eben auch im Privaten. Und dieses private Netzwerk kann dir auch helfen – bei Herausforderungen und Problemen. Es können aber auch berufliche Kontakte über Freundschaften entstehen.

Achtung: Jetzt gleich! !

Welchen Freund, welche Freundin hast du schon lange nicht mehr gesprochen? Leg das Buch zur Seite, greif zum Hörer und ruf einfach an! Wer hat heute, morgen oder übermorgen Geburtstag? Ruf an oder schick eine Geburtstagskarte!

3.3.12 Die sieben Dos und Don'ts

Kommunikation ist und bleibt ein Fach für sich, das betrifft auch das Netzwerken. Hier zusammengefasst sieben Grundsätze zum Thema:

1. Bleib du selbst! Sei authentisch und sympathisch. Sei offen, interessiert und lächle, sodass die Leute um dich herum dich gern ansprechen und mit dir ins Gespräch kommen wollen.
2. Oft geht es beim Netzwerken darum, dass wir versuchen, etwas vom anderen zu bekommen. Mein Tipp wäre: Schau doch erst mal, was du für den anderen tun kannst. Welche Hilfe/Dienstleistung kannst du ihm/ihr anbieten, um eine Unterstützung zu sein? Schau erst dann, wie dir geholfen werden kann.
3. Sprich von Dingen, die dich interessieren, wovon du Ahnung hast. Quatsch nicht einfach drauflos. Vor allem nicht über etwas, von dem du keinen Plan hast. Konzentrier dich auf Themen, die deine Stärken sind.
4. Wenn du dich nicht traust, allein irgendwohin zu gehen, dann frag doch einfach eine Kollegin oder einen Kollegen, einen Freund oder eine Freundin, ob er oder sie dich begleiten will. Manchmal ist es einfacher, wenn man zu zweit auf einer Veranstaltung ist oder bei einem Netzwerkabend. Bleibt dann allerdings nicht die ganze Zeit miteinander im Gespräch – geht aktiv auf andere zu!
5. Wenn du eine Frage an dein Gegenüber gestellt hast, dann schau bitte danach nicht (gelangweilt) auf dein Handy. Und schau dich auch nicht nach dem nächstbesten Gesprächspartner um, sondern mach wirklich angeregt und interessiert mit deinem Gesprächspartner Small Talk.
6. Quatsch dein Gegenüber auch nicht tot mit irgendeiner langweiligen Geschichte, ohne dass du einen Atemzug holst. Lass auch den anderen zu Wort kommen. Führe ein Gespräch, keinen Monolog.
7. Zum guten Schluss – sei kein Klugscheißer, der alles besser weiß. Lass andere Ansichten zu und nutze höfliche Small-Talk-Sätze.

Auf welche nächste Veranstaltung gehst du? Wo wirst du als Nächstes erfolgreich netzwerken? Und was wirst du dann machen? Wie bereitest du dich auf das nächste Netzwerktreffen vor?

SELBSTREFLEXION: DEIN NETZWERK

Beantworte in deinem Upgrade-Journal die folgenden Fragen:

- Wen möchtest du mal kennenlernen, mit wem möchtest du dich vernetzen?
- Mit wem möchtest bzw. solltest du mal wieder Kontakt aufnehmen? Notiere mindestens zehn Personen!
- Und wie vernetzt du dich und kontaktierst die Personen?

Überlege dir außerdem deine Lieblingsfragen für Netzwerkabende und schreibe sie dir in dein Upgrade-Journal.

3.4 Aussehen und Auftritt

Innerhalb von einer Zehntelsekunde hat sich ein anderer ein Bild von uns gemacht. Was zählt, ist der gesamte Auftritt – das beginnt bei Kleidung und Aussehen und geht weiter mit dem erfolgreichen Präsentieren.

3.4.1 Hoch- & Tiefstatus

Wir alle nehmen ganz automatisch eine Körperhaltung im Gespräch ein. Sei es bei Präsentationen, bei Verhandlungen, Vorstellungsgesprächen, im Kundenkontakt, im Meeting mit den Kollegen ... Es gibt den Hochstatus und den Tiefstatus und wenn zwei oder mehrere Menschen aufeinandertreffen, dann nimmt jeder für sich ein Statusverhalten an. Der eine höher, der andere tiefer. Das muss nicht das ganze Meeting oder das ganze Gespräch über so bleiben – im Laufe des Aufeinandertreffens kann sich das ändern.

Je nach Tagesform können wir mal mehr und mal weniger erhobenen Hauptes auftreten. An dem Tag, an dem du dich wie eine Königin fühlst, stehst du anders da, redest anders, bewegst dich anders als an Tagen, an denen es dir weniger gut geht oder du einfach weniger Energie hast. Ganz schlimm, wenn dir dann auch noch ein ganz dominanter Geschäftspartner oder Kollege über den Weg läuft. In den Momenten gehen wir ganz automatisch in einen Tiefstatus.

Im Hochstatus kannst du Kompetenz vermitteln, die Aufmerksamkeit auf dich ziehen, deine Punkte sehr deutlich benennen, da du ruhige Bewegungen machst, viel Raum für dich einnimmst, den Kopf sehr gerade hältst und Blickkontakt mit deinem Gegenüber hast. Aber es ist nicht immer der Hochstatus, der dir Vorteile bringt. Der kann auch abschrecken, da du vielleicht große, ausladende Gesten machst, andere schon mal unterbrichst, dich laut und sehr selbstbewusst präsentierst.

Im Tiefstatus läufst du Gefahr, übersehen und überhört zu werden bzw. deine Kompetenz nicht wirklich zu unterstreichen. Im schlimmsten Fall hat dein Gegenüber den Wunsch, dich in den Arm zu nehmen und zu trösten. Wieso? Weil du, wenn du im Tiefstatus bist, eher leise redest, ohne Blickkontakt zum Gegenüber, dich kleiner machst, den Kopf schräg hältst und fragend schaust.

Wir Frauen neigen häufiger zum Tiefstatus als zum Hochstatus. Vor allem in Gesprächen mit Männern. Der Vorteil, den der Tiefstatus mit sich bringt: Du kommst sympathischer rüber, kannst Menschen berühren. Wenn dein Gegenüber auf jeden Fall hören will, was du zu sagen hast, kannst du durch die Stille evtl. auch ganz viel Aufmerksamkeit bekommen. Im Kundenkontakt wirst du mit einem leichten Tiefstatus mehr erreichen als mit einem Hochstatus.

Achte mal ganz bewusst darauf, wie deine Körpersprache ist und was du ausstrahlst. Passe dein Verhalten je nach Situation, je nach Gespräch doch mal an und versuche ganz explizit, in den Hoch- oder Tiefstatus zu gehen, und schau, was das mit dir und deinem Gegenüber macht. Sobald du mit beiden Haltungen spielen kannst, kannst du auch auf jede berufliche Situation einstellen und ganz bewusst agieren – statt nur zu reagieren.

3.4.2 Halo-Effekt

Der erste sympathische Eindruck hilft übrigens sehr! Denn er lässt Menschen von bekannten Eigenschaften einer Person auf unbekannte Eigenschaften schließen. Das nennt man den »Halo-Effekt«.

BEISPIEL: HALO-EFFEKT

Wenn zum Beispiel Person A Sympathie für Person B empfindet und generell Menschen sympathisch findet, die kompetent sind, wird Person A annehmen, dass Person B kompetent ist, ohne dafür irgendeinen Hinweis zu haben.

Halo-Effekt heißt nichts anderes als Heiligenschein-Effekt. Bei einer negativen Annahme spricht man vom »Teufelshörner-Effekt«.

3.4.3 Kleider machen Leute

Weißt du, was das Einzige ist, das vom internationalen Jahresmeeting meines Arbeitgebers im vergangenen Jahr hängen geblieben ist? Der rosafarbene, viel zu eng sitzende Hosenanzug des Moderators. Im Saal saßen 80 % Frauen – die hatten gleich eine Meinung. Innerhalb von Sekunden hatte der Mann verspielt und der Teufelshörner-Effekt hatte direkt eingesetzt.

Würdest du einen Mann ernst nehmen, mit ihm philosophieren wollen oder ihn um Hilfe bitten, wenn er in Jogginghose, kaputten Schuhen und zu engem T-Shirt vor dir stehen würde? Ich unterstelle einer Polizistin in Dienstkleidung mehr Autorität als derselben Frau in einem Kleid. Eine Ärztin mit Kittel kommt kompetenter rüber, als wenn sie eine Jeans tragen würde. Gut gewählte Kleidung vermittelt Respekt und Vertrauen. Es mag oberflächlich klingen, das ist es meines Erachtens aber überhaupt nicht. Als Selbstmarketingexpertin unterstreiche ich den bekannten Satz: Kleider machen Leute.

3.4.4 Dein eigener Stil

Hast du einen bestimmten Stil? Wie möchtest du wahrgenommen werden? Was willst du mit deinem Kleidungsstil aussagen? Bist du eher der Naturtyp, mehr der Freizeittyp mit Jeans, magst du den Business-Style oder bist du die verkörperte Eleganz?

Das Wichtigste ist, dass du dich in deiner Kleidung wohlfühlst, denn das strahlst du dann auch aus. Dein Stil sollte zu dir passen, zu deinem Job und zu den unterschiedlichsten Anlässen. Das wird sich auf deine gesamte Körpersprache auswirken.

Meine Devise ist: Ich trage immer Kleidung, die gegenüber meinen potenziellen Kunden ausstrahlen soll: »Sie weiß, wie man mit Geld umgeht«, »Sie steht für Qualität, beeindruckend« und »Eine kompetente und professionelle Frau«, »Seriös und stilsicher«. Das bedeutet, dass ich mir sehr gut überlege, welche Kleidung ich mir kaufe, welche Farbe, welchen Stoff, von welcher Marke und wann ich was tragen will. Wenn ich mich entscheiden muss, bin ich immer eher overdressed als underdressed. Meistens sind es Kleider, und fast immer trage ich dazu etwas Orangenes. Das ist mein Erkennungsmerkmal. Ob orangene Kette, Ring, Ohrring, Schal oder aber auch ein ganz orangenes Kleid oder Sakko. Das ist mein Stil. Darin bin ich relativ konsequent.

Was möchtest du mit deiner Kleidung ausstrahlen? Hast du auch eine Farbe für dich entdeckt? Hast du eventuell einmal eine Farb- und Stilberatung machen lassen? Denn es gibt bestimmte Farben, die mehr aus uns herausholen als andere Farben. Farben, die etwas mit uns machen – im positiven Sinn.

Mit 1,53 Metern trage ich sehr häufig Schuhe mit Absätzen, die mich mindestens sieben Zentimeter größer machen. Aber Achtung bei High Heels: Man muss auch darauf laufen können, sonst sieht es eher unprofessionell aus. Zudem halte ich mich sehr an Knigge, denn ich finde, Kleidung ist auch ein Zeichen des Respekts. Durch deine Kleidung, deinen Stil kannst du extra auffallen und hast die Chance, dich noch deutlicher zu positionieren und auszustrahlen, wofür du stehst. Es ist ein wichtiger Teil des Selbstmarketings. Nicht mehr, aber auch nicht weniger.

3.4.5 »Ein schönes Make-up macht immer Eindruck«

Mit dem Make-up werden deine Stärken betont. Meine Mutter war 60 Jahre lang Maskenbildnerin und ich bin mit meiner Schwester im Maskenraum groß geworden. Meine Mutter sieht immer das Schöne in den Menschen und kann das mit Make-up noch mehr hervorzaubern. Ich habe unzählige Vorher-Nachher-Effekte gesehen. Die Moderatorinnen und Schauspielerinnen, die ungeschminkt in den Maskenraum kamen und geschminkt wieder heraustraten. Ein großer Unterschied – in Auftritt und Wirkung.

Beim Thema Selbstmarketing und dem perfekten Auftritt müssen wir daher auch kurz über die Optik reden und bei Frauen zählt hier das Make-up dazu. Es gibt viele Frauen, die nicht genau wissen, welches Make-up sie nutzen wollen bzw. was Eindruck macht. Ich empfehle dir: Lass dich mal in einer Drogerie, Parfümerie oder bei einer Kosmetikerin hierzu beraten. Meine Mutter hat mir folgende Tipps gegeben, die ich gerne an dieser Stelle verraten möchte – für den besonderen Auftritt, den ersten Eindruck und den eigenen Wohlfühlmoment.

Grundsätzlich gilt, dass es verschiedene Arten von Make-up gibt: Tages-, Abend-, Bühnen- und Foto-Make-up, und für alle gilt: Helle Farbe hebt hervor, dunkle Farbe stellt zurück. Das Make-up selbst darf nicht mehr als einen Hautton dunkler sein als die eigene Hautfarbe. Will man aber etwa ein markantes Kinn optisch »verkleinern«, dann schminkt man es in einem Ton, der noch eine Stufe dunkler ist. Es darf nie zu maskenhaft sein, wenn es nicht gerade um eine Shakespeare-Inszenierung geht. Am Ende kommt ein leichter Puder auf die Haut. Das Gesicht sieht dann schön ebenmäßig und matt aus. Das Entscheidende an den Make-up-Varianten ist, wie kräftig man die Augen schminkt, das Rouge aufträgt und den Lippenstift. Bei Bühnenauftritten darf es ein wenig kräftiger sein, da das Publikum mehrere Meter entfernt ist. Für ein normales Tages-Make-up oder einen TV-Auftritt mit Nahaufnahmen würde ich immer zarte Farben verwenden. Was ganz wichtig ist: Wimpern immer kräftig tuschen, damit sie das Auge öffnen. Unten und oben gut tuschen, möglichst mit wasserfester Tusche. Augen und Lippen sind das Wichtigste. Die Lippen werden auf jeden Fall mit einem Konturenstift vorgezeichnet. Je nach Lippengröße gilt: Helle Farbe hebt die Lippen hervor, dunkle lässt sie zurücktreten. Roter Lippenstift wird auf die Kleidung abgestimmt. Im Grunde steht diese Farbe jedem, ist aber von der Kleidung abhängig.

Ein schönes Make-up macht immer Eindruck. Das Make-up verhilft am Tag, am Abend und auf der Bühne zu einer besseren Ausstrahlung. Man sieht zudem einfach gepflegt und frisch aus, hat eine größere Präsenz. Meine Mutter und ich wünschen allen Frauen einen glanzvollen Auftritt!

3.5 Die Präsentation

3.5.1 Glossophobia

Du bist auf deinem Gebiet ein Profi, die absolute Expertin, man könnte dich alles zu deinem Thema fragen. Doch wenn es darum geht, das geballte Wissen in einen handlichen Vortrag zu packen und vor einem Publikum zu präsentieren, macht sich Unsicherheit breit. »Glossophobia« wird die Angst genannt, vor Publikum zu sprechen. Drei von vier Befragten geben zu, die unangenehme Situation zu kennen.

Aber Präsentieren, egal ob im Gespräch, bei einem Impuls- oder Fachvortrag, bei einem Projekt-Update, einem Pitch oder auf einer Hochzeit, gehört zum Selbstmarketing, beruflich wie privat. Dich zeigen, dein Wissen weitergeben, Leute inspirieren, Kollegen oder Geschäftspartner auf dem Laufenden halten, einen potenziellen Kunden überzeugen – all das sind Beispiele von Momenten, die oft wichtiger Bestandteil unserer Arbeit sind.

Kannst du dich richtig präsentieren? Kannst du mit deinen Geschäftsideen überzeugen? Fühlst du dich sicher, wenn du Meetings vorsitzt oder einer Projektgruppe Updates präsentierst? In meinen Workshops »Erfolgreich präsentieren« erlebe ich immer wieder, dass wir Frauen dazu neigen, uns kleiner zu machen, als wir sind. Wir verkaufen uns oft unter Wert. Oft sind wir zu schüchtern und bescheiden, um von unseren Erfolgen zu sprechen und andere zu überzeugen. Selbstdarstellung heißt übrigens nicht Dauerquasseln, sondern bewusst und überzeugend reden. Rhetorische Hilfsmittel nutzen. Pausen machen, denn Pausen verleihen dem Gesagten mehr Nachdruck.

In nur zwei Tagen kann Frau einiges bei mir lernen und mit einem Handwerkskoffer an Ideen und Tipps nach Hause gehen, um dann sich, ihr Unternehmen und die Geschäftsidee überzeugend zu präsentieren. Hier einige Inhalte aus dem Workshop:

3.5.2 Perfect Preparation Prevents Poor Performance

Mit der richtigen Vorbereitung und einigen Tipps und Tricks kann jede von uns einen guten und überzeugenden Vortrag oder eine inspirierende Präsentation halten. Die Vorbereitung ist eben sehr wichtig! Wer ist mein Publikum? An wen richte ich meinen Vortrag? Je mehr du über deine Zuhörer weißt, desto besser kannst du deinen Vortrag auf deren Interessen abstimmen. Es geht darum, das Publikum dort abzuholen, wo es ist. Die Zuhörer sollen sich angesprochen und vor allem gesehen und verstanden fühlen.

Bring also alles in Erfahrung, was du im Vorhinein finden kannst. Setz dich mit deinen Adressaten auseinander: Was ist das für ein Unternehmen? Welche Philosophie lebt die Firma? Wer sind die Mitarbeiter? Worum geht es? Lass geschickt einfließen, dass du weißt, womit die Zuhörer sich befassen, was ihre täglichen Probleme sind. Darauf kannst du auch die Begrüßung und die ersten Sätze abstimmen, um die Zuhörer gleich für dich einzunehmen. Der Vortrag gewinnt so für jeden im Raum an Relevanz und du hinterlässt einen professionellen und sympathischen Eindruck, weil das, was du sagst, nicht wie eine Standardrede wirkt, die du immer und überall halten könntest.

Wichtig !

Wichtig außerdem: Bleib bei dir, sei authentisch und suche heraus, welche Tipps und Tricks du anwenden willst, was zu dir passt. Strahle mit deiner Leidenschaft zu deinem Thema – denn diese Leidenschaft strahlt auf andere Personen ab.

3.5.3 Der Anfang

Wie kannst du positiv aus der Reihe fallen? Fangen wir ganz vorn an, am Anfang. Es braucht nur eine Zehntelsekunde für einen ersten Eindruck. Mach dir bewusst, dass dieser Eindruck bei vielen Zuhörern der gleiche ist – bist du jemandem auf Anhieb sympathisch, hast du diese Wirkung also sehr wahrscheinlich auch auf andere.

Meine Empfehlung ist ganz klar: Beginne anders als andere! Warum? Die ersten Sekunden sind die wichtigsten. Das Publikum wird entscheiden: sympathisch oder unsympathisch – und ob es neugierig genug ist, dir zuzuhören. In den ersten beiden Minuten deiner Präsentation hast du die größte Aufmerksamkeit der Zuhörer. Sie entscheiden: Höre ich weiter zu oder steige ich gedanklich aus, schweife ich ab? Stell dir vor, du sprichst über das, was dir am Herzen liegt, hast dir unendlich viel Mühe mit der Vorbereitung gemacht und dein Publikum denkt darüber nach, was es am Abend zu essen geben könnte oder zückt kollektiv das Handy zum Surfen im Netz. Nicht schön.

! **Achtung**

Vermeide Standardanfänge wie »Mein Name ist … schön, dass Sie gekommen sind …«

Langweile dein Publikum nicht, sondern überrasche es! Starte etwa mit einer Schätzfrage, einer kurzen (!) Geschichte, einem Video, zeige ein außergewöhnliches Foto, beziehe das Publikum mit einem kleinen Quiz ein oder erzähle einen Witz. Nach dem ungewöhnlichen Beginn kannst du dann eher standardmäßig weitermachen, wenn du das möchtest, und deinen Namen und das Thema mitteilen.

! **Tipp**

Fang immer anders an und fordere deine Kreativität heraus. Dein Publikum wird es dir danken – und auch für dich selbst bleibt dein Auftritt lebendig.

3.5.4 Das Beste kommt zum Schluss

Vieles, was für den Anfang eines Vortrags gilt, gilt meiner Meinung und Erfahrung nach aber auch für das Ende. Es ist alles andere als unwichtig, für welchen Ausstieg du dich entscheidest. Ein gelungenes Ende sorgt dafür, dass deine Worte nachklingen und wirken können. Und deine Zuhörer sich an dich erinnern werden – und zwar im besten Sinne.

Der Schluss deines Vortrags/deiner Präsentation kann alles, was du vermitteln willst, adeln – wenn er gut ist. Viele Redner sagen einfach: »Danke für Ihre Aufmerksamkeit!« oder kokettieren mit »Ich hoffe, ich habe Sie nicht gelangweilt.« Leider ist das langweilig.

Wie wäre es, das Publikum am Schluss zu überraschen? Du kannst es wachrütteln mit einem spannenden Dreh deines Themas. Du kannst einen eleganten Bogen zum Beginn deines Vortrags schlagen – und damit bei deinen Zuhörern auch den Anfang noch einmal in Erinnerung rufen. Du kannst aber auch mit einem kurzen, klug-witzig-charmanten Video oder einem starken Foto überraschen – und je nach Thema des Vortrags dafür sorgen, dass dein Publikum völlig beschwingt den Saal verlässt.

Für Anfang und Ende gilt auch: Überlass nichts dem Zufall, setze nicht darauf, dass dir »schon etwas Originelles einfällt«. Anfang und Ende sollten bestens überlegt und gut einstudiert sein. Beende deine Präsentation mit einer Pointe, die dein Publikum berührt – auf welche Art auch immer.

3.5.5 Pausen

Eines der stärksten rhetorischen Mittel ist die Pause. Nicht in einem Stück atemlos durchschnattern und erzählen, sondern immer souverän und cool bleiben: Einatmen, ausatmen, kurz warten – und dann erst weitersprechen. Vermeide auch unbedingt Füllwörter wie »Ähm« oder »Also«. Lieber kurz nichts sagen. Die Macht der Stille. Die sorgt dafür, dass das, was auf das Innehalten folgt, sehr viel mehr Aufmerksamkeit bekommt. Im besten Fall hängen die Zuhörer an deinen Lippen und sind gebannt, was jetzt passiert.

Schick etwa ein »Ganz besonders wichtig ist mir …« voran, lege dann eine kurze Pause ein – und weiter im Text. Alle werden zuhören. Mach aber auch dann eine Pause, wenn du dem, was du gerade gesagt hast, mehr Gewicht verleihen willst: »Wir sprechen hier von einem 100.000-Euro-Gewinn!« Pause.

Der stille Augenblick hilft den Zuhörern auch dabei, das Gesagte besser sacken zu lassen und aufnehmen zu können – sie können sich später besser daran erinnern. Und sie sind bereit für die nächsten Aspekte.

Du als Rednerin kannst währenddessen einen Schluck trinken, einen Moment kurz in dich gehen oder dein Handout checken. Nutze Pausen als dramaturgisches Tool, um deinem Vortrag mehr Wirkungskraft zu verschaffen, ihn lebendig zu halten. Monotones Schnattern ermüdet.

3.5.6 Interaktion mit dem Publikum

Ein weiteres wichtiges Stilmittel ist die Interaktion mit dem Publikum.

BEISPIEL: FRAGEN ALS INTERAKTION

Stelle Fragen, die sich per Handzeichen, also mit Ja oder Nein beantworten lassen. »Wer von Ihnen lebt auch in NRW?«, »Wer ist zum ersten Mal hier in Köln/in diesem Veranstaltungssaal/in diesem Hotel/auf dieser Messe?«. Man kann auch eine Schwäche eingestehen, sich »Verbündete« unter den Zuhörern suchen: »Wer von Ihnen geht auch immer vom Worst-Case-Szenario aus?« zum Beispiel.

Es kommt natürlich immer auf das Thema des Vortrags an und auf die Adressaten, die du erreichen willst. Die Devise ist: Tools dosiert einsetzen, ohne das Publikum zu langweilen.

Die Fragen müssen außerdem sinnvoll sein. Überlege dir, worauf du hinauswillst. Wenn alle die Hand gehoben haben, die in NRW leben, sollte etwas Interessantes von dir kommen. »Dann ist es Ihnen doch sicher auch schon passiert, dass ...« Du kannst auch eine rhetorische Frage stellen, bei der du davon ausgehen kannst, dass fast alle Zuhörer einverstanden sind. Ein zustimmendes und nickendes Publikum fühlt sich abgeholt und verstanden und ist offen für deine weiteren Argumente und Inhalte.

Interaktionen können auch kleine »Übungen« sein. Zum Beispiel kannst du die Anwesenden bitten, die Augen zu schließen und sich etwas vorzustellen. Oder du demonstrierst etwas mithilfe einer Person aus dem Publikum, die das auch gerne möchte. Oder du lässt das gesamte Publikum aufstehen und etwas »machen« – eine kleine Lockerungsübung zum Beispiel ... Da sind deinen Ideen keine Grenzen gesetzt. Wichtig ist nur, dass es inhaltlich passt – und es hilft natürlich, wenn es einen bestimmten Zweck erfüllt.

Insgesamt lockern Interaktionen den Vortrag auf und bieten dem Publikum Abwechslung. Die Zuhörer werden automatisch aufmerksam, wenn sie quasi direkt angesprochen und einbezogen werden. Niemand wird dann abschalten, während du sprichst.

3.5.7 Bilder im Kopf erzeugen

Globalisierung, Mobilität, Digitalisierung, Klimawandel – alles wichtige Themen. Aber selbst die spannendsten Vorträge bleiben den Zuhörern kaum in Erinnerung, wenn den großen Schlagwörtern keine konkreten Beispiele folgen. Meine Erfahrung ist auch hier: mindestens drei Beispiele pro Vortrag oder Rede.

Der Eisbär etwa, der auf der Nahrungssuche immer wieder im Packeis einbricht, lässt die Folgen des Klimawandels auf dramatische Art lebendig werden. Die Chance, dass sich die Zuhörer angesprochen und im besten Fall abgeholt fühlen, ist umso größer, wenn Emotionen angesprochen werden.

Konkrete Beispiele lassen Bilder im Kopf entstehen, wenn sie gut beschrieben und erzählt werden. In Form eines Fotos oder kurzen Videos lieferst du die Bilder sogar gleich mit. Oft bleibt aber noch besser in Erinnerung, was im eigenen Kopf entstanden ist. Also trau deinem Publikum ruhig ein wenig Fantasie zu. Gib nicht alles vor. Lass durch ein gutes Storytelling, eine durchdachte Dramaturgie in deinem Vortrag zu, dass der Zuhörer sich mit dem Gesagten identifizieren kann.

3.5.8 Anouks Style: nicht vom Publikum abschotten

Der gute Vortrag, die gelungene Präsentation beginnt schon, bevor du das Mikro in die Hand nimmst. Such den Kontakt zu deinem Publikum. Schotte dich nicht ab, indem du dich auf der Toilette versteckst oder hinter deinem Bildschirm kleben bleibst, ein kleines Achtsamkeitstraining einschiebst oder dich mit den letzten Vorbereitungen aufhältst. Stürz dich ins Getümmel, misch dich unters Volk, schüttele Hände und sag Hallo! Dabei ist es völlig egal, ob du vor fünf oder 500 Menschen sprechen wirst. Parliere, sei charmant und witzig, mach Small Talk.

Es geht überhaupt nicht darum, dem Publikum zu erzählen, wer du bist, was du kannst und welche tollen Projekte du schon gestemmt hast. Im Gegenteil: Souverän ist es, ein gewisses Understatement auszustrahlen – lass die Menschen herausfinden, wer du bist, pack nicht alles gleich auf den Tisch.

Stelle lieber Fragen! Interessier dich für die Menschen, die wenig später dein Publikum sein werden. Widersteh der Versuchung, bei einer Person stehen zu bleiben, die du schon kennst, lerne neue Leute kennen. Drei bis fünf kurze Gespräche solltest du dir vornehmen. Du fragst dich, warum?

Einerseits ölt der kurze Schwatz deine Stimme, auf die du dich wenig später verlassen musst. Aber was viel wichtiger ist: Wenn du deinen Vortrag beginnst, sind dir diese drei bis fünf Menschen freundlich gesinnt und lächeln dich an, weil du ihnen deine Aufmerksamkeit geschenkt hast. Das lässt dich sicherer werden und senkt das Lampenfieber. Im besten Fall kannst du etwas aufgreifen, was einer der Zuhörer im Gespräch gesagt hat und es in den Vortrag einbauen, vielleicht unterstützt ein Satz deinen Inhalt, deine These – umso besser. Erwähne einen deiner Gesprächspartner kurz und freundlich, wenn es passt. Das bringt dir Sympathien ein. Deine Zuhörer werden denken: Wow, wie cool, sie interessiert sich für ihr Gegenüber und hat sich die Zeit genommen, vor ihrer Präsentation mit den Leuten zu reden.

Wichtig: Dein Fokus !

Und last, but not least: Während du Small Talk machst, hast du keine Zeit, nervös zu werden. Der Fokus ist komplett verlagert.

3.5.9 Die meisterliche Drei

In meinem einjährigen Studium an der German Speakers Academy (GSA) mit dem Universitätsabschluss »Professional Speaker« habe ich gelernt: Es gibt die magische Drei. Drei Faktoren, drei Tipps, drei Trends, drei Dos und drei Don'ts. Dabei geht es auch um die Einteilung der Präsentation bzw. des Vortrags. Das vereinfacht vieles. Früher habe ich zehn Tipps gegeben, 20 Trends vermeldet oder sieben Dos und Don'ts ausgemacht. Was für eine Überfrachtung von Informationen! Klar, dass die Zuschauer da abschalten. Mein Tipp also: drei Punkte nennen, die weiteren als Handout ausgeben oder nach und nach als Blogbeitrag oder Facebook-Posting veröffentlichen. Wer wirklich interessiert ist, wird sie sich auch nach dem Vortrag durchlesen. Es ist außerdem eine gute Möglichkeit, den Kontakt zu den Zuhörern zu halten und gegebenenfalls zu intensivieren.

Wer sich zu schwer damit tut, die wichtigsten drei Punkte herauszustellen, sollte sich drei knackige Oberbegriffe suchen, worunter er dann beispielsweise neun kurze Tipps subsumieren kann. Aber weniger ist trotzdem mehr: Ich beherzige meine Dreierregel konsequent – es sei denn, ich bin mit anderen Absolventen der GSA auf derselben Veranstaltung, die natürlich auch die Dreiereinteilung verinnerlicht haben. Dann wähle ich zwei oder vier Punkte, damit ich mich aus der Gruppe abhebe.

! **Tipp: Sei wie Columbo**

Wenn mir eine Sache ganz besonders wichtig ist, dann mache ich es wie der Detektiv aus der Serie »Columbo«, der am Ende sagt: »One more thing!« bzw. »Eins noch!«. Allein dadurch ist mir die Aufmerksamkeit aller noch einmal sicher, da klar ist: Es kommt noch etwas Wichtiges. Sei es ein raffiniert angefügter vierter Punkt, ein witziger Beitrag oder ein Aspekt, den ich zu bedenken geben will.

Immer an Goethe denken, der wusste: »In der Beschränkung zeigt sich erst der Meister.«

3.5.10 Kluges Selbstmarketing in Online-Netzwerken

Und natürlich gilt auch für die Präsentation: Tu Gutes und sprich darüber! Das heißt: Es ist klasse, wenn 50 Menschen deinen super Vortrag gehört haben, aber noch besser ist es, wenn auch Menschen davon erfahren, die gar nicht dabei waren.

Wenn du eine super Präsentationsfolie hast, kann es auch passieren, dass sie mit dem Handy fotografiert oder gefilmt wird, und im Netz auftaucht. Vorsicht: Die Fotorechte für die verwendeten Bilder in deiner Präsentation müssen von dir gesichert sein, sonst kann es Probleme geben. Also: Die Chance ist da, dass das passiert, aber besser ist es, das Marketing zusätzlich selbst in die Hand zu nehmen.

Folge deinem Auftraggeber und den wichtigen Leuten im Saal auf Twitter, LinkedIn und Instagram. Erwähnt ein User deinen Vortrag, kannst du sein Posting liken, teilen, darauf reagieren. Es ist immer eine super und kostenlose Werbung, wenn jemand deinen Vortrag oder deine Keynote in den Online-Netzwerken positiv erwähnt. Lass deine Follower wissen, was du planst, poste etwa: »Auf dem Weg nach Frankfurt, gleich darf ich vor 150 Marketingexperten meinen Vortrag ›Upgrade yourself‹ halten.« Markiere dann den Auftraggeber, die anderen Redner und Besucher, mit denen du über Social Media bereits verbunden bist, in deinen Posts. Das sorgt für Aufmerksamkeit und vergrößert die Reichweite. Vielleicht zeigst du gleich die drei Keypoints deines Vortrags und gewährst so einen Minieinblick in deine Expertise.

SELBSTREFLEXION

Was sind deine drei Stärken beim Präsentieren und was willst du für dich noch dazulernen/besser umsetzen? Du kannst sie im Formular unter folgendem Link eintragen.

Präsentation – Stärke und Ziele

Siehe hier, wie Barbara Beispiel es für sich sieht.

PRÄSENTIEREN

1 Gut in der deutschen Sprache – schön formulieren

2 Man sieht mir die Aufregung nicht an

3 Ich mache tolle Powerpoints

DAZULERNEN

1 Locker und ruhig sein

2 Spannung erzeugen

3 Auf englisch präsentieren

Barbara Beispiels Präsentationsstärken und -ziele

4 Die Upgrade-Vorbilder

»If you don't fit in the crowd, perhaps it is because you were meant to lead it!«
(Marilyn Monroe)

4.1 Einleitung – warum brauchen wir Vorbilder?

Ich bin davon überzeugt: In einer Welt, die oberflächlicher wird und eine starke Neigung zur Individualisierung zeigt, wollen wir Menschen mehr. Wir wollen ein bedeutsames Leben führen. Wir wollen selbst von Bedeutung sein. Wir wollen uns weiterentwickeln. Groß denken. Erfolgreich sein. Relevanz haben. Es ist nicht mehr allein die Anerkennung von außen, die wir anstreben, wir wollen eine Bereicherung und eine Zufriedenheit, die in unserem innersten Kern entsteht.

Und dabei helfen Vorbilder. Vorbilder, die uns zeigen, dass das alles geht – beruflich und privat. Daher kommen in diesem Kapitel fünf erfolgreiche Frauen zu Wort. Frauen, die ihre Erfahrungen, Erkenntnisse, Einsichten und Gedanken mit uns teilen. Es geht um (weiblichen) Erfolg, die Stärkung der eigenen Person, eine selbstbewusste Haltung, Unabhängigkeit, Bereicherung, wertvolle Anerkennung und Inspiration.

Wir brauchen Vorbilder !

Mein Ziel ist es, meine Leserinnen mit diesen Interviews von tollen Frauen, die alle eine Botschaft haben, zu inspirieren und zu stärken. Die Einblicke in die höchst unterschiedlichen Lebenswege der interviewten Frauen sollen zur inneren Bereicherung beitragen – und wertvolle Anstöße geben.

Mein Aufruf lautet: »Upgrade yourself – glaub an dich!«. Die Frauen in diesem Kapitel zeigen, wie es geht:

1. Diana zur Löwen, eine junge, tolle Influencerin/YouTuberin
2. Philomena Poetis, eine besondere Gründerin, Unternehmerin und Opernsängerin
3. Denise Schindler, eine mutige Sportlerin auf Weltklasseniveau
4. Vanessa Pabst, eine intelligente Ärztin und liebevolle Mutter
5. Renate Susan, eine pensionierte, passionierte Maskenbildnerin, Mutter und Oma

4.2 Interview mit Diana zur Löwen

Diana zur Löwen (1995) hat als YouTuberin und Influencerin mehr als 700.000 Follower. Sie hat BWL studiert, lebt in Köln und ist offen für viele Themen – von Beauty bis hin zur europäischen Politik.

Diana zur Löwen

Wie hast du dein Selbstbewusstsein auf den Entwicklungsstand gebracht, auf dem es heute ist?

Ich denke, das ist eine Mischung aus An-sich-Arbeiten, aber auch immer mehr zu lernen, sich in Akzeptanz zu üben, mit sich zufrieden zu sein und seine Stärken zu erkennen. Früher war ich viel unsicherer, vor allem als Teenager, weil ich nicht wusste, was mich ausmacht. Je mehr ich in der »Online-Welt« unterwegs war, desto besser habe ich meine Stärken kennengelernt. Ich habe gelernt, sie nach außen zu tragen.

Was sehr wichtig ist: Man sollte aufhören, sich ständig mit anderen zu vergleichen. Das machen vor allem junge Frauen. Bei mir geht es ja auch um Likes und diese Dinge, aber man sollte sich davon lösen, immer nach rechts und links zu schauen und sich zudem vom Zuspruch anderer abhängig zu machen.

Man sollte eher schauen: Wo liegen meine Stärken? Wie kann ich sie weiter verbessern, was bringt mich weiter? Das hat mir auf jeden Fall dabei geholfen, selbstbewusster zu werden. Wenn ich vor Publikum spreche, geht es auch immer wieder mal um lebenslanges Lernen und was das für mich bedeutet. Mir ist wichtig, immer wieder aus meiner Komfortzone herauszutreten, etwas Neues zu lernen. An neuen Herausforderungen wächst man. Gerade in der heutigen Zeit, die so schnell ist, was alle Entwicklungen betrifft, finde ich es wichtig, sich zu fordern, um up to date zu bleiben – mitreden zu können, sich eine eigene Meinung bilden zu können.

Welche deiner Eigenschaften haben dich beruflich am weitesten gebracht oder haben dir am meisten geholfen bei deiner Karriere?
Ich glaube, was total wichtig ist, ist das Thema Netzwerken. Dass man sozial ist, Kontakte knüpft und pflegt. Ein gutes Netzwerk ist doch in jedem Job wichtig. Bei mir ist das vor allem auch der Social-Media-Bereich. Ich muss schauen, wer passt zu mir, mit wem kann ich auch mal gemeinsame Inhalte kreieren? Das ist auf jeden Fall total wichtig.

Wichtig ist auch die Kreativität. Ich versuche, für meine Inhalte eine eigene, charakteristische Bildsprache zu finden.

Die sozialen Medien sind außerdem sehr algorithmusgetrieben. Und dann kann es nicht schaden, sich die Analytics anzuschauen und zu sehen: Welche Posts kamen besonders gut an? Wie kann ich damit umgehen, um weiterhin Posts zu kreieren, die von vielen Leuten gesehen werden? Man sollte sich nicht nur auf sein Bauchgefühl verlassen. Es ist wichtig, sich regelmäßig die Statistiken anzuschauen und zu verstehen, wer die Follower eigentlich sind.

Du hast wahnsinnig viele Follower. Wie hast du das geschafft? Nur mit gutem Content und Analysen erreicht man das doch nicht. Hast du noch einen Geheimtipp parat?
Die Netzwerke sind schon sehr wichtig. Content kreieren mit anderen YouTubern und Influencern. Das hilft schon sehr. Das schauen sich die Leute eigentlich immer gern an, daraus entstehen ja auch Freundschaften.

Auch wichtig ist das »Tentpoling«: Das bedeutet, dass man schaut, was ansteht, Halloween oder ein wichtiges Jubiläum. Über welche Themen sprechen die Leute, welches Thema polarisiert und sorgt für viel Empörung? Dazu kann man sich dann ruhig mal positionieren und seine Meinung äußern. Einfach, um Aufmerksamkeit und Reichweite zu generieren. So kann man präsent sein bei Themen, die gerade besonders häufig gegoogelt werden.

Was würdest du deinem jüngeren Ich mit deinem heutigen Wissensstand raten?
Dass ich mutiger sein soll, mich trauen soll, andere um Hilfe zu bitten. Früher wollte ich alles ohne Hilfe schaffen, weil es mir unangenehm war, andere zu fragen. Die Menschen helfen einem ja gern. Das finde ich auf jeden Fall eine ganz wichtige Erkenntnis.

Und wenn ich gewusst hätte, dass ich so lange Social Media machen werde, wie ich es ja jetzt mache, hätte ich mir vorher mehr Gedanken darüber gemacht, wer ich als Brand, als Marke, eigentlich bin. Ich bin sehr naiv gestartet und habe es dann ja auch hinbekommen, mein Hobby zum Beruf zu machen. Was ja irgendwie auch megacool ist. Aber ich habe mir keine Gedanken gemacht wie: Wer ist denn Diana zur Löwen jetzt so im Internet? Und wofür steht sie?

Ich würde raten, sich Gedanken zu seinem Profil zu machen. Und dass man sich eine Nische sucht, die einen für bestimmte Dinge bekannt sein lässt. Das wären auf jeden Fall Tipps, die ich meinem Teenie-Ich geben würde.

Hast du ein Lebensmotto, Diana?
»Growth« ist mein Leitwort. Das G steht bei mir für »get out of your comfort zone«. Das R steht für »read«, also die ständige Weiterbildung. Das O für »open up« und das W für »way«, also »find your way«. Das T steht für »time management« und das H für »helping others«, also sich ehrenamtlich engagieren. »Growth« steht auch dafür, sich immer neue Ziele zu setzen, sich zu hinterfragen und als Mensch zu wachsen.

Welche drei Empfehlungen würdest du den Leserinnen mitgeben wollen zum Thema »Selbstbewusst und souverän als Frau im Job«?
Man sollte sich trauen, immer ehrlich zu seinem Arbeitgeber zu sein. Ich habe das Glück, selbstständig zu sein, aber ich bekomme viel über Freundinnen mit, die oft unzufrieden im Job sind, es ihren Chefs aber nicht sagen. So kann sich natürlich auch nichts ändern.

Ich habe vor allem bei meiner Generation den Eindruck, dass die Leute sich vermeintliche Traumjobs suchen, die ihnen von der Gesellschaft so vorgelebt werden. Oder weil man so wie früher denkt: Im Online-Marketing zu arbeiten ist bestimmt megacool! Weil es sich halt eben irgendwie cool anhört. Dabei ist es weniger kreativ und spannend, als ich dachte.

Man sollte sich nicht fragen, welchen Job man will, sondern eher: Wie stelle ich mir mein Leben vor? Also wie wichtig ist es mir, dass ich vielleicht um 18 Uhr zu Hause bin, weil ich halt unbedingt abends noch zum Sport will? Oder wie wichtig ist es mir, eine Familie zu gründen? Oder wie wichtig ist es mir vielleicht aber auch, von überall arbeiten zu können? Das sind Grundpfeiler, über man die man sich klar werden sollte. Man sollte sich seinen Wunschalltag vorstellen und sich dann den passenden Job suchen.

Die beiden Gründerinnen von »Ooshi«, der Periodenunterwäsche, sind ein gutes Beispiel. Die haben vor nicht allzu langer Zeit ihre Firma gegründet und sind damit live gegangen. Sie sagen, dass sie sich die Firma so aufgebaut haben, wie sie zu ihrem Leben passt. Sie haben je zwei kleine Kinder. Der Büroalltag muss also so flexibel sein, dass die Kinder rechtzeitig von der Kita abgeholt werden können. Über diese Dinge sollte man sich Gedanken machen, bevor man in einen letztlich ungeliebten Job hineinrutscht.

Als dritten Tipp kann ich sagen, dass ich es wirklich sehr wichtig finde, sich immer wieder weiterzubilden. Entweder legt man das mit dem Arbeitgeber fest und man legt immer etwas Geld zur Seite, das man für eine Weiterbildung nutzt. Ich habe zum Beispiel in meinem Studium eine Projektmanagerausbildung bei der IHK nebenbei gemacht. Das hat viel gebracht, war sehr praxisnah. Und gar nicht so teuer. Neulich habe ich einen Kurs bei Google zum Thema Achtsamkeit gemacht, der hieß »Search Inside Yourself«. Zum Teil sind Kurse ja auch kostenlos.

Zu sagen, es ist zu teuer, kann also keine Ausrede sein?
Genau. Ich glaube viele wissen gar nicht, welche tollen Möglichkeiten es gibt, sich weiterzubilden. Es gibt auch viele schöne Events, die einen weiterbringen können. In Köln zum Beispiel gibt es den Entrepreneurs Club oder MTP, das ist eine Studentenorganisation, die steht für Marketing zwischen Theorie und Praxis. Über die »Meetup«-App kann man auch viel mitbekommen. Man muss einfach die Augen aufhalten.

4.3 Interview mit Philomena Poetis

Philomena Poetis (1989) ist Geschäftsführerin und Gründerin von Munich Members und It's a Deal GmbH. Sie ist Global Shaper des World Economic Forums. Die Münchnerin ist Sängerin, Bühnenmensch und Opernliebhaberin. Ihre Themen sind vor allem Kreativität, Kultur und Außenpolitik.

Philomena Poetis

Was hast du getan, um dein Selbstbewusstsein zu entwickeln?
Einen wesentlichen Teil spielt hier meine Familie. Bei unseren gemeinsamen Familienessen haben meine Eltern mir schon von klein an beigebracht, viel zu diskutieren und meine Meinung zu sagen. Und dann musste man diese Meinung natürlich gegenüber drei Geschwistern verteidigen. Von ihnen habe ich wirklich gelernt, gekonnt zu argumentieren und selbstbewusst an eine Sache heranzugehen.

Dazu kommt meine kreative Ader. Mit acht Jahren durfte ich bereits mit dem Kinderchor der Bayerischen Staatsoper auf großen internationalen Bühnen stehen und mit Ausnahmemusikern und Dirigenten auftreten. Das hat mir unglaublich viel Selbstbewusstsein gegeben. Ich habe gelernt, wie man auf einer Bühne agiert, wie man mit Menschen zusammenarbeitet und Lampenfieber schnell in den Griff bekommt. Das war eine wichtige und sehr prägende Phase. Und diese Erfahrung hilft mir heute noch, meine Präsentationen und Themen selbstbewusst auf eine Bühne zu bringen.

Und welche Eigenschaft, welches Handeln hat dir letztendlich zu deinem beruflichen Erfolg verholfen?
Selbstbewusstsein, Mut, Durchhaltevermögen und Kreativität. Man muss wirklich lernen, bei Widerständen nicht aufzugeben und seine Projekte immer weiter zu verbessern, bis sie letztendlich passen. Und Kreativität ist für mich besonders wichtig, da ich versuche, unternehmerisch tätig zu sein, aber immer mit einem kreativen und innovativen Ansatz. Das ist das, was mir am meisten Spaß macht: Unternehmen kreativ zu leiten.

Arbeitest du in einer Männerdomäne?
Momentan natürlich schon. Mit »It's a Deal« bin ich im Investment-Banking-Bereich und da arbeite ich viel mit Männern. Aber das ist für mich überhaupt kein Problem, da unsere Arbeit gut ist und ich an dieser gemessen werde. Aber ich möchte auch betonen, dass wir immer als gemischtes Team mit einer Fülle von Expertise auftreten. Unser Ansatz der Mixed Leadership mit meinem Mitgründer Dr. Klaus Peter Follak, vermengt mit der Mischung aus neuer und alter Schule, sprich gelerntes Investment-Banking mit Digitalisierung, neuer Technologie und Netzwerk, welches ich verkörpere, das ist das Besondere.

Du hast schon viel erlebt. Was würdest du mit deiner heutigen Erfahrung deinem jüngeren Ich raten?
Man sollte versuchen, sich klare Ziele zu setzen, aber man muss einfach auch lernen, dass man diese nicht mit einer klaren Linie erreichen kann, sondern dass man sie peu à peu erarbeitet. Meine Mama sagt dazu »Sailing«. Wie auf einem Segelboot hat man sein Ziel zwar im Blick, aber man fährt im Zickzackkurs, je nachdem, wie die Winde sich eben bewegen. Das habe ich im Laufe der Jahre gelernt. Der direkte Weg funktioniert meistens nicht, aber das ist eben auch nicht schlimm. Und ich würde mir empfehlen, mindestens noch eine Sprache zu lernen. Das ist das Einzige, was ich echt nicht kann, da ich nur deutsch und englisch spreche. Mandarin würde ich wirklich gerne können.

Hast du ein Lebensmotto, dem du folgst?

Das ist schön kitschig. Ich bin unter anderem mit Walt-Disney-Filmen aufgewachsen, die übrigens auch prägend für meine Musikalität und Kreativität waren (und immer noch sind). Dieses »If you can dream it, you can do it« von Walt Disney, habe ich etwas abgewandelt in »Dream it, do it«. Und das mache ich ganz intensiv.

Hast du ein Vorbild?

Hier muss ich wirklich meine Mami nennen, weil sie schon immer kreative Unternehmerin ist und parallel noch eine wunderbare Ehe und Familie aufgebaut hat. Schon mit Ende 20 hat sie ihre eigene Modelinie und spektakuläre Kollektionen designt, die heute noch in Japan gefeiert werden. Sie hat mehrere internationale Firmen mit kreativen Konzepten erfolgreich geführt und leitet nun als Kreativchefin seit bereits 15 Jahren ihr eigenes Familienunternehmen. Parallel dazu hat sie vier Kinder großgezogen und ist seit 39 Jahren in einer glücklichen Beziehung. Dieser irre Lebenslauf macht mich sehr stolz. Sie ist ein großes Vorbild.

Als Vorbild aus der Musikbranche würde ich Maria Callas nennen. Sie ist mein Idol, da ihr immer nachgesagt wurde, dass sie nicht singen kann und sich nicht auf die Bühne trauen solle. Aber Callas hat immer betont: Singen ist meine Sprache. Sie hat sich auf die Bühnen gestellt und Tausende Menschen mit ihrer Musik, ihrem Gesang und ihrem schauspielerischen Talent berührt. Selbstverständlich auch die Kritiker. Sie ist einen sehr mutigen Weg gegangen, hat an sich geglaubt und sich gegen alle Widerstände durchgesetzt.

Welche drei Tipps würdest du den Leserinnen mitgeben wollen?

Ich würde raten, sich viel Wissen anzueignen und zu versuchen, sich auf seinem Gebiet ständig weiterzubilden. Man sollte viel lesen und lernen, damit man seine Gesprächspartner immer auf sein Gebiet holen und inhaltlich wirklich mit ihnen sprechen kann.

Das Zweite wäre für mich auf jeden Fall: Immer die Diskussion suchen. Ich finde die besten Ideen, Konzepte und Projekte entstehen, wenn man mit Leuten spricht, wenn man andere Meinungen hört und dann auch wirklich das Feedback auf- und annimmt. Wie können diese Anregungen und Herangehensweisen für mein Projekt genutzt werden, um es weiter zu verbessern?

Und das Dritte ist für mich auf jeden Fall das Netzwerk. Ein Netzwerk aufbauen und stetig pflegen. Auch wenn ich immer von meiner Familie und Freunden veräppelt werde, weil ich in jedem Kaninchenzüchterverein bin (lacht), finde ich es ganz wichtig, dass man sich mit Menschen auseinandersetzt und ihnen hilft. Denn wer hilft, dem wird auch geholfen. Es gibt so viele tolle Ideen und Projekte da draußen, von denen erfährt man aber nicht, wenn man nur im stillen Kämmerlein sitzt. Und wirklich miteinander diskutieren, sich gegenseitig anregen kann man eben nur in einem Netzwerk.

Inhalt, Diskussion und Netzwerk. Das sind meine drei wichtigsten Punkte.

4.4 Interview mit Denise Schindler

Denise Schindler (1985) ist Leistungsradsportlerin. Sie gehört mit zwei Weltmeistertiteln und zweimal Silber bei den Paralympics zur internationalen Top-Riege im Paracycling. Denise Schindler wurde als Zweijährige von einer Straßenbahn erfasst und schwer verletzt. Ärzte mussten ihr den rechten Unterschenkel amputieren. 2017 wurde sie mit dem Bayerischen Sportpreis »Jetzt erst recht« geehrt.

Denise Schindler

Wie bist du zu deinem Selbstbewusstsein gekommen?
Das Thema Selbstbewusstsein war ein Prozess bei mir. Ich war nie super schüchtern, aber es war definitiv ein Entwicklungsprozess. Sport war für mich ein starker Begleiter auf dem Weg zum Selbstbewusstsein. Durch ihn habe ich ein ganz anderes Bewusstsein zu meinem Körper entwickelt: mich so zu akzeptieren, wie ich bin, und mich als Mensch wahrzunehmen. Ich habe angefangen, mich als jemanden zu verstehen, der an sich arbeiten kann. Dass ich eine Frau sein kann, die sich auch immer wieder verändert, neu definiert und sich auch ständig durch neue Einflüsse weiterentwickelt. Der Prozess hat bereits in meiner Kindheit angefangen, es gab viele Krankenhausaufenthalte. Ich musste mich aus dem Rollstuhl zurückkämpfen, wieder laufen lernen. Ich musste viele kleine und große Hürden nehmen. So bekam ich einen ganz anderen Blick aufs Leben. Und damit stieg mein Selbstbewusstsein. Ich glaube, Selbstbe-

wusstsein ist nichts, was man herbeischnipsen kann und dann ist es da, sondern das hat auch viel mit Selbstliebe zu tun und einer gewissen Akzeptanz von sich selbst. Das braucht Zeit.

Definitiv war ein »Changing moment«, als ich zum ersten Mal auf einer Hochseilanlage war. Ich war damals nicht so wirklich sportlich. In der Hochseilanlage wollte ich ein Praktikum machen und der Chef sagte zu mir: »Wenn du bei uns eine Ausbildung machen möchtest, dann komm doch mal auf unsere Anlage und schau, ob dir das gefällt«. Meine erste Antwort war: »Aber ich habe doch eine Prothese«. Er meinte: »Ist kein Problem, geht trotzdem.« Da musste ich schlucken und dachte mir: »Scheiße.« Ich bin dann aber den zehn Meter langen Baumstamm hoch, da waren Steigeisen drin. Ich war dann irgendwo so auf Halbmast und merkte: »Mist, das sind sechs Meter unter mir und ich bin immer noch nicht oben.« Eigentlich gibt es kein Zurück. Du kannst zwar loslassen, bist natürlich gesichert, aber das willst du ja auch nicht, weil du hast ja so Angst vor diesem Fall, obwohl natürlich nichts passiert. Da zitterte ich also an diesem Baumstamm. Ich weiß es noch wie heute, aber irgendwie bin ich oben angekommen, war erst einmal wie versteinert und musste dann über ein Drahtseil und über Pflöcke gehen – sehr wackelig alles. Aber ich bin damals einfach losgegangen. Das war für mich so ein Moment, in dem ich dachte: Wow, es geht doch viel mehr, als man denkt. Und ja, da musste ich über mich hinauswachsen.

Ich glaube, wenn man ehrlich zu sich selber ist, wächst man am stärksten, wenn man Dinge tut, die einen völlig aus der Komfortzone holen. Weil sie unangenehm, weil sie unbehaglich, weil sie unbequem sind, weil man Angst hat, dass man scheitern könnte. Das ist eigentlich immer der Moment, wo man am besten wird oder am meisten daraus lernt. Das sind Schlüsselmomente im Leben.

Welche deiner Eigenschaften hat dir zu deinem Erfolg am meisten geholfen?
Ich habe immer die Angewohnheit und die Herangehensweise, dass ich zu mir sage: »Naja, dann mache ich das halt mal.« Man kann das Naivität nennen oder Neugier. Ich bin ein sehr leidenschaftlicher Mensch und wenn ich für Dinge und Themen brenne, dann packe ich die an. Bestes Beispiel: Ich bin ja sehr viel Rad gefahren und habe spontan einen Urlaub mit dem Fahrrad gebucht – einen Alpencross zum Gardasee. Ich wusste zwar, dass man über die Alpen kommen muss dabei. Aber ich dachte, da fährt man so zwei, drei Stunden Fahrrad pro Tag. Es war natürlich so viel mehr ... Nach dem ersten Tag konnte ich mich nicht mehr rühren vor lauter Muskelkater. Ich wusste überhaupt nicht, wie ich die Tage überleben soll, was ich dort eigentlich mache. Manchmal dachte ich in der Mittagspause: »Naja gleich sind wir im Hotel.« Aber dann hieß es: »Wir fahren noch mal drei Stunden.« Und das ging fünf Tage lang so. Das bin ich. Ich mache dann einfach, bin auch immer wieder überrascht, was der Körper eigentlich kann – oder einfach generell der Mensch.

Ich habe keinen Masterplan, wenn ich etwas Neues anfange. Hat ja kein Mensch. Aber dann entwickelt sich etwas. Ich sage immer »if you never try, you will never know«. Also diese Neugier zu haben ist eine wichtige Eigenschaft. Ich habe außerdem einen starken Willen und sehr viel Ausdauer. Deswegen mache ich ja auch Ausdauersport. Wenn ich mir was in den Kopf setzte, dann bleibe ich dran – auch wenn es Jahre dauert. Ich bin 2015 das erste Mal Weltmeister auf der Bahn geworden, angefangen habe ich aber schon 2011. Vier Jahre habe ich gebraucht – und war natürlich auch vorher schon Radsportlerin. Am Anfang habe ich da rumgekrebst auf der Bahn wie so ein Ei. Und den großen Sieg, den Erfolg, habe ich mir dann erarbeitet. Manches braucht seine Zeit, aber dann wird man auch belohnt.

Wie ist es, in einer Männerdomäne zu arbeiten?
Der Radsport ist männerdominiert, und das war nicht immer einfach. Also ganz ehrlich, ich meine, am Anfang wirst du belächelt von den Männern und die denken sich, ach eine Frau, die Fahrrad fährt – und dann noch mit eineinhalb Beinen. Den Respekt verschaffst du dir nur durch Resultate. Am Anfang war ich halt auch nur ein Beginner. Ich bin an die Startlinie gegangen und hatte keine Ahnung vom Rennenfahren. Und über die Jahre habe ich mir das einfach alles selber erarbeitet und habe mir Leute dazugeholt, habe mich weiterentwickelt. Wenn du dann auf einmal gleich schnell bist wie die, ist das super – und dann kommt Tag X, an dem du schneller bist als sie. Da kommt dann auch der Moment, in dem du Respekt erfährst.

Und ich glaube, der größte Meilenstein in meiner Karriere war die Tour Transalp. Das ist ein siebentägiges Rennen durch die Alpen. Jeder Radsportler weiß, was das bedeutet an Qual, an Schmerz und wie hart man dafür trainieren muss, um durchzukommen. Und als ich das geschafft habe, war das, glaube ich, schon so ein Punkt, an dem ich mir selbst viel bewiesen hatte. Aber ich habe auch einen unheimlichen Respekt in der Szene bekommen, weil die gesagt haben: Das gibt es gar nicht, wie sie das mit einem Bein gefahren ist. Ich war ja auch die erste amputierte Frau am Start. Und da bin ich stolz drauf. Und ich freue mich auch, wenn noch mehr Frauen das einfach mal fahren.

Wir Frauen haben schon die Tendenz, uns ein bisschen kleiner zu machen, als wir sind. Aber das müssen wir gar nicht. Wir müssen uns halt einfach auch ein bisschen mehr beweisen und ein bisschen härter arbeiten dafür. Aber wenn wir zeigen, was wir draufhaben, und wir gut sind in der Sache, dann bekommen wir den Respekt. Und dann aber richtig. Also das ist meine Erfahrung. Dann kriegen wir den doppelt zurück.

Was ist dein Ratschlag an dein jüngeres Ich?
Wahrscheinlich würde ich sagen: »Hey, krempele endlich die lange Hose hoch und versteck deine Prothese nicht! Hör auf, dich zu verstecken! Hör auf zu versuchen, ›normal‹ zu sein!«. Und ich würde zu mir sagen: »Hey Denise, sei mutig, geh deinen Weg,

mach das, was dich glücklich macht, folge deinem Herzen und hab Vertrauen! Das Leben hält viel bereit!«

Ich glaube, Vertrauen ins Leben zu haben, ist ganz, ganz wichtig. Jeder hat Momente, in denen er sich fragt: Warum passiert mir das alles? Also ich habe keinen einfachen Weg gehabt als Kind. Ich hatte so viele Operationen jedes Jahr. Man wusste lange nicht, kann ich mit 30 auf zwei Beinen gehen oder nicht? Das war von vielen Operationen abhängig. Ich war ein Jahr komplett im Rollstuhl, hatte extrem große Schmerzen. Da kommst du schon gerne in dieses Hamsterrad rein mit der Frage: Warum ich? Und da einfach zu sagen: Vertraue dem Leben, mach weiter, gib nicht auf! Das ist nicht leicht. Dieses Immer-Weitermachen, das hatte ich glücklicherweise in mir. Danke, Mama, danke, Papa, muss ich da sagen. Diese Eigenschaft, der Kampfgeist, hat mich vorangebracht. Meinem jüngeren Ich würde ich sagen: »Hey komm, das passt schon alles so, wie es ist – steh einfach dazu!«

Was ist dein Lebensmotto?
Mein Motto ist: »Never stop spinning!« Ich habe nicht mit Radfahren draußen angefangen, sondern mit Spinning, mit Indoor Cycling. Und für mich steht das Motto tatsächlich dafür, nie damit aufzuhören, verrückt zu sein, sich hohe Ziele zu setzen, anders zu denken und einfach das zu machen, worauf man Lust hat. Aber auch dieses »Never stop« im Sinne von: Bleib dran, arbeite immer hart an dir, mach weiter, bis du da ankommst, wo du hin möchtest. Verrückte Ideen, Ziele, immer hungrig sein und etwas zu wollen ist ein unheimlicher Antrieb im Leben.

Welche drei Karrieretipps würdest du den Leserinnen geben?
Tipp 1: Ich glaube, wir vergessen oft, wie viel Körpersprache ausmacht. Und Körpersprache bedeutet ja nicht nur, dass man etwas Erlerntes abspielt, ich meine eine gewisse Körperhaltung. Das Einnehmen dieser Haltung bedeutet, mit sich im Reinen zu sein, also für sich zu stehen und zu wissen, was man will. Im Gespräch mit dem Chef oder in einem Meeting macht es im Job einen Riesenunterschied, ob man mit gekrümmtem Rücken dahockt oder selbstbewusst auftritt. Das sind kleine Dinge, aber die machen ganz viel aus. Wenn ich mit dir telefoniere und meine Hände frei habe, also gestikulieren kann, dann wird das Gespräch viel intensiver sein, als wenn ich irgendwo eingeklemmt bin und mich nicht bewegen kann. Dann klingt meine Stimme auch ganz anders. Und ich glaube, dessen sollte man sich bewusst sein, dass man das immer ausstrahlt. Bevor ein wichtiges Gespräch ansteht, erst mal durchatmen und noch mal kurz überlegen: Was will ich sagen?

Tipp 2: Neben der Körperhaltung finde ich eine klare Sprache sehr wichtig. Wir Frauen neigen zu Schachtelsätzen. Mache ich auch, aber ich schaue jede E-Mail noch mal an vor dem Versenden und nehme zwei Kommasätze raus. Und ich bin auch eine, die gerne verblümt und sehr lieb und positiv schreibt. Das finde ich auch gut, aber wir sollten die

Dinge auch klar auf den Punkt bringen können. Außerdem: Kernbotschaften formulieren! Wenn ein Meeting ansteht, arbeite ich mir vorher meine Kernbotschaften heraus, zur Not mache ich mir Notizen. Mit diesen »Spickzetteln« habe ich alles stets klar im Kopf. Auch, wenn die männlichen Kollegen vorpreschen. Wir Frauen haben manchmal die Haltung, nicht irgendwo reingrätschen zu wollen. Dann sagen wir lieber nichts. Die Punkte auf dem Zettel erinnern uns dann aber an unseren Plan und unser Ziel. Wenn ich mir diese Kernbotschaften herausarbeite und vorbereitet bin, sitze ich auch ganz anders im Meeting (Körperhaltung!). Dann sitze ich gleich aufrechter, weil ich weiß ja, was ich will.

Tipp 3: Dinge im Job einfordern! Wir neigen immer dazu, dass wir uns nicht trauen, Preise zu nennen, zu verhandeln etc. Wir sind es aber wert, wir machen gute Arbeit. Wir sind meistens sehr souverän vorbereitet, wissen alle Details. Und das, bevor wir überhaupt jemandem ein Projekt vorstellen. Wir sind historisch betrachtet alle Ernährer und Beschützer, aber wir rennen nicht raus mit einem Säbelzahn und mit der Armbrust. Das müssen wir halt noch ein bisschen lernen, dass wir Dinge einfordern und dass das okay ist. Ich glaube, das ist für uns Frauen wichtig, weil wir einfach gerne zu nett sind.

4.5 Interview mit Vanessa Pabst

Vanessa Pabst (1973) ist Fachärztin für innere Medizin und Gastroenterologie, Palliativmedizinerin und Oberärztin in einer Klinik. Sie ist verheiratet und hat zwei Kinder. Mit ihrer Familie lebt sie in Aachen und setzt sich sehr für das Thema Nachhaltigkeit ein.

Vanessa Pabst

Was hast du getan, um dein Selbstbewusstsein zu entwickeln und zu erlangen?
In der Tat hatte ich, besonders als ich mit dem Medizinstudium angefangen habe, ein Selbstbewusstseinsproblem, da ich nicht zu den Einser-Abiturkandidaten zählte, sondern über Mediziner-Testbesten-Quote einen Studienplatz erlangt hatte. Ich dachte zunächst, alle anderen wären viel besser und cleverer als ich und ich müsste doppelt so hart lernen, um die vermeintlichen Defizite auszugleichen. Schnell merkte ich aber, dass ich einen riesigen Vorteil hatte. Mir waren die Dinge nie zugeflogen. Ich hatte bereits in der Schule gelernt, wie ich mich organisieren musste und insbesondere, wie ich effektiv lernen konnte. Das machte sich im Studium sehr bezahlt. Ich musste zwar auch viel Zeit investieren, fühlte mich aber von dem Lernpensum nie überfordert, wie es viele meiner Kommilitonen beklagten.

Mein sehr guter Studiumsabschluss ermöglichte dann auch während der Arbeitsphase ein fachlich sicheres Auftreten mit entsprechendem Selbstbewusstsein.

Für mich ist fachliche Kompetenz die Basis für ein gutes Selbstbewusstsein.

Welche Eigenschaften und welches Handeln haben dir bei deinem beruflichen Erfolg am meisten geholfen und warum?
Selbstreflexion ist ganz wichtig. Man muss sich seiner eigenen Stärken und Schwächen bewusst sein. Meine Stärken sind auf jeden Fall mein Kommunikationstalent und meine Teamfähigkeit. Damit kommt man in den starren Hierarchien des Krankenhauses auf jeden Fall weiter.

Zum Beispiel bringe ich den Krankenschwestern viel Respekt für ihre Arbeit entgegen und diskutiere mit ihnen auf Augenhöhe über die Belange der Patienten. So kann in allen Bereichen der medizinischen Versorgung das beste Ergebnis erzielt werden.

Genau das Gleiche gilt für die Kommunikation mit Patienten und Kollegen. Zurück bekommt man entsprechenden Respekt und Hilfestellungen. Dinge, die man nicht gut kann, sollte man nicht verschleiern, sondern man sollte offen damit umgehen. Gerade in der Medizin ist dies eine seltene Eigenschaft, sorgt aber für erhebliche Sympathiebekundungen und bei den Patienten sogar für Vertrauen.

Wie schaffst du es, in einer männerdominierten Arbeitswelt deine Frau zu stehen und Respekt und Aufmerksamkeit zu bekommen?
Naja, männerdominiert ist die Medizin nicht mehr. Auch die Oberarztstellen sind mittlerweile annähernd mit beiden Geschlechtern ausgewogen besetzt. Bei den Chefarztstellen ist es allerdings noch anders.

Primär sollte man fachlich gut sein, zusätzlich fleißig, gewissenhaft und verlässlich. Wenn dann noch obige gute Kommunikationsfähigkeit hinzukommt, bleiben der Respekt und die nötige Aufmerksamkeit nicht aus.

Wenn du deinem jüngeren Ich einen Rat geben dürftest, mit dem Wissen, welches du jetzt hast: Welcher Rat wäre dies?
Während meines Studiums hatte ich anfänglich Ängste, nicht gut genug zu sein, und habe deshalb unglaublich viel Aufwand betrieben, um mir meine Fähigkeiten selbst zu beweisen. Dadurch habe ich von meiner Studienzeit darüber hinaus nicht viel mitbekommen. Auch jetzt noch verbringe ich viel Zeit mit meiner Arbeit und bin schlecht im »Netzwerken«. Insbesondere als Mutter braucht man aber ein gutes Netzwerk. Freundschaften kommen häufig zu kurz. Das würde ich versuchen anders zu machen, allerdings ist es sehr schwer, aus seiner Haut herauszukommen.

Was ist dein Lebensmotto und wie wirkt sich das auf dein Berufsleben aus?
Ein richtiges Lebensmotto habe ich nicht. Zwischenmenschlich gibt es im Krankenhaus zwischen den Fachgruppen und mit den Patienten viel Konfliktpotenzial. Dabei probiere ich häufig zunächst einmal zu deeskalieren, indem ich mir das Ärgernis in Ruhe anhöre. Das führt häufig bereits zur Klärung der Probleme und es vermittelt das Gefühl von »Ernst-genommen-Werden«.

Außerdem tut Entschuldigen nicht weh. Auch wenn man nicht unmittelbar der Verursacher des Problems war, führt eine laut ausgesprochene Entschuldigung auch schon zur Verbesserung der Situation.

Welche Frau würdest du als Vorbild bezeichnen und warum?
Alles, was ich bin, habe ich meinen Eltern zu verdanken. Meine Mutter, die aus Nicht-Akademiker-Verhältnissen stammt, hat mir beigebracht, immer nach den Sternen zu greifen. Sie hat mir gezeigt, dass durch Fleiß und Ehrgeiz nahezu alles, was man sich vornimmt, erreichbar ist.

Medizinische Vorbilder waren immer männlich und haben sich durch eine außerordentliche Fachkompetenz ausgewiesen. Aktuell sehe ich eher die Klimaschützer als Vorbilder, ganz vorne natürlich Greta Thunberg, die – ohne an ihr persönliches Wohl zu denken – die Menschen aufrüttelt, die Welt zu retten.

Welche drei Empfehlungen würdest du berufstätigen Frauen mitgeben wollen, damit sie souverän und selbstbewusst als Frau im Job agieren können?
Tipp 1: Vor allem muss man Spaß haben an dem, was man macht.

Tipp 2: Man lernt nie aus. Sich nicht auf Teilerfolgen ausruhen und in Routine verharren, sondern immer weiter lernen wollen.

Tipp 3: Kommunikationsfähigkeiten entwickeln. Freundlich, direkt und ehrlich und damit bestimmt und verbindlich bleiben.

4.6 Interview mit Renate Susan

Renate Susan (1940) ist passionierte Maskenbildnerin im Ruhestand, bis zu ihrem 77. Lebensjahr war sie beruflich aktiv, fast immer arbeitete sie selbstständig. Sie war viele Jahre alleinerziehende Mutter. Renate Susan hat inzwischen drei Enkel und liebt das Bridge-Spiel, aber ihre Arbeit vermisst sie immer noch oft.

Renate Susan

Rückblickend, wie war dein Karriereweg?

Ich war immer den schönen Dingen zugeneigt und wusste immer schon, ich möchte Maskenbildnerin werden. Aber da ich kein Abitur hatte wie meine zwei Brüder, war die erste Frage: Wir gehe ich die Ausbildung an? Wir alle hatten von Kunst keine Ahnung. Ich habe erst einmal mit 16 Jahren eine Ausbildung zur Diplom-Kosmetikerin gemacht. Aber wenn man zum Fernsehen oder zum Theater wollte, musste man auch mit Haaren umgehen können. Also bin ich zur Friseurfachschule und habe nebenbei in einem Friseursalon hospitiert. Am Theater habe ich danach eine Lehrstelle bekommen und hatte mit 500 Mark mehr Geld als meine Kollegen. Also ich war richtig toll dran. Ich habe immer noch bei meinen Eltern gewohnt, bis zu meinem 24. Lebensjahr. Mein Zwillingsbruder hat sogar bis zur Doktorarbeit bei meinen Eltern gewohnt. Das war damals alles nicht so, dass man direkt auszog oder sich eine Wohnung leisten konnte. Ich bin immer mit der Bahn von Köln nach Bonn gefahren, jede Nacht zurück nach Hause. Das waren lange Tage und man muss eben durchhalten, durchhalten, durchalten und die Kräfte bündeln. Nach drei Jahren habe ich meine Prüfung zur Maskenbildnerin gemacht und bin danach noch zwei Jahre am Bonner Theater geblieben.

Aber ich wollte eigentlich zum Fernsehen. Theater und Film sind zwei verschiede Sparten. Bei der UFA Düsseldorf, einer Werbefilmgesellschaft, habe ich meinem Chef alles abgeschaut und er hat mir erklärt, wie man für den Film schminkt. Und dann stand eines Tages in der Zeitung, dass sie in Baden-Baden jemanden suchen. Und so bin ich nach fünf Jahren zum Fernsehen gekommen. Von Caterina Valente bis Hildegard Knef, von Esther Schweins bei RTL Samstagnacht bis hin zu Stefan Raab bei Pro7, von Michael Douglas bis Hulk Hogan und noch sehr viele andere tolle Persönlichkeiten mehr, habe ich schminken dürfen. Und vor zwei Jahren bin ich dann mit 77 Jahren in Rente gegangen, nach 61 Jahre Berufsjahren. Ich wollte auch nie wirklich etwas anderes machen. Es war immer eine große Freude für mich. Und wenn die Person, die ich geschminkt hatte, sich bedankte und sagte: »Frau Susan, Sie sind schnell und gut«, wenn sie glücklich aus der Maske rausgingen, war das das größte Geschenk für mich. Ich habe meinen Beruf sehr geliebt und ja, das war meine Erfüllung.

Gab es auch berufliche Rückschläge und wie bist du damit umgegangen?
Ja klar, es gab natürlich auch Rückschläge. Nach einige Jahren Aufenthalt in den Niederlanden, wo ich mit meinem damaligen Mann gewohnt hatte, lebte ich freiberuflich in Köln. Mittlerweile war ich geschieden und mit zwei kleinen Kindern allein. Da hatte ich schon Angst, ob ich wohl immer genug arbeiten könnte. Nachher hatte ich sehr, sehr viele Firmen und Sender, die mich buchten, aber am Anfang kam ich mal aus dem Urlaub und der Disponent sagte: »Tut mir leid, die Plätze sind jetzt alle für diesen Monat besetzt.« Und dann konnte man natürlich nur sagen: »So, ist ja egal, dann müssen wir das anders regeln.« Ich war immer pragmatisch, ich habe kein Drama gemacht aus Angst, dass es nicht weitergehen könnte. Ich bin dann beim nächsten Mal einfach vorher zu ihm und habe ihn gefragt, ob wir die Termine für den kommenden Monat festlegen können. Wenn man sich gar nicht erst in die Situation begibt, dass man sich schlecht oder niedergeschlagen fühlt, geht es sowieso weiter. Ich hatte auch gar keine Zeit für Trübsal mit zwei Kindern und meinem Haushalt. Ich musste einfach funktionieren und das habe ich auch gern gemacht.

Wie hast du Arbeit und Familie kombiniert?
Ich hatte ja das Glück, dass ich zwei Töchter habe, die sehr selbstständig von mir erzogen worden waren. Also ich stand nicht wartend hinter dem Vorhang, als sie schon mit 14 in die Disco wollten. Jeder muss ja seine Erfahrung machen, dachte ich. Und beide Töchter haben sich so gut geführt, dass ich sie tagsüber alleinlassen konnte. Loszulassen und Kinder zur Selbstständigkeit zu erziehen ist für mich ganz wichtig. Weil das so wichtig für das spätere Leben ist. Kinder, die zu behütet werden, werden ja später nicht richtig selbstständig. Und das war für mich immer ganz wichtig. Außerdem ging es auch gar nicht anders als alleinerziehende Mutter. Die zogen einfach mit, das war für die beiden ganz selbstverständlich, dass sie sich auch mal eine Büchse Ravioli warm machten. Wir besprachen immer alles, bei uns wurde ein Familienrat einberufen, wenn mal irgendwas war. Es ließ sich immer alles klären.

Was hast du aus deiner Kindheit mitgenommen fürs spätere Leben?
Als ich Kind war, sind wir nach dem Krieg wieder nach Berlin gekommen und ich wurde sehr krank. Ich hatte eine Kniegelenksentzündung und die heilte auch nicht aus. Das war dann nachher eine TBC. Ich musste ins Krankenhaus und wäre beinahe magersüchtig geworden. Ich konnte nichts mehr essen.

Meine Mutter, die eine sehr, sehr kluge Frau war, hat dann gesagt: Jetzt legen wir den Zwillingsbruder mit in das Zimmer, dann ist sie nicht so allein. Denn früher durfte man nur zweimal in der Woche Besuch bekommen. Man war also immer allein und ich lag anfangs auch wegen der Ansteckungsgefahr allein im Zimmer. Ich bin dann erst später in die Schule gekommen. Ich hatte ein steifes Knie und musste Schienen tragen. Meine große Unterstützung waren auch meine Freundinnen, für die war das alles normal.

Meine Mutter hat mich auf das Leben vorbereitet und gesagt: »Das ist ganz egal, ob du ein steifes Knie hast oder nicht, du bist eine tolle Person und du machst das.« Meine Mutter hat mir immer über schwierige Momente hinweggeholfen, hat gesagt, das schaffen wir schon und du machst das schon. Sagen wir mal so, es war nicht easy. Als Kind wurde ich natürlich auch gehänselt, »Hinkebein« nannten sie mich. Ja, einfach war es jetzt nicht, aber man muss sich eben durchbeißen und sich sagen: Das wird schon wieder besser werden. Es konnte ja nur noch besser werden. Wenn man drei Monate in einem Bett liegen muss und um einen herum sind nur weiße Wände, dann kann es ja nur schöner werden. Und das war ja dann auch so, ich konnte wieder aufstehen, wieder laufen. Positiv denken und an sich glauben, das habe ich gelernt.

Was ist dein Ratschlag an dein jüngeres Ich?
Das Leben ist nicht immer einfach und auch nicht selbstverständlich, aber ich musste immer an mich glauben, sonst wäre ich gestrandet. Wenn ich meinem jüngeren Ich heute begegnen würde, würde ich sagen: Guck mal, was aus dir geworden ist! Aber ich würde auch sagen: Bitte, bitte immer weiter positiv denken und vor allen Dingen nach Wegen suchen, die auch machbar sind.

Hast du ein Lebensmotto?
Mein Lebensmotto ist: »Das Nein hast du, das Ja kannst du bekommen.« Das beinhaltet sehr viele interessante Aspekte und meistens wird man für den Mut belohnt, einfach zu fragen und zu formulieren, was man will. Das ist mein Lebensmotto: Zu sagen, ich gebe nicht auf, ich bemühe mich und ich kämpfe. Nicht immer, aber doch oft. Und ich lasse die Dinge nicht so nah an mich rankommen. Das hat mir in meinem Leben immer geholfen. Dadurch konnte ich auch die etwas schwierigeren Situationen gut meistern. Das hat auch mit Loslassenkönnen zu tun.

Was würdest du den Leserinnen mitgeben wollen?
Ich würde die Leserinnen bitten, in ihrem Leben ein bisschen aufzuräumen, um zu erkennen, dass man vielleicht nicht alles machen muss, was einem angeboten wird. Dadurch kann man im Leben nur dazugewinnen!

5 Nachwort

5.1 Fazit

Wir haben eine Reise mit fünf Stationen hinter uns und nun trennen sich unsere Wege. Die Begleiter, die deine weitere Reise mit dir antreten werden, sollen Klarheit, Leidenschaft und Mut sein. Sie gehören auch zu meinem persönlichen Erfolgsmodell, dem Anouk-Index, den du nun auch kennst. Auf der Reise haben wir die drei Säulen kennengelernt, die so wichtig sind für deinen beruflichen Erfolgsweg: Selbstbewusstsein, Selbstentfaltung und Selbstmarketing. In Teilen sind es Entwicklungsprozesse, in Teilen reine Übung, weil vieles schon in uns angelegt ist – am Ende des Weges steht ein (Arbeits-)Leben, das dich so viel zufriedener macht. Nutze den Anouk-Index, um dich Stufe für Stufe vorzuwagen!

Auf der wichtigen dritten Station unserer Reise haben wir den Blick ganz auf Dich und deine Außenwirkung gerichtet – und geschaut, wie du mit Social Media, Netzwerken, deinem Auftreten, deiner Präsentation und deinem Verhalten gegenüber Kunden und Vorgesetzten Meisterin des Selbstmarketings werden kannst.

Auch konntest du die unterschiedlichen Themen selbst reflektieren und anwenden – mithilfe von Barbara Beispiel hast du an dieser Stelle hoffentlich genug Inspiration bekommen.

Achtung !

Denk an die Links im Buch, unter denen du sämtliche Arbeitsmaterialien findest.

Am Schluss unserer Reise habe ich fünf Frauen zu Wort kommen lassen, die jede für sich einen tollen Lebensweg hat. Alter spielt hier übrigens keine Rolle, das zeigen die fünf Erfolgsgeschichten. Lass dich anstecken von ihrem Wagemut und ihrer Neugier!

Die Reise zu deinem Upgrade geht nun für dich weiter – ich unterstütze dich aber gern, wenn du meine Hilfe brauchst. Du kannst mich kontaktieren über meine Social-Media-Kanäle oder mir eine Mail schicken. Und wenn dir mein Buch gefallen hat, freue ich mich natürlich sehr auf dein positives Feedback auf Amazon oder meinen Social-Media-Kanälen.

Wichtig: Komm ins Tun! !

Die Macht, Kraft und Freude, das Gelesene umzusetzen, liegen nun bei dir. Jetzt darfst du ins Tun kommen. Setze um, was dir gefallen hat und wo du beim Lesen für dich gespürt hast: Da ist bei mir noch Luft nach oben …

Der Weg zu mehr Selbstbewusstsein und Souveränität im Job ist ein Abenteuer, das du dir nicht entgehen lassen solltest. Weil er so viel mehr mit sich bringt. Er ist auch ein Weg zu einem besseren Leben.

Ich wünsche dir viel Erfolg und Freude bei deinem Upgrade!

Deine Anouk Ellen Susan

5.2 Dankeswort

»Upgrade yourself – selbstbewusst und souverän als Frau im Job« – wenn es einen Film über meinen beruflichen Werdegang vom Beginn bis heute geben würde, würde ich ihn nennen wie dieses Buch. Wenn ich auf die vergangenen 30 Jahre zurückblicke, wird mir klar, wie sehr ich mich in meinem Arbeitsleben immer wieder verändert und weiterentwickelt, ja upgegradet habe – was sich auch auf mich als Privatmensch positiv ausgewirkt hat. Heute bin ich selbstbewusst und souverän, und doch schaue ich mit einem Lächeln zurück und sehe mich als Mädchen und junge Frau, die neugierig, vielleicht ein wenig naiv, begonnen hat und sich letztlich nie aufhalten oder vom Weg hat abbringen lassen.

Was würde ich heute wohl meinem jüngeren Ich sagen? Ich würde der jungen, unerfahrenen Anouk sagen: Vertraue auf dich, dein Können und deinen Charakter – du kannst das! Natürlich würde ich meinem jüngeren Ich nun mein Buch in die Hand drücken. Aber vor allem würde ich sagen: Mach deine eigenen Erfahrungen, sie bringen dich dorthin, wo du hin willst! Glaub an dich! Und mein dritter Ratschlag wäre: Vertraue auf dein Umfeld – denn: Allein bist du schneller, aber gemeinsam kommst du weiter.

Mein ganzes Umfeld hat mir enorm geholfen, dieses Buch zu schreiben. Auch ich komme »gemeinsam weiter« und daher möchte nun Danke sagen.

Ich danke euch, meinen Freundinnen, für eure seelische Unterstützung! Nicht nur während des Schreibens, sondern auch während der vielen, vielen Jahre, in denen wir uns immer wieder treffen. Danke an alle Mütter (Freundinnen und Kolleginnen) für eure Hilfe beim Anouk-Index-Member »Lippenstift & Likes«. Danke an meine Arbeitgeber und Kollegen, die mich in den vergangenen Berufsjahren begleitet und mir bei meinen Upgrade-Schritten geholfen haben. Dank je wel, Monica, für die zwei Wochen in Schagen, Noord-Holland, in denen ich den Großteil des Buches als deine Nachbarin schreiben durfte und du dich um mein seelisches und körperliches Wohl gekümmert hast! Du warst dabei, als ich die ersten Zeilen dieses Buch schrieb …

Danke, Claudia, ohne dich hätte das nicht geklappt, du warst mir die allerbeste Sparringspartnerin! Danke, Sebastian, für die wundervollen Designs. Danke, Diana, Philomena, Denise, Vanessa und Renate, dass ihr mit uns eure (Erfolgs-)Geschichte geteilt habt! Danke, Frau Jallad, vom Haufe Verlag, dass Sie mir zur Seite gestanden haben in dem für mich sehr spannenden Prozess als Neuautorin, danke dem Verlag für das Vertrauen. Vertrauen in das Thema, das so wichtig ist, und Vertrauen in mich als Jungautorin. Ich danke euch Leserinnen dieses Buches für euer Interesse und hoffe von Herzen, dass es euch zu größerem Selbstbewusstsein verhilft und euer Upgrade bald spürbar ist auf dem Weg zu mehr Selbstentfaltung und einem verbesserten Selbstmarketing.

Ein herzliches Dankeschön an meine liebe Familie, die mich immer wieder so wunderbar unterstützt hat, mit mir meine Tiefpunkte überstanden und meine Höhepunkte gefeiert hat. Danke, dass ihr da seid!

Insbesondere danke ich meinem Mann, der seit Kurzem an meiner Seite ist und mir so viel Liebe und Vertrauen schenkt, meine Schritte im (Berufs-)Leben weiterzugehen und mit Klarheit, Leidenschaft und Mut immer wieder neue Wege einzuschlagen.

Ich widme das Buch meiner Mutter, die mir gezeigt hat, wie ein Upgrade im Leben gelingen kann. Sie ist immer an meiner Seite und mein Vorbild im Hinblick auf Selbstbewusstsein und Souveränität, gepaart mit großer Herzlichkeit.

Über die Autorin

Anouk Ellen Susan (1975) ist geborene Niederländerin mit Kölner Herz.

Beruflich ist sie seit ihrem 27. Lebensjahr in Führungspositionen in unterschiedlichen Stellen, ob als internationale strategische Marketing- und Tourismusexpertin, Director Business Strategy oder als Deutschland-Direktorin beim NBTC Holland Marketing.

Anouk Ellen Susan

Zudem hat sie seit einigen Jahren ihr eigenes Unternehmen im Bereich Professional Speaking, Consultancy & Moderation, auf das sie sich seit November 2019 fokussiert. Sie hält (Impuls-)Vorträge und gibt Masterclasses zu den Themen: »Present to impress – erfolgreich präsentieren«, »Upgrade yourself – mit Selbstmarketing ab durch die Decke«, »The Next Level – für Unternehmen, die Frauen in Führungspositionen fördern und unterstützen« und »LEKKER anders – Deutschland und die Niederlande«.

Anouk Ellen Susan steht für das Prinzip des lebenslangen Lernens. Nach ihrem Bachelor (1998), für den sie für den Joop-Jansen-Preis nominiert wurde, bekam sie ein Stipendium und konnte ihren Master in Marketing und Tourismus an mehreren Universitäten im Ausland (Niederlande, Spanien, Belgien, UK) machen. 2010 hat sie nochmals studiert und ihren Abschluss als Strategische Marketingexpertin (NIMA C) am Netherlands Institute of Marketing erlangt. 2016 hat sie das Studium bei der German Speakers Association in Kooperation mit der Steinbeiss Hochschule in Berlin mit viel Freude abgeschlossen. Zurzeit macht sie eine Ausbildung zum systemischen Coach am Institut der

Universität Köln. Nebenbei ist sie Vorstandsvorsitzende der Deutsch-Niederländischen Gesellschaft und setzt sich als External Examinator für Studenten ein, indem sie deren Bachelor- und Masterarbeiten an der Breda University liest und beurteilt.

Da Anouk Ellen Susan bereits 26-mal in ihrem Leben innerhalb Europas umgezogen ist, spricht sie vier Sprachen. Sie hat ein großes Herz und eine besondere Perspektive: Sie schaut nicht hochherzig auf andere herunter, sondern von unten herauf (sinnbildlich wie körperlich mit ihren 1,53 Metern Körpergröße) – und hat eine klare Vision. Anouk Ellen Susan bewegt sich in einer Kultur, die großdenkend, international, positiv und mutig ist. Sie hat gelernt, Schönes im Einfachen zu sehen und Neues in Unauffälligem.

Ihr Durchhaltevermögen ist sehr groß und sie verfügt über einen Optimismus, der eher selten ist. Sie ist immer offen für neue Herausforderungen, sei es der Jakobsweg, ein Triathlon oder ein Kochkurs für Anfänger. Ihre größte aktuelle Herausforderung war das Schreiben dieses Buches. Viel Spaß beim Lesen!

Anouk ist unter »Anouk Ellen Susan« zu finden auf LinkedIn, Xing, YouTube, Instagram, Facebook, Twitter und WeChat. Sie hat zwei eigene Podcasts: »Upgrade yourself – glaub an dich!« und »LEKKER anders«. Du kannst sie dir anhören auf iTunes, Spotify, Android Apps, YouTube, Deezer … und über folgenden Link:

Anouk Ellen Susans Podcast

Stichwortverzeichnis

smARt lesen – Augmented Reality by Haufe

Mit der App smARt Haufe wird Ihr Fachbuch interaktiv!

Mit der App können Sie digitale Zusatzinhalte wie Videos und Arbeitsmaterialien zu Ihrem Buch abrufen. Der Content wird Ihnen direkt auf Ihrem mobilen Endgerät angezeigt. Sie können ihn abspeichern und jederzeit – auch ohne dass Ihnen das Buch vorliegt – erneut öffnen.

So einfach geht's:

1. **App herunterladen**
   Laden Sie die kostenlose App „smARt Haufe" im App-Store (iOS oder Android) auf Ihr Smartphone oder Tablet.

2. **Produkt auswählen**
   Wählen Sie über die Produktauswahl das Ihnen vorliegende Buch aus.

3. **Seiten im Buch scannen**
   Starten Sie die „Scannen"-Funktion und scannen Sie anschließend die gewünschte Abbildung mit der App. Alle Bilder mit Zusatzcontent sind mit diesem Icon gekennzeichnet.

4. **Digitalen Content nutzen, teilen und speichern**
   Der hinterlegte Content wird Ihnen nun angezeigt. Sie haben zudem die Möglichkeit, den Content zu teilen oder als Favorit zu speichern.

Testen Sie die App gleich hier an diesem Bild oder auf dem Buchcover.

Mehr erfahren auf: **www.haufe.de/smart**

Die Arbeitshilfen zum Download finden Sie auch auf: **http://mybook.haufe.de** Buchcode: CMC-1124